广东省普通高校人文社会科学重点研究基地——广州大学俗文化研究中心立项项目成果

Research on Current Popular Phrases

# 当代流行语研究

徐朝晖 著

暨南大學出版社
JINAN UNIVERSITY PRESS

中国·广州

图书在版编目（CIP）数据

当代流行语研究/ 徐朝晖著. —广州：暨南大学出版社，2013. 10
ISBN 978 - 7 - 5668 - 0628 - 4

Ⅰ. ①当… Ⅱ. ①徐… Ⅲ. ①汉语—社会习惯语—研究 Ⅳ. ①H136. 4

中国版本图书馆 CIP 数据核字（2013）第 124530 号

当代流行语研究
著　　者：徐朝晖

出 版 人：徐义雄
策划编辑：杜小陆
责任编辑：杜小陆　杜晓杰
责任校对：黄晶晶

地　　址：中国广州暨南大学
电　　话：总编室（8620）85221601
营销部（8620）85225284　85228291　85228292（邮购）
传　　真：（8620）85221583（办公室）　85223774（营销部）
邮　　编：510630
网　　址：http://www. jnupress. com　http://press. jnu. edu. cn
排　　版：弓设计
印　　刷：佛山市浩文彩色印刷有限公司
开　　本：787mm×960mm　1/16
印　　张：13
字　　数：250 千
版　　次：2013 年 10 月第 1 版
印　　次：2013 年 10 月第 1 次
定　　价：29. 80 元

# 前言

从20世纪80年代的“中国特色”、“万元户”、“下海”、“打工”……到90年代的“卡拉OK”、“炒股”、“网吧”、“盗版”……再到21世纪的“手机短信”、“网上购物”、“入世”、“与时俱进”……流行语从特定角度表达着人们的价值观念和文化心态，忠实地记录着中国社会的发展和变化。

随着社会的发展，人们对流行语的使用频率日益升高。流行语真实记录了国家的政策举措、社会的重大事件、百姓的关注焦点、复杂的国际风云、起伏的经济景象、发展的科技成果……展现着一幅幅时代变化的历史画卷。

2008年的“低温冰冻”、“汶川大地震”，让我们体会了国人的勇敢和坚强；“北京奥运会”，我们分享着国人的自豪和感动；面对之后的“三聚氰胺”事件和“金融风暴”，政府又给了我们信心和温暖。

2009年的“落实科学发展观”，“家电下乡”顺应了农民消费升级的新趋势；“绩效工资”促进了社会事业的发展；“微博”延伸着文化的思索；“全民健身日”宣扬了健康的生活方式；“食品安全法”提高了我国食品安全的整体水平。

2010年是“给力”的一年：在水上拉开序幕的“广州亚运会”上，中国军团创造了历史之最；“上海世博会”的成功举办，为中国经济和文化的发展提供了难得的机遇；备受关注的“教育规划纲要”，是中国进入21世纪的第一个教育规划。

2011年是“十二五”开局之年，“天宫一号”与“神舟八号”首次“交会对接”，“太空之吻”开启了中国载人航天历史性新纪元；“美债危机”引发全球市场剧烈波动；“7·23”甬温线特别重大铁路交通事故，告诉人们铁路安全责任重大。

2012年“十八大”胜利召开，“科学发展”、“生态文明”、“美丽中国”等词描绘出中国发展蓝图，“文化强国”、“稳增长”、“网络反腐”、“强农惠农富农”等系列政策和“正能量”共同汇集成社会的主流，描绘着多彩的历史画卷和承载民族希望的“中国梦”。

作为一种流变着的符号表征，流行语最能敏锐反映时代和社会心理的变迁。从流行词语的变化中寻找社会变迁的脉络，是一种从生活细节中探求重大历史变化的过程。

本书运用大量语料，采用个案分析与示例阐释相结合的方法，重点分析了流行语产生的动因，探讨了校园流行语、网络流行语、方言流行语的规律和影响，研究了流行语在语音、词汇、语法方面的特色，阐述了流行语在修辞和语用学方面的价值。

流行语研究是一个比较新的课题，本书的研究有利于扩展汉语词汇研究的新视野，有助于词典的修正和编纂，可丰富与流行语相关学科的研究成果，培育文化现象研究的生长点，开拓社会世情研究的范围，拓展社会语言学研究的领域。

# 目 录

# 第一章　绪　论

流行语作为一种时代现象和一种崭新的语言方式与文化景观，折射出人们在不同时期价值观的变化。纵向观之，可见历史的发展脉络；横向审视，足见当代社会的热点问题、民众的心理特征及当前的社会文化。近年来，流行语这个词频频出现在各大报纸、杂志、广播、电视以及网络上，引起了社会各界的关注和重视，对于流行语的调查和研究也日益增多，流行语已成为当下民众生存状态和社会现实的记录，分析流行语的产生、发展、意义对于了解社会生活的变化有着极其重要的作用。

从 2003 年学界发起“中国主流报纸十大流行语评选活动”开始，我国各种流行语评选机制日趋成熟，具有了科学性和权威性，每年都有机构如北京语言大学、中国新闻技术工作者联合会、中国中文信息学会等联合发布年度流行语排行榜。近年比较突出的评选有国家语言文字资源检测与研究中心等单位的“中国媒体十大流行语”评选和《咬文嚼字》杂志的“十大流行语”评选。《咬文嚼字》发布的 2012 年十大流行语分别是：“正能量”、“元芳，你怎么看”、“舌尖上”、“躺枪”、“高富帅”、“中国式”、“亚历山大”、“最美”、“赞”、“接地气”。每一个流行语背后都反映着一类人群、一段时事、一个热点话题、一种生活方式，都有一个独特的故事和深刻的观点。诺贝尔文学奖获得者赫塔米勒就说，一些看似平常的词，都暗含精准的政治态度，语言的历史就是人类史和社会史。

在 2012 年十大流行语中，“正能量”位居榜首。“正能量”的意思是积极的、正向的能量，它原本是一个物理学的概念，后来引申为一切给予人向上的信念和希望、促使人不断追求、力图让生活变得圆满幸福的动力和感情。“正能量”是国人喜爱的词汇之一，使用者上至国家元首，下至平民百姓。2012 年 12 月 13 日，中共中央总书记习近平在会见美国前总统卡特时指出：中美双方要不畏艰难，勇于创新，积累正能量。

流行语反映着世态民情和时代的特征。每个时代都会在社会变化中打下它的基本烙印，而流行语本身就是这一世态民情的真切反映。它是时代特征的反映，是一根敏感的社会神经，一张现实社会的晴雨表，体现了社会、科技、文化、艺术等领域的发展趋势。2008 年北京奥运会、2010 年上海世博会成功举办，“鸟巢”、“水立方”、“低碳”、“科技改变生活”等词汇不断见诸各类报刊媒介，一度成为当年流行语。2011 年流行语“十二五开局”，描述了社会经济呈现出的增长较快、物价趋稳、效益较好、民生改善的良好态势；“赴台个人游”，表明两岸民众直接往来有了新渠道，为两岸的深入交流开启了新篇章。透过流行语，我们可以看到社会百姓的心理渴求和民族文化的心理态势。

流行语展示着大众文化和经济的思潮。流行文化是指特定时期内，以一定周期和一定形式广泛传播于社会中的各种文化，具有大众性、周期性和日常生活性。罗兰·巴特说：“没有话语，就没有完整的流行，没有根本意义的流行。”① 严格地说，所有的流行文化都是由相应的流行语系统来建立和展示的，流行语作为表述手段，反映着某一特定阶段某种流行文化的特征。同时，在以市场经济为主导的社会里，大众流行文化与传媒和资本同谋，演变为利润惊人的经济策源地。因此，不论是从民俗学、心理学还是从社会学、经济学的视角来看，流行语的价值都不可低估。

流行语表达着历史和政治的态度。雷蒙·威廉斯（Raymond Williams）早在 1976 年就完成了被誉为“词语的政治学”的著作《关键词：文化与社会的词汇》，以梳理词义演变的方式证明一些重要的社会、历史过程是发生在“语言内部”② 的；公众利用流行语反映社会生活的变化，并通过这种方式记录、展现、参与到社会变革的热潮中去。2011 年流行语“三公经费”，显示了在政务公开的要求下，政府透明度水平的不断提升；“走转改”活动深入基层和群众，受到人民群众广泛好评；“加强和创新社会管理”给人民群众带来新福音，更是中国发展的新契机。

流行语体现着艺术和美学的意义。生活就是美，美存在于生活中，美来自生活本身，没有生活就没有美。同样地，人的生活也需要美。人依靠对于美的不断追求，使生活得以不断更新和充满生命力。流行文化在其创作中，通过不断向传统道德、传统艺术和传统价值观挑战，实际上实现了生活艺术化和艺术生活化的

---

① ［法］罗兰·巴特．流行体系——符号学与服饰符码．敖军译．上海：上海人民出版社，2000.

② ［英］雷蒙·威廉斯．关键词：文化与社会的词汇．刘建基译．北京：生活·读书·新知三联书店，2005.

双向美学理论革命。而语言艺术是人的自然本性的一种表演活动，同时又是同生活紧密地联系在一起的，以至于可以说，最纯朴和最自然的原始人类生活本来就带有艺术性，而语言艺术活动从一开始也是与生活实际活动相互渗透的。

每一个流行语背后都有一类人群、一段时事、一个热点话题、一种生活方式、一个独特的故事和一个深刻的观点。诺贝尔文学奖获得者赫塔·米勒就说，一些看似平常的词，都暗含精准的政治态度，语言的历史就是人类史和社会史。词语是感知社会生活变化最为敏锐、最为独特的一个切入点，流行语作为一种特殊的言语模式有其自身的发展特点和研究价值，能够体现语言系统自身的结构规律，映射现代汉语的某些特点和汉语体系自身的发展趋势。流行语的应用范围之所以广泛，一方面在于流行语的本质属性是流行性，另一方面也说明它是众多的汉语词汇当中非常具有影响力的词或语句。由此，流行语这一新兴词汇类别日益成为当今社会语言生活中值得关注和研究的现象。

## 第一节　流行语研究的意义和价值

流行语具有丰富的含义，系统地了解流行语，可以让人们在学习的同时提高交际的有效性，同时可以使人们的语言更加时尚、新潮、生动、有趣。近几年流行语的形式不断创新，内容不断丰富，传播途径也在增加，影响日益扩大，透过对流行语的研究，我们能够看到在社会转型时期词汇系统的变化与发展，进而深入地了解当代社会生活的面貌和人们的精神领域。它体现着社会的变化、发展与更新。因此可以说，对流行语的系统研究具有丰富的理论和实践意义及较高的社会文化价值。

### 一、学术意义和价值

#### （一）开拓了社会语言学研究的新视野

社会语言学（Sociolinguistics）是20世纪60年代首先在美国兴起的一门边缘性学科。它主要是指运用语言学和社会学等学科的理论与方法，从不同的社会科学角度去研究语言的社会本质和差异的一门学科。20世纪60年代中期，美国学者威廉·布赖特（William Bright）在其《社会语言学》中最早提出了语言和社会结构的“共变”理论：语言作为社会必要的存在条件，作为一种特殊的社会现象，作为社会最重要的交际工具，一方面对社会有绝对的依附性，另一方面对社会的发展有应变性。语言作为交际工具，其内部各种要素在使用过程中必然要受到一定社会的政治、经济、文化等因素的影响，当社会发生巨变时，这种变化更为明显。语言在适应社会的发展变化时，在特定时期、特定人群中会生成盛行一时的包括词、短语、句子或是特定的句子模式等形式的流行语言。流行语作为流变着的语言符号象征，是对现实问题的最理性思考。流行语是一定时期内社会政治、经济、文化、环境及人们心理活动的综合产物，其之所以流行，就在于其蕴含一定的社会意义，在于其与社会共存的关系。

流行语由“流行”和“语”两大要素构成，这两大要素说的主要就是时间和语言问题，对其进行研究具有深刻的语言学价值和社会学价值。高科技的发展使语言学家有可能建立多维层面的语料库，由此提取的流行语可以作为定量分析的基础。这些语词之所以被选为流行语，乃是因为词语背后的社会热点问题被主流媒体广泛报道。语言学家把每年收集的全部语料汇入北京语言大学应用语言学研究所 DCC 博士研究室的动态流通语料库，进行动态加工分析，最后向全社会展示当年的主流媒体流行语是什么。他们的侧重点是通过对流行语的考察去探寻哪些社会因素引起语言变化，哪些新词汇迅速流传，直至被收入语言词典。从社会语言学角度对流行语进行分析，揭示其产生的机制、语言变异的原因以及发展进化的规律，可为促进语言的应用提供一些有益的启示和借鉴。

（二）拓宽了词汇研究的新领域

社会语言学把流行语看作一种词汇现象。语言是一个动态的、开放的系统，特别是其中的词汇与人们社会生活的变化密切相关。语言随着社会的发展而不断变化，同时“是社会发展的产物，是一种社会现象”[①]。在社会生活中，新事物、新概念、新观念一经出现便会首先反映到语言的词汇中来，结果就是新词、新语的大量产生。词汇在语言中出现的频率，一般地说是相对稳定的，但是当社会生活发生急剧变化时，某些词汇的出现频率会大大增加。改革开放后，中国社会政治、经济、文化的发展以及大众语用心理的作用，促使部分汉语词汇的使用频率急速升高，其中有些就成为当代汉语中的流行语。

流行语是汉语词汇的重要组成部分，当代汉语流行语是现代汉语词汇系统中最鲜活、最新颖和最具表现力的部分之一。相比于汉语词汇系统中的其他成员，流行语既“特殊”又“敏感”：从表现形式上讲，它以词和短语为主，也有一部

---

① 陈原. 社会语言学. 北京：商务印书馆，2000.

分是以固定格式和句子的形式存在；从性质上讲，它是词汇中与时代接触、融合最密切、最具动态性和文化性的一部分；从生命周期上讲，它是发展演变过程最短、变化更新最快的语词。显著的时代特征使得流行语比普通词语更加直接敏锐地反映着当代社会生活，每个时期的流行语都能反映那个时期社会生活和行业的特点，如校园流行语、网络流行语、方言流行语、大众传媒流行语、社会生活流行语等。

流行语作为词汇系统最活跃的一部分，它的产生和发展不断丰富与充实着汉语词汇语法体系。流行语的产生直接导致了一些外来词、方言词进入普通话，字母、数字化词语量增加，词缀、类词缀构词现象增多，词义范围扩大或缩小等，这些现象使得现代汉语部分语法特征发生变化。比如，现代汉语名词的语法特征之一是名词前面一般不能加副词，也就是说“特”、“非常”、“很”等副词一般不用来修饰名词。但是在当代流行语当中，这样的例子不胜枚举，如“很 man”、“很暴力”等。

从历时的角度来看，研究流行语能够帮助我们把握时代发展的脉络，探究其流行的社会动因。分析其语言内部因素，可以看到社会词汇系统的某些发展和变化，认识和了解某一时代的特征，包括社会政治、经济、文化发展的状况；也可了解那个时代的风土人情、社会文化以及人们的心理特征和词汇的运用等。从共时的角度来看，对流行语进行研究能够更好地服务于汉语教学以及词典的修正和编纂，帮助我们有效地预测流行语的出现，判断其生命力的长久与否，以此断定某一个流行语的最终归宿是融入词汇系统还是只是短暂的昙花一现。另外，从语言学研究的角度出发，从交际或语用学角度等动态性视角来阐释流行语，对这种现象进行全面分析、描述和研究，还能够帮助我们在日常生活中规范地使用流行语，纠正一些错误的用词、用语习惯，有利于规范现代汉语，有利于构建汉语词汇并揭示词语的文化内涵，有利于语言更好地服务于现实社会的政治、经济、思想、文化等方面的建设，有利于规范人们的言语行为、净化语言环境，从而对社会语言学和词汇学的研究作出贡献。

（三）促进了认知语言学理论的应用性研究

流行语的产生和普及与人类的认知能力息息相关。在流行语产生的过程中，不同认知域的跨域映射，同一认知域中的凸显性及在语言与客观事物的相似性基础上的心智体验，是流行语产生的认知基础。它的产生也是人类思维在与现实世界的互动中、在体验的基础上对客观事物的主观反映，同时也体现了人类求新、寻简、标异的追求。如今很多流行语的构成方法已经超越了传统的构词法，不能用传统的方式来解释其意义。大量的流行语汇中都含有隐喻的认知因素，即通过熟悉的、旧的认知域向不熟悉的、新的认知域投射而形成流行语义。“井喷”本是一种地理方面的术语，指地层中地下水、天然气等由于压力的原因喷出地面的现象。但这个词如今不再局限于地理方面的含义，而投射到汽车、旅游、股市等行业，引申意义为“火爆、热门”，如“沪指井喷45点”。同样，在流行语的造词过程中，转喻作为人类的一种基本思维方式发挥着重要的作用。还有大量的流行语是通过象似性造出来的，象似性词的创造体现了人的思维方式及认知模式。

流行语作为新词汇的一种重要形式，是语言中最活跃的因素，是时代特征的反映，体现了社会、科技、文化、艺术等领域的发展趋势。隐喻、转喻及象似性理论作为认知语言学中的重要理论，体现了人类在认识世界过程中与客观世界互动的思维模式及认识世界的方式。从认知的角度研究流行语的产生和认知过程，有助于我们更好地理解人类的思维方式及流行语的产生，理解这一过程中人类思维的运作方式。对流行语的认知阐释，将丰富对人类认知模式的研究，拓宽对流行语的研究视角，深度认知语言学理论的应用性研究。

（四）丰富了相关学科的新成果和理论基础

流行语是当前具有普遍价值的人文现象，它作为流行文化的符号，依靠自身意指结构的多重套叠，以巨大的意义空间容纳了人们的认知表达和情意诉求。民众通过流行语的话语实践，参与到意识形态和社会权利的建构与变革中。语言学对流行语符号本质的认定和解析，为人文社会科学的相关研究提供了基础。流行语作为一种语言现象，从研究的角度看，不仅是词汇的分类研究，还是集社会学、语言学及文学等学科理论与原理于一身的综合研究。流行语是当前具有普遍价值的人文现象，人文科学界不约而同地聚焦于这类特殊的语言事实。无论是其语言形式还是其流通过程，流行语都为各学科敞开着巨大的阐释空间。

社会学发展到今天，研究的问题从社会到个人、从宏观到微观，分类越来越细、门类越来越多。社会学学科在发展过程中，积累了许多认识、分析、解释文化现象的理论和研究方法，这些理论和研究方法在以往文化社会学家与文化人类学家的著作中已有体现。研究当代社会的流行语，对不同学科的发展和新分支学科的开拓同样具有重要的学术价值。流行语有时政类、经济类、文化类、教育类、体育类、旅游类、演艺类、影视类、出版类、社会问题类等，与此相关的流行语现象几乎都能在相关学科和分支学科的理论著作中得到解释。借鉴符号互动论、模因理论、文化语言学、社会语言学等理论研究流行语现象自不必说，新闻传播学、政治学、语言哲学、社会学——包括教育社会学、体育社会学、旅游社会学、文艺社会学、电影社会学、电视社会学等相关的学科和分支学科也为对其的研究提供了新的理论工具。深入研究各种流行语现象，探究形成现象的因果关系及发展趋势，并提出可行性解决方案，将为已有的学科和相关分支学科增添新时期的新成果。

## 二、社会文化意义和价值

### （一）扩大了研究和了解社会世情的范围

每个时代都会在社会世相中留下基本烙印，而流行语本身就是这一世相民情的真切反映。但凡流行的，总有当下社会人的心态折射，总是人间万象的整体呈现，是心理态势的映现。社会心态是一定社会发展时期内，整个社会或群体的心理状态，是整个社会感受、社会情绪基调、社会共识和社会价值观的总和。以往，人们对于流行语的应用大都停留在口语的层面上，因它是非正式场合的交际用语，因其随意性和时效性而一直被看作是非主流的语言附属品。正式的报纸、杂志等因为语言使用规范的限制，并不会使用流行语来撰写文章。流行语尚不能“登堂入室”，大多数人对于流行语的认知还是局限于一定的范围，对某些特定行业领域和固定环境的流行语无暇顾及，使用也并不广泛。例如，校园流行语的含义大都只有学生才能理解，校外的人听起来就会一头雾水、不知所云。大众流行语在传播上也存在一定的局限性，这种情形在近年却发生了很大的变化。近年来，我国在经济、政治、文化等方面都发生了巨大的变化，为流行语的产生提供了条件：一是政治经济生活的催生，二是重大事件的促使，三是科学技术的引领，四是多元文化的诱发，五是人们追求语言的新鲜感和崇尚语言的时尚度。

随着社会的发展，人们对流行语的使用频率日趋升高，流行语在人们的日常交流中发挥着很重要的作用。流行语真实记录了错综复杂的国际风云、变幻万千的国内时政、跌宕起伏的经济、与时俱进的科技、震颤心灵的文化娱乐、盛事迭出的体育、多彩和谐的社会生活、世界瞩目的热点信息、立竿见影的房市调控、险象环生的突发事件以及纰漏“偶”出的社会问题等。流行语的产生与传播，折射了当代社会经济文化的变迁。它就像一面镜子，敏锐地反映时代政治、经济、文化的重大变迁，具有明显的时代烙印。

流行语是对社会生活的第一反映。它是社会政治、经济、文化、教育、娱乐、生活等各个领域的镜像，比别的语言更加敏锐、快速地感受到一个时代最微小的脉动。当今社会政治、经济、文化及科技等方面的巨大变化在不断更新着人们的观念的同时，也在不断推出一批又一批的社会流行语。2010 年的流行语“微博”异常火爆，这是这个时代传递信息、表达情感的方式；网络流行语“围脖”越“织”越大，我们不知不觉地已经迈进“微时代”。2010 年被称作“3D 元年”，流行语“3D 电影”随着电影《阿凡达》的热卖横扫全球，并推动了“3D 技术”的向前发展。

从历史源流和性质来看，流行语不仅仅是一种语言上的“时尚”，更是一个时代的反映。它既能反映出时代的特征，也能深刻地揭示当时的社会文化现象和病症。流行语就像一块块鲜活的化石，忠实地记录着历史。每个流行语背后都有其独特的“爆红史”，从政治到经济，从社会到民生，从法律到道德，都印证着时代前行的脚步。把流行语串联起来则犹如一部简史，将历史事件生动地呈现在我们面前。再现流行语，可以让我们重温历史、体味感慨。下面，我们借近几年的流行语来回忆一下发生的事情。

2008 年，中国迎来了“改革开放 30 周年”。这一年是中国极不平凡的一年，有“北京奥运会”、“神七”载人飞船的成功发射，也有“汶川大地震”、“金融危机”、“三聚氰胺”毒奶粉事件等充盈着整个中国；“山寨”文化日益为大众所知，引发了人们对品牌、诚信的思索。这一年的经济面临着一场严峻的考验，由美国“信贷危机”引发的“金融海啸”席卷全球；“扩大内需”、“保增长”的提出，为我国的经济发展指明了方向；国家出台了“保障性住房”和“最低生活保障”等措施；“小黄金周”的实施让国人树立了假期消费的观念；“京津城际铁路”的贯通和“公路养路费”的取消，让我们在出行时更加便利；2008 年，世界更好地认识了中国以及“中国元素”。

2009 年是“新中国成立 60 周年”，我们更清晰地看到了中华民族伟大复兴的光明前景；“落实科学发展观”设计着一个富强、文明、民主、公平的蓝图；一系列“被 × ×”新词在媒体上流行，有人说我们进入了委屈无奈的“被”时代；一系列“楼 AA”调侃在网络上流传，有人说我们进入了缺少质量保证的“楼”世界；当“蜗居”成为一种无奈的选择，有人说我们进入了一个卑微的“蚁族”时代；“纠结”传达了人们极度混乱的思绪和难以抉择的心态。然而，当人们质疑政府是否关注大众民生、关注世态万象的时候，我们更多地发现了社会生活中那些和谐的音符：“家电下乡”顺应了农民消费升级的新趋势；“绩效工资”促进了社会事业的发展；“全民健身日”宣扬了健康的生活方式；“食品安全法”提高了我国食品安全的整体水平。

2010 年是“给力”的一年：在水上拉开序幕的“广州亚运会”上，中国军团创造了历史之最；“上海世博会”的成功举办为中国经济和文化的发展提供了难得的机遇，显示着包容和热情的“海宝”向世界各地的朋友发出邀请，迎来了“世博园”的盛大开幕；时速 486 公里的记录证明了中国“高铁”的迅猛发展；“嫦娥二号”的圆满升空让中国的探月工程向前迈出了一大步；“围观”让我们看到广州亚运会期间，从抵制番禺垃圾焚烧到呼吁改变地铁惠民方式的民意举动；“神马都是浮云”、“帝”是对网络词语的真实记录；“控”、“达人”是人们对外来词语的偏爱；“围脖”是人们对微博迷恋的见证，是网络大众化、便捷化的体现；“南非世界杯”上，有一种声音叫“呜呜祖拉”，震耳欲聋的响声成为南非赛场上最独特的标志。

2011 年是“中国共产党建党 90 周年”、“辛亥革命一百周年”；“金砖国家”见诸各媒体；“入世十年”，见证了中国经济的进步与成长；“天宫一号”、“神州八号”先后升空并实现“交会对接”；“西湖申遗”终于成功；绿色“西安世园会”胜利召开；“最美妈妈”吴菊萍，用爱托起生命；淘宝体“亲”的简洁亲切预示着网络购物的平民化、大众化、普及化；“我反正信了”的流行提醒着我们温州特大交通事故后铁道部新闻发言人的敷衍态度；“忐忑”是画在人类脸上的年度表情；“瘦肉精”、“地沟油”、“染色馒头”、“毒豆芽”、“明治奶粉”等“食品安全”事件频发，牵动了百姓脆弱的神经；“限购令”、“保障房”、“公租房”，政府出台多项措施调控房产。

2012 年“十八大”胜利召开，“科学发展”、“生态文明”、“建成小康”、“美丽中国”等关键词描绘出中国发展的蓝图；流行语“正能量”将人体比作一个能量场，通过激发内在潜能，可以使人发现一个新的自我，从而更加自信和充满活力；一个“赞”字，包含了赞美、赞赏、赞叹、赞同、赞许等诸多情绪，显示出国人的爱憎分明、激浊扬清；“最美”称号不断涌现，如“最美教师”张丽莉、“最美司机”吴斌、“最美战士”高铁成；“接地气”就是广泛接触民众，了解民众的苦与乐、民众的意愿和需求；“实体经济”成为现代金融体系中的重要元素；“神九”飞天，与“天宫”完成“太空之吻”；“蛟龙号”载人深潜器下潜最大深度 7 062 米，刷新“中国深度”的纪录；我国第一艘航空母舰“辽宁舰”正式交付海军，实现了中国航母零的突破……这一系列的进步与突破，圆了几代中国人的梦想，也把实现民族复兴的“中国梦”推进了一大步。

流行语与人们的社会生活息息相关，是当今社会的重要符号元素，人们甚至开始通过流行语来认识社会、解释现象、表达思想。从某种意义上说，它已经超越了原有的语言学范畴，延伸到了更广阔的领域。

（二）培育了文化现象研究新的生长点

语言是文化的表现，是文化表达的重要工具。流行语既是一种语言现象，也是一种流行的文化现象，生动而形象、时尚而鲜活，折射出不同时期人们价值观的变化，是人们生存状态和社会现实的记录。根据流行语，我们可以把握经济发展的态势、生活变化的轨迹、文化潮流的走向以及人们的价值取向。流行语是语言和文化现象的结合体，它之所以能流行是因为它具有深刻的社会属性，是社会心理的表征，是社会文化的反映，也是社会风尚与道德评价的体现。2008 年流行语“京剧进校园”表明我们的国粹文明将以更好的方式传承下去；2011 年流行语“爱国、创新、包容、厚德”的“北京精神”彰显首都软实力；2012 年“文化强国”的流行代表了人民的心声。显著的时代特征使得流行语比普通词语更加直接敏锐地反映当代社会生活和人们的观念与心态，体现社会的发展、变化和创新。同时，它又追随时代的脚步，反映着社会的变迁与人们的文化精神活动。

从社会心理学的角度来看，一般大众心理会有两种倾向：一是趋时求新，二是从众趋同。当社会处于变革转型时期，这种心理就更为突出。在快速转型过程中，人们对新体制日臻成熟的期待、对未来社会的憧憬，不断激发着对新突破、新变革和新事物的渴望。这种渴望体现在对精神生活的追求上，就是人们力图构筑新的文化语境和文化符号，来表达自身的全新诉求。通过对不同时期的流行语进行分析研究，我们可以洞悉现实社会的百姓心理渴求，可以看出不同时期的社会面貌、生活图景、文化形式以及人们不同的世界观和价值观。

美国著名文化人类学家拉尔夫·林顿（Ralph Linton）在《文化树——世界文化简史》中把纷繁复杂的世界文化现象比作文化树。这种认识文化的独特视角对社会学家分析流行语反映的社会文化现象很有启迪。我们可以借鉴林顿的思想，用观察法把流行语看作文化特质，即文化现象的点；用分类法把同质、同类的流行语整理为文化集丛，即文化现象的线和面；用分析法探索某类文化集丛中文化现象形成的原因、发展过程及影响、未来的走势、不同文化集丛之间的相互关系，并试图归纳概括出对社会成员价值观形成持续影响的文化模式，即文化现象的立体模块或文化系统。社会学家观察、类比、分析的方法符合唯物辩证法的基本观点，即用联系的、变化的、发展的视角认识流行语现象。这就好比把社会文化看作树，则流行语文化特质是叶和花，各种流行语文化集丛是树枝，相互交错、强大的文化集丛形成文化模式，即树的主干，叶、花、枝、干构成树的整体，即社会文化系统。

流行语的发展，无论是在来源上，还是内容上，抑或是生成方式上，都从单一走向多元，这对流行语的文化内涵产生了深远的影响，流行语是语言文化的一部分，也是社会文化的重要组成成分，它不仅反映了当代人的素质修养、生活方式和思维习惯，也体现了时代的特色与变化，更展示了当下人们对自身生活的主动思考和干预，流行语作为一种崭新的语言方式和文化景观，真实地映射出民众的文化诉求和心理，有着鲜明的时代特点。

## 第二节　流行语研究综述

### 一、总论

流行语作为一种特殊的言语模式，有其自身的发展特点和研究价值。纵观流行语的发展轨迹，流行语的研究经历了从个别到整体、由浅入深的过程。国外对流行语的研究分为三个阶段：第一个阶段是 20 世纪 50—80 年代，其代表是日本著名评论家大宅壮对流行语特点的研究，并基于这些特点创造出了许多脍炙人口的流行语；第二个阶段是 20 世纪 80—90 年代，其代表是 1990 年美国的年度流行语开始由美国方言学会进行评选；第三个阶段是 20 世纪 90 年代后，其代表是英国、俄罗斯流行语的研究。这些研究都有其历史和特点，主要是理论取向的研究和实证取向的研究。

国内对流行语的研究大致可以分为两个不同的阶段：第一阶段为初步探索阶段（20 世纪 90 年代），第二阶段为快速发展阶段（21 世纪以后）。在流行语的初步探索阶段，流行语的研究处于初步的研究和探讨时期，在中国知网搜索 1990 年 1 月 1 日至 1999 年 12 月 31 日的有关流行语的文献仅有 170 条。

下面重点谈谈国内流行语的研究情况。较早研究流行语的文献是 1982 年蔡富有的《北京青少年口语中常用的表示赞美的单音词》，但文章中只是谈到了流行语现象，并没有提出“流行语”这个概念。1990 年，胡明扬、张莹在《70—

80年代北京青少年流行语》中探讨了流行语的定义和特点。这期间关于流行语方面的专著和辞典有熊忠武的《当代中国流行语辞典》、周一民的《北京现代流行语》、陈芳的《当代流行语》、郭大松的《1949—1999五十年流行词语》等，这些著作多从时间上对流行语进行列举、解释，展现了各个时期和地区的流行语面貌，为我们研究流行语提供了大量有价值的资料。

进入21世纪以后，国内开放程度日益加深，我国政治、经济、文化以及社会生活的各方面都有了迅猛的发展。语言是流行文化的载体，流行语在这一阶段快速成长起来，流行语的研究也逐渐被人们所关注。这一时期，有关流行语的研究著作和文章也纷纷涌现，从2000年1月1日至2009年12月31日，中国知网有关流行语的研究文献共计1 884条，是上个十年间的11倍。2007年夏中华主编的《中国当代流行语全览》，对当代流行语进行了全面而系统的搜集和整理；2008年高虹编著的《1978—2008流行语看中国》从流行语这一独特的视角看改革开放以后中国的发展变化，刻满生活烙印的流行语，已成为30年改革开放路上我们前进的见证。

对于流行语的研究，有两种基本视角：一种是将已有的社会学、传播学、心理学等理论与方法运用到流行语特别是网络流行语的研究中，对已有理论进行验证或补充，比如运用认知语言学中的图式理论来研究网络流行语的传播，运用符号学理论来研究流行语背后的话语等；另一种是强调现实社会流行语，力图提出新的假设和新的问题，来分析和概括流行语这种新的社会现象，主要是案例实证研究，如以“躲猫猫”、“俯卧撑”、“杯具”、“Hold住”、“神马都是浮云”、“豆你玩”、“给力”等典型案例来分析流行语的编码规律、形成机制等。这些研究对我们深入认识、考察流行语现象有着不可忽视的作用。

从研究内容来看，先期的研究以语言学为主，主要涉及基本问题，如流行语的来源、类型、特点、产生的动因、流行的条件等；还有的从语言模因论、语言经济学、语音语义变异、语言规范等视角进行研究。近几年来，学者们的视角开始向纵深推进，关注地域流行语或某一群体流行语，焦点集中在流行语的特点与文化的关系、隐喻现状和心理研究等方面，并从语义、语法、修辞的角度探析流行语的内部构成，探讨对待流行语的态度以及流行语的规范问题，并预测其发展趋势。从研究方法的角度看，随着研究的深入，越来越多的学者在研究中开始采用多角度、跨学科的方法，从社会学、心理学、文化学等全新角度观察、探究流行语的存在及发展。

随着流行语的发展，各年度的流行语报告和流行语评选活动也格外引人注目。从2002年开始，国家语言资源监测中心、北京语言大学、中国新闻技术工作者联合会分别对《人民日报》、《南方周末》等14家主流报纸当年全部四亿九千万语料进行统计，发布了2002年主流报纸十大流行语。2004年，上海文汇新民联合报业集团新闻信息中心在对新中国成立以后55年流行语研究的基础上，推出了2004年年度流行语报告。2008年，网络上开展了改革开放30年流行语的评选活动。2000年评选活动开始后，评选的次数渐多，参与者渐增，语料更充分，方法更科学。尤其近年我国各种流行语评选发布活动迅速增多，评选机制日趋成熟，更具科学性和权威性，比较突出的评选有国家语言文字资源检测与研究中心等单位的流行语评选和《咬文嚼字》的“十大流行语”评选等。

## 二、具体问题的研究现状

### （一）关于流行语的界定

学界对流行语的界定具有代表性的观点有以下几种：

（1）胡明扬、张莹：“流行语指的是在某些人中间，主要是在青少年中间，在某个时期广泛流行，过了一段时间又为新流行的词语所替代而悄然消失的词语。”① 这个定义是针对流行语的流行性提出的。

（2）赵佳：“流行语是一种使用频率较高的语言，它往往在口语中经常使用并影响至书面语。”② 这个定义强调的是流行语的使用频率。

（3）郑荣馨：“流行语是一定社会发展阶段流传很广的语言。”③ 这个观点强调流行语的使用范围。

（4）刘大为：“当流行以语言为载体时就形成了流行语。”④ 这个观点意在说明流行语的构成及成因。

（5）孙曼均：“流行语是语汇中特殊而敏感、变化极快的词语层面，是在某一时期社会上广泛流行的城市人（主要是城市青年）的惯常用语，或某一阶层、行业的习惯用语。”⑤ 这个定义将流行语划分到惯用语一类。

---

① 胡明扬，张莹．70—80年代北京青少年流行语．语文建设，1990（1）．

② 赵佳．社会流行语浅析．修辞学习，1994（10）．

③ 郑荣馨．略论社会流行语．三峡学刊，1994（2，3）．

④ 刘大为．组合流行语考察．汉语学习，1995（2）．

⑤ 孙曼均．北京的流行词语与当代北京城市文化．语言文字应用，1998（3）．

（6）陈原：“凡是在一定时间里面，在一定的地区里，在一定的群体中（例如在大学生、中学生甚至在某些小学生中，或者在某些行业里，特别是在青年从业人员中）流行的语词就是流行语。”①

观察以上学者们的研究成果，彼此之间都有相同和不同的地方，相同之处是他们都抓住了流行语“流行”、“高频”、“时尚”、“短暂”这些突出特点。因此，流行语具有最鲜明的时代特性，是语言对社会变化的最直接、最敏感的反映。

（二）关于流行语的分类

分类总是基于一定的标准和目的，角度不同，所分出的类别也会千差万别。

杨建国（2004）将流行语作了如下的分类：

（1）口头流行语与媒体流行语。口头流行语，主要通过口耳相传，只是有的太俗或太敏感，难登大雅之堂。媒体流行语包括报纸流行语、杂志流行语、图书流行语、电影流行语、电视流行语、广播流行语、网络流行语、手机流行语等。

（2）泛流行语和行业流行语。泛流行语是打破了行业界限的流行语，为各行业所认同。行业流行语是指在特定行业内流行的语汇，出了这一行业，别的行业中的人就难以领会。

（3）大众流行语和群体流行语。大众流行语和泛流行语差不多，只是后者是就行业范围而言的，前者是就流行对象而言的，也是覆盖范围最广、最具流行性的用语。群体流行语是指在某一特定人群中流行的用语，这类流行语中的大部分带有隐语或黑话性质，局外人初一听，往往不知所云。

（4）广域流行语和局域流行语。这是就流行语的流行空间而言的。

（5）季度、年度流行语和时代、世纪流行语。这是按时间刻度或者叫流行周期进行的分类。

（6）历史流行语和现实流行语。历史流行语是指那些一度或再度流行过而不再在现实交际中流通的词语。它们有的进入了词典，成为语言交际中的普通语汇，更多的只在历史文献中偶尔被人提及。现实流行语是指那些正在人们的语言交际中使用并对人们的政治、经济、文化、生活等产生一定影响的语汇，如“三个代表”、“与时俱进”、“小康社会”等。

---

① 陈原. 社会语言学. 北京：商务印书馆，2000.

刘大为（1995）则从流行载体出发将流行语分为：以词或短语这种词汇形式为载体的词汇流行语；以语音为载体的语音流行语；以在句法作用下进行组合的词汇形式形成的套语为载体的套语流行语；以字形为载体的字形流行语；以词汇形式的组合方式为载体的组合流行语。

顾源（2009）则将流行语分为以独立语句的形式出现的语句型、以词语表示现象或以谐音代之的单词型、由字母组成的字母型、由非文字的特殊符号组合或其与文字组合的符号型以及由数字组成的数字型。

（三）关于流行语的特点

关于流行语特点的研究成果比较丰硕，大多数的文章和专著在论述流行语的时候都会不可避免地谈论到流行语的特点，其主要代表性观点如下。

钱乃荣（1996）：流行性、俚俗性、惯用性、阶层性、时间性、形象性。

劲松（1999）：流行性（包括时间性、阶段性或短暂性、高频性、新型性），层级性（包括两个层次：一个是普通话的流行语，具有全民性；一个是地域的流行语，具有方言性），附属性（包括底层性、隐秘性、反正统性、非通用性、非规范性、平行性、能产性）。

丁加勇（2004）：内容上的新颖性，结构上的类推性，使用上的高频性，运用上的时段性，语用上的醒目性。

林洁雯在《2009年十大流行语分析与流行语特点研究》一文中将流行语的特点概括为流行性、时段性、新型性和快速传播性四个方面。

程明在《流行语的来源及其特征》一文中将流行语的特征概括为创新性、经济性、青春性和流行性四个方面。

总体看来，研究学者们都认为流行语最大的特点就是“流行”。流行语的流行性是指流行语的流行是一个动态的不断发展变化的过程，每一个流行语根据其自身的属性都会有一个生命周期。而流行又具有最鲜明的时代特征，是语言对社会变化的最为敏感的反映。时代本身就是一个动态的过程，随着时间的推移永不停止地运行着，流行语的时代性决定了它必然与时代一同前进的“流行”的特点。

（四）关于流行语产生的原因

任何一种社会现象的产生都会有一定的原因。对流行语产生的原因进行探讨的主要有两种方式：一种是从多个角度逐一分析，目前探讨得较多的有语言自身的因素、媒体大众因素、心理因素、社会文化因素。人们的从众、求新、求异的心理，使流行语得到广泛传播，媒体的宣传报道以及对流行语的使用，都使流行语在更大范围、最短时间内得到广泛传播流行。另一种是运用某个具体的理论对流行的原因进行深入细致的分析研究。例如：张家瑞、高培培（2010）在《网络流行语的秘密：模因》一文中，主要利用了道金斯、海利根、布莱克摩尔等人提出并发展的模因论（即不断得到传播、复制的语言、文化习俗、观念等都是作为文化传播单位或模仿单位的模因，它们按其固有方式进行运行）来分析流行语流行的规律及特点；张丽红（2010）在《大学校园流行语的模因理据分析》一文中则基于达尔文进化论来解释文化进化规律的模因论，为研究校园流行语成功复制和传播以及它们在交际中的语言特色提供了理论依据，同时指出大学校园流行语中的模因可以在字、词、短语、句、段乃至篇章体现出来，大学校园流行语之所以被复制和传播，还由大学生的性格特征和社会原因决定；崔颖（2010）在《网络流行语的模因论分析》一文中借助语用学三大理论之一的模因论对此加以分析，发现网络流行语之所以得以复制传播，正是因为它符合强势模因的标准，即高保真度、多产性以及长寿性；徐飞（2008 ）的《语言模因论视域下的流行语传播》、乔平（2009）的《大学校园流行语中的模因现象》等都是该类形式的研究。

（五）关于流行语的类别研究

流行语因流行的范围、载体等不同，形成了不同的类别。对流行语专门类别的研究近年来也得到了深入的发展，出现了很多对某一领域、某一族群的流行语深入探讨的成果，如针对“网络流行语”、“校园流行语”等流行语的研究 。

网络因其飞快的传播速度、广大的使用群体、简单方便的传播方式成了流行语极为重要的来源和发生、存活地带，学界对网络流行语的研究更是多种多样，如王晓艳（2010）的《从网络流行语看大众文化特征》分析了大众文化的商品性、通俗性、流行性、娱乐性以及依赖性等特征；邢俊美（2008）的《关于网络流行语的调查研究》分析了网络流行语的语言特色和网络流行语的群体特征，并对网络流行语的发展前景进行了大胆的设想；刘秋红（2010）的《网络流行语的构词特征与语言经济原则》从网络流行语的构词特点出发，论证语言与经济原则的关系等。网络上对流行语的讨论也愈演愈烈，既有媒介机构发起的，也有网民自发兴起的。单单 2011 年下半年以来，冲击人们大脑皮层接受限度的就有“淘宝体”、“蓝精灵体”、“海底捞体”、“热死体”、“鼓力体”、“雨珠体”、“Hold 住体”、“TVB 体”、“等待体”……一时间，“全民造句”风起云涌、蔚为壮观。流行语似乎迸发出一种前所未有的奇异张力。这些关于流行语的讨论与收集，不仅具有极强的时效性，真实地反映了现时流行语的风貌，而且分析角度灵活多样，与学术界的研究相映生辉。

校园流行语一向很丰富，对校园流行语的研究也较为多样，如王冬佳（2010）的《当下大学校园流行语特征浅析》主要探讨校园流行语所折射出来的大学生的心理特征以及校园流行语的整体特征；王晓红（2006）的《从校园流行语分析大学生的个性心理》认为校园流行语的产生固然是语言发展的必然趋势，但从中也反映出当代大学生在文化、个性、心理等方面存在的问题；李丽（2010）的《从社会方言与时间方言的角度看当代大学生流行语》收集了大学生中流行的部分语汇，利用社会语言学的相关概念对这些语汇进行了分析与归类；王勇、赵晓光（2010）的《校园流行语的符号学——心理学视角研究》从符号学和心理学的双重角度探讨了流行语这一独特的语言形式的符号学特点及其产生的心理学功用。还有从修辞学的角度试着分析校园流行语，如马春华的《从校园流行语的修辞格看大学生的心理特征》和张艳玲的《大学校园流行语的修辞艺术》等。这些成果无疑为我们打开了研究校园流行语的新视野。

（六）关于具体流行语现象的研究

这类研究主要有以下几个方面：一是对某个具体流行词语的研究，如沈娜（2010）的《网络流行语“泪”的动词用法及其相关构式》指出，“泪”开始用为动词并构成“泪奔”等新词，广泛运用于网络交际甚至日常口语中，借助网络的强大渗透能力，“泪”获得了一部分与表情动词相似的结构方式，如“×一个”、“×中”等，并呈现继续扩展的趋势；聂汉琳（2010）的《流行语“貌似”的语料研究》把“貌似”在北京大学汉语语言学研究中心现代语料库中的语料和新浪论坛上的语料进行了对比，找出了它们的差异；王云辉（2010）的《试析语言学视野下的流行语“美女”》从语义和语法的角度对当下流行语“美女”进行了分析，发现“美女”在使用中已经发生了泛化和虚化的现象，其语义特征、使用范围和感情色彩也随之发生了一些变化。二是对某类流行语现象进行归纳与研究，如蔡晓（2008）通过对“很X很Y”语模的研究总结出“很”具有完句、连接、焦点标记、整合及彰显强化等新功能；葛荣、徐丽萍（2008）对“超×”类词的来源进行了探讨，分析“超”由动词演化为形容词再演化到副词的语法化过程，并指出随着“×”的泛化，“超”极可能演化为词缀。三是对某个流行语格式的归纳和阐释，如郑庆君（2010）的《流行语“被＋××”

现象及其语用成因》认为，“被 + × ×”格式对传统的“被”字结构形成了诸多的“反叛”，却受到社会的高度认可。因为特定的语义特征与结构模式正适应着时下社会语用原则，反映出当代流行语的基本特点，印证了模因论学者的观点。

（七）关于流行语相关领域的研究

以上对流行语的分析研究都是从语言学的角度来进行的，近几年有学者从教育学、社会学的角度对流行语加以分析探索，对流行语的分析研究迅速从语言学领域扩展到了教育学、传播学、社会学、心理学等领域，研究议题也从流行语的语境适应性、构词特征、语用翻译等扩展到了社会心理、使用行为、生成传播机制、流行机制、话语效应、网络舆论、价值取向、社会影响及效果等较为广泛的方面。如邓遥、王丹（2010）的《近十年来流行语的发展及对高等教育的影响》采用文献检索的方式，选取 1999—2009 年收录在中国期刊网上的 139 篇论文题目进行计量学统计，并从正反两方面客观地分析流行语对高等教育的影响，指出如何对待高校流行语，让其成为校园文化建设的重要组成部分的问题；孔国庆、董宜彦（2010）的《网络流行语在高校思想政治理论教学中的有效渗透研究》从网络流行语的自身特征和高校思想政治理论课的教学特点出发，分析网络流行语渗透到高校思想政治课教学的可行性以及如何进一步增强高校思想政治理论课的实效性；吴学琴（2010）的《日常生活化的意识形态与新中国流行语的变迁》认为流行语是大众日常生活的客观记录，也是日常生活化意识形态的表征，新中国 60 年来流行语基本经历了从以政治话语为主，到以经济话语为主，再到经济和文化双重话语之下的多元话语时代三个阶段，三个阶段的流行话语一方面记录了人民生活不断富裕的过程，另一方面也反映了我国日常生活意识形态化一波三折的发展之路，经历了从“泛意识形态”到淡化意识形态再到“去意识形态”的明显变化；郑崇选（2010）的《三十年流行语中的当代消费文化变迁》从流行语三十年的流变中看到当代中国的消费文化经过三个阶段的发展，逐步完成了由使用价值到符号价值的过渡，消费主义文化正在成为新的意识形态；顾源（2009）的《社会学视野下的网络流行语分析》试图从社会学的角度划分当前网络流行语的基本类型，进而对这些基本类型进行原因分析和功能分析；刘泽权、张丹丹（2010）的《我国当前流行语的语言学与社会学分析》在总结、归纳流行语的特点、来源方式及发展趋势的基础上，剖析了流行语的问题社会、语言和文化以及人们生活所带来的积极和消极影响，并探讨了如何树立正确的语言观和价值观的问题。

综上所述，目前学者们关于流行语的研究成果主要分为三种类型：整理型、释义型和分析型。整理型成果是将某一时期、某个时间段内所有的流行语整理出来，供人们查阅；释义型是对当代极具代表性的流行语进行解释；分析型主要重于静态分析，从流行语的性质、特点、动因、发展趋势等角度考察流行语。

### 三、研究中存在的问题

通过上述分析，我们可以看到，对流行语的研究不仅研究内容和角度众多，而且成果丰富多彩。但作为一个比较新的研究课题，目前对流行语的研究还处于萌芽阶段，缺乏真正有功力的学者对其进行专一而深入的研究，对这种现象的研究所达到的高度暂时也还不够。因此，可以说相关研究并不十分全面，在理论上仍处于初创阶段，还存在一些问题：一是对流行语进行的综合研究不够深入，还需要寻求各种研究角度，总结各类观点，从而使流行语研究更加成熟，并形成自己的理论体系；二是较重视研究口头流行语、网络流行语而忽略书面流行语，我们所见过的关于流行语的学术研究成果，也基本圈定在口头流行语、网络流行语内，这就违背了流行语的本质属性，大大限制了流行语研究的视野，我们认为应该站在语言国情的高度来看待不同的语体，而不应仅局限在对有陌生感的高度新奇的口头流行语的简单重复的探讨上①；三是对流行语的动态研究稍显不足，流行语本身呈现出突出的动态性，但目前的研究多是共时层面上的描写及解释，不重视社会调查，对现象层面的描述较多，缺少科学的例证调查，更缺少具体的语料分析。此外，有些方面还出现了研究混杂的情况，如原因和来源不分，统计分析等方法的运用也显得比较薄弱等。我们认为，要从多方面研究流行语，特别是应建立专门机构进行研究，从更大范围对其流行规律进行考察。

## 第三节　流行语研究的视角和方法

### 一、社会、心理、语言的角度

从社会、心理、语言的视角研究流行语，可以看到内因和外因对流行语的共同作用。

---

① 陈惠. 流行语发布的几个基本问题. 长江学术，2007（3）.

（一）社会语言学视角

语言不是一个静止的、自给自足的、同质的、观念的符号系统，而是人类社会得以形成、发展必不可少的思维工具和交际工具，是"生物的人"转化为"社会的人"的必不可少的手段之一，是与社会密切联系并受社会各种因素的影响而不断发展的一种特殊符号系统。从社会语言学的角度来研究流行语，就是要注重语言和社会之间的联系。本书就借鉴美国语言学家布莱斯的"语言和社会结构的共变"理论，从社会语言学角度解释流行语大量出现的原因，关注语言和社会之间的双向作用，尤其是社会对语言的影响和制约，即把流行语放在特定的社会中来研究分析。

（二）心理语言学视角

词汇的生成和扩散可分为"群体聚合"、"求新好奇"与"模拟仿效"三种心理机制。从心理语言学视角研究流行语，与社会语言学视角站在语言客体的角度来研究不同：心理语言学主要是站在语言主体的立场来探究流行语的发展规律，强调语言主体在创造流行语和使用流行语过程中的心理状态与心理感受。

（三）本体语言学视角

这一视角立足语言本体，从语言学的角度对流行语进行专题式研究。流行语的产生直接导致了一些外来词、方言词进入普通话，字母、数字化词语数量增加。这种研究主要借鉴已有文献对流行语进行研究，根据不同的依据和参考标准对流行语进行界定与划分，分析流行语的特点、规律和产生的原因，并预测流行语的产生和发展。

## 二、描写、解释、比较相结合的方法

描写、解释、比较相结合的方法是语言研究的重要方法。下面，我们具体论述这种方法的价值和意义。

（一）思辨分析

本书运用的一种主要方法是思辨分析法，思辨分析法是本书的基础方法。对社会学科方面出现的新现象进行阐释离不开思辨分析法，这种方法一直是人文学科研究的传统武器，且是成效最好的方法之一。

流行语是近年来出现的一种语言现象，也可以说是一种新出现的文化。由于人们对新事物各方面的认识还处于朦胧的感性阶段，对其的研究就应全面分析其内涵，揭示其原因，评析其意义，而不宜只从某一视角或用某一理论进行单方面的深入突进。同时，一种传播现象出现的原因极其复杂，要研究清楚这种现象并客观评析它，就需要在占有丰富语料的基础上进行描写性分析，采取多视角、多学科相结合的综合思辨分析法。因此，本书采用的一个方法就是在综合基础上的思辨分析法。

（二）归纳与演绎相结合

归纳法和演绎法在语言学研究中的应用非常广泛，本书对流行语的研究也采用了归纳与演绎相结合的方法。通过语料的收集、整理，归纳出流行语在构形形态和语料类别方面的特征。同时在社会学、社会语言学、心理学一般原理的指导下，探析校园、网络、城市地域以及交际场合、交际话题、交际双方的关系等因素对流行语分布和使用的影响，从而剖析当代人的个性特征与心理困惑，为今后语言规范工作的开展和规划提供依据。

（三）定性与定量分析相结合

传统语言学的研究方法，基本上是一种定性的方法，而社会语言学从定性发展到了定量，对所关注的语言变异进行量化分析。语言研究中的定量方法就是通过对语料进行量的分析，发现其中的规律和特点。本书对流行语的分析研究也采用定性与定量相结合的方式，在充分收集语料的基础上，做到用材料说话，言之有据，对近十年的流行语的内部构成、发展趋势和规范问题进行定性分析。

（四）横向比较与纵向比较相结合

横向比较与纵向比较是语言学研究的重要方法，本书采用此方法分析近年流行语发展的情况和规律。因为有些特征及规律需要在不同时期的流行语之间、同一时期不同的流行语之间进行比较才能获取，采用这种方法有助于我们更加清晰地认识汉语词语在具体语言环境中的使用状况，有利于揭示词语的历史文化内涵，对探讨流行词汇的历史发展和现实变化有重要意义。

（五）个别描述和系统分析相结合

对流行语的考察离不开对个体的细致考察，个体研究可为我们提供一个较为清晰的脉络。但语言研究不应只停留在个体研究的层面，而必须重视系统观念，整合整个词汇体系，深入研究流行语的某些特性。本书对近年流行语的现状作细致的静态描写，再对其进行解释，找出规律性的东西，把细部探求与系统观察结合起来，最终从整体上把握其发展的过程与规律。

（六）个案分析与实例阐释相结合

个案研究是一种关于某个社会单位的生活全过程或关于它的某方面的事例的

研究方法，其特点就是着眼于具体的案例或对象。采取这样的研究方法，所研究的问题就很集中，对研究现象的了解也较为详细，从而能使研究得出的结论准确深入。本书将通过设置一些具体的研究项，如对“我爸是李刚”和“给力”等流行语进行详细分析，从而展示出其生成原因和传播路径等。书中所选取的流行语个案均有释义，并配以语例，力图作出客观、详细的阐释。

因为本研究主要选取了近五年的语料资源，词语量比较大，涵盖面比较广，故而以大量语言实例为研究依据，通过分析、比较、筛选、分类、归纳等方法对流行语进行分类研究，用数字、表格等直观明朗的方式呈现分类统计结果。

# 第二章 流行语概述

## 第一节 流行语的界定和走势模型

### 一、流行语的语言单位及概念

《辞海》中对于“流行”一词的解释是：“迅速传播或盛行一时。”《现代汉语词典》（第5版）对“流行语”的释义为：“某一时期社会上广泛流行的语汇。”《新牛津英语词典》关于流行语的定义是：概括某一特定概念的词或短语，主要是用来表现流行或时尚，如“motivation”（动机，刺激）、“Xgeneration”（未知的一代）等。我们在研究流行语“是什么”的基础上，要解决“为什么是”的问题。在明确其概念范畴的基础上展开研究，研究的结果才更合理。对于什么是流行语，我们可以从以下几点着手进行分析：

第一，流行语的内涵和外延。我们认为流行语在大多数情况下还是以词语和短语的形式为主，如“哇噻”、“美眉”、“帅哥”、“和谐社会”、“金融风暴”等；有些情况下是以句子的形式出现的，如“某某很生气，后果很严重”、“这个世界很黄，很暴力”；有些是以字形式主要出现在网络中的，如“囧”、“雷”、“亲”等；还有一小部分流行语（主要来自影视作品的经典台词）是以篇章的形式出现的，如：“曾经有一份真挚的感情摆在我面前，但是我没有珍惜，等到失去的时候我才后悔莫及，尘世间最痛苦的事情莫过于此。如果上天可以给我一次机会再来一次，我会跟那个女人说：‘我爱你！’如果非要给这份感情加一个期限，我希望是一万年！”（周星驰《大话西游·大圣娶亲》）由此可见，流行语在绝大多数情况下还是以词语和短语的形式出现的，即使以句子、篇章的形式出现，也是有固定的格式和内容的。

第二，流行语是在一定时期内流行，并且表现出一定层次性的词语。流行语有一定的流行时期，生命周期是非常有限的，甚至可以说是非常短暂的。一段时间之后，旧的流行词语会被新产生的词语悄然代替，而且这种替代具有隐蔽性、渐次性，并不能确定为某个具体的时间。换句话说，流行语的流行时段具有模糊性。虽然流行语是在社会上广泛流行的词语，但并不能说它可以“广泛”到社会上的每一个人、每一个角落。流行语的广泛性是有一定范围的，这个范围可能是社会上的某一阶层、某一行业、某一集团或者是某一个地区，还可能是某一个年龄段的人，就是说流行语根据流行范围的不同而表现出不同的层次性。

第三，流行语的产生、发展和社会生活的变化息息相关。不管流行语是流行在一定时期内，还是流行于某个范围内，它都是适应时代发展而产生的，是它所在的那段时期内的社会政治、经济、文化环境以及人们心理活动的反映。流行语是折射社会生活的一面镜子，与社会存在着千丝万缕的联系和互动，而且往往能透视出各种隐藏着的深层次的社会动机和文化心态。社会生活的各种变化都会在语言中反映出来，流行语则是反映社会生活变化的放大镜和聚焦点。特定的时代、特定的社会产生特定的流行语，与社会热点相关的流行语伴随着社会热点而流行。流行语是急剧变革的社会生活在语言中留下的痕迹，是社会发展的直接结果，起着见证历史的作用。

第四，流行语是一种强势模因，是一种最为常见的语言创新方式。语言是模因传播的主要载体，同时语言自身也是一种模因。语言模因按照复制和转化的方式可以分为基因型与表现型两种。[①] 基因型模因大体上朝着“内容相同，形式各异”的方向纵向递进，例如对年轻女子的称呼，传统的是“姑娘”、“小妹”，后来叫“小姐”，广东一带叫“靓女”，有的后来干脆叫“美女”。2013 年 7 月 22 日上午，习近平主席视察武汉市民之家，与市民郭婷婷握手时说了声“美女，你好”。“美女，你好”是如今人们习惯使用的一句招呼语，是人们对陌生人的礼貌用语。如今人们无论长相如何，见面都是以“美女”、“帅哥”相称，这简短的称谓之中，蕴含的是人们文明程度的提升，是相互尊重的一种体现。网络发展起来后，又出现了“MM”、“美眉”的称呼。这一类型的模因在复制过程中形式虽然发生了变化，但包含的信息大同小异。表现型模因向着“形式相同，内容各异”的方向进行横向扩散，如仿照“追星族”一词创造出的“上班族”、“月光族”、“SOHO 族”、“醋溜族”等用来指代某一类人。这些词虽然保留了原词

① 何自然. 语言中的模因. 语言科学，2005（6）.

的形式，内容却大相径庭。[①] 两种语言模因在复制的过程中都发生了变异，这在语言的使用过程中是一种普遍的现象。语言模因为语言注入新的内容，推动了语言的发展变化。

鉴于以上的分析，我们对流行语的界定是：流行语有广义和狭义之分，狭义的流行语是在社会、心理和语言自身等因素的影响下，在社会上某一时期被人们普遍接受并使用而流行起来的词和短语，如词语类有"山寨"、"宅男"、"和谐"、"平常心"，短语类有"不抛弃不放弃"、"神马都是浮云"，固定结构类有"××门"、"××秀"、"将××进行到底"；而广义的流行语不仅包括狭义部分，也涵盖了字、句子、篇章和表情符号，如字流行语有"囧"、"晒"、"雷"、"亲"等，句子流行语有"你太有才了"、"我爸是李刚"、"我不是一个随便的人，我随便起来不是人"、"我是××，我怕谁"，篇章流行语有"无概念，不成房地产"的段落——"最贵的房叫楼王，建得最晚的叫绝版，建得最高的叫地标，在老城区叫传承千年人脉，远离市区的叫生态奢华，起个洋名叫欧式，命名中式叫古典，又大又贵叫府邸，又小又贵叫豪宅，精装修叫给你五星级的家，毛坯房叫创意空间"，表情符号的流行语如"@_@"——晕、"zzzzz"——睡觉时的神态等。

## 二、流行语的走势模型

流行的事物在量上必定有一个突然的增加，一段时间后迅速降低，这是流行的特质。流行语也是如此，它有两个重要参量：一是共时态，流行语是在某个时段内，某一语言社区中的人们所使用的一些新的语言单位或被赋予新意义的旧语言单位；二是历时态，流行语的特点表现在这些语言单位在出现的量上呈抛物线形分布，迅速从无到有，在经历了使用的高峰后突然下降，一部分成为日常词汇，更多的是淡出人们的视野。

北京语言大学杨建国对"流行"的含义有更为细致的分析[②]，并且提出"流行"持续时间长短、范围宽窄的计算问题，借助计算机技术、中文信息处理技术和语料库技术，对一些已被大众认同的流行语的出现频度、流通度、流行周期和基本特点等作科学统计，为客观评定流行语提供了比较可靠的依据。张普提出了

---

① 何自然．语言中的模因．语言科学，2005（6）．

② 杨建国．流行语的语言学研究及科学认定．语言教学与研究，2004（6）．

通过测量流通度来测量公众语感的方法。流通度是一种语言事实在社会交际中的流通程度，流通程度越高，听得越多，说得越多，该语汇得到传播的几率越大，就越可能成为流行语。这些分析把流行语界定的研究向前推进了一步。

流行语是一种特殊的社会现象，与特定的社会生活、社会变化有关，并且体现出比较高的社会关注度。“黄金周”是从日本舶来的休假方式，1999 年国庆第一个“黄金周”，全国出游人数达 2 800 万人次，旅游综合收入 141 亿元。一个流行词语在研究期间内的每一个时刻都会对应一个被关注程度，词语的被关注程度会随着不同时刻进行更新与变化。因此我们可以利用图形曲线来表现被关注程度的变化：在二维图形中以 X 轴（横轴）表示时间，以 Y 轴（纵轴）表示词语的被关注程度，根据单位时刻的被关注程度描绘出一条连续的曲线，我们称之为历时走势曲线。流行语“黄金周”2001 年走势曲线图如下：

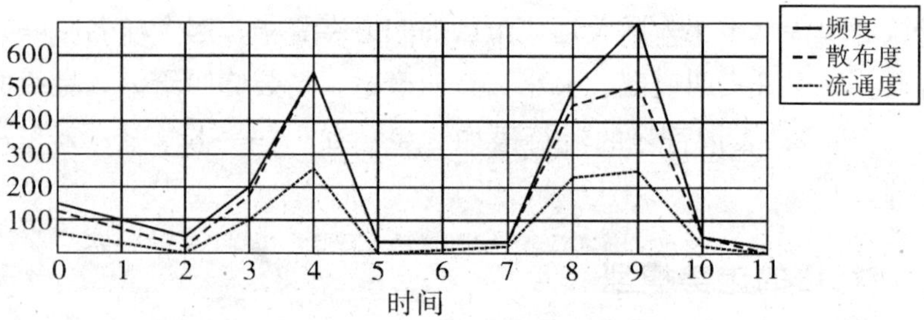


**流行语“黄金周”2001 年走势曲线图**

通过分析研究流行语“黄金周”2001 年走势曲线图，我们可以获取流行语的一些规律特点：一是一些流行语由于是新词，从来没有出现过，因此其被关注程度较低，有时会下降成零；二是一些流行语的被关注程度通常都会有一个明显的上升过程，这些词语绝大部分是人们在日常生活中口耳相传而广为传播，或者是流行词语研究机构通过词语点击率或提及率评选的，这些词语在提升前都有一定的关注度，并在一定时间内达到最高点；三是任何一个流行语都不会持续地被关注，它有一定的流行周期，在这个周期里表现相对平稳甚至下降（也会有少数流行语的被关注程度仍然会在这个平稳阶段持续提升达到最高峰）。流行语的被关注程度通常都会有一个明显的上升过程，在这个过程中有可能达到最高点。所以“峰值”就是在曲线上 Y 轴所达到的最大值，形象一点称为“高峰”。获取的流行语，必须在词语的被关注程度上达到一定的高度，因此我们把峰值作为判断一个词语是否为流行语的最主要因素。它的变化可用下表表示：

**流行语的流行阶段特征**

| | |
|---|---|
| 上升阶段 | 流行语的被关注程度的起点不能太高，并有明显的提升过程。 |
| 平稳阶段 | 流行语的被关注程度在达到一定高度后保持流行状态并持续一段时间，并在一个较高的水平有小范围的波动。 |
| 峰值阶段 | 在平稳阶段达到被关注的最高峰，表现为两次或多次突起。 |
| 下降阶段 | 达到高峰后被关注程度呈现下降趋势。 |

# 第二节　流行语的分类和特征

## 一、流行语的分类

随着时代的变迁和人们视野的开阔，当代流行语爆发式地涌现在人们的生活中，这使得流行语无论在形式上还是内容上都显得错综复杂。要想清晰、准确地分析流行语，必须在界定的基础上对其进行分类，根据不同的分类标准将流行语“切分”成一块一块，细化之后再总体把握，这样才能对流行语有系统的、明晰的把握。对于流行语的分类，学术界尚未有统一的标准，分类的目的和标准不同，分出的结果就有所不同。

国家语言资源监测与研究中心平面媒体分中心、北京语言大学中国新闻技术工作者联合会、中国中文信息学会于 2009 年 7 月联合发布的 2009 年春夏季中国主流报纸十大流行语就分为文化教育类、综合类、国际时政类、经济类、科技类、社会生活类、体育娱乐类等七大类。本文因论述需要，特将流行语划分为以下几类：

（1）历史内涵类。此类流行语常蕴含深刻的历史内涵，折射出社会和时代变化的轨迹，如“大锅饭”、“铁饭碗”、“承包制”、“责任制”、“下海”、“下岗”等。

（2）科技应用类。由于对科学技术的重视和运用，新科技和新事物大量出现，而与这些新科技、新事物有关的词语也进入了我们的生活，如“克隆”、“基因”、“纳米”、“手机”、“上网”、“伊妹儿”等。

（3）外来新词类。随着对外开放的不断扩大，我们的语言中又融入了许多的外来新词语，如“摇滚音乐”、“片拉 OK”、“的士”、“麦当劳”等。

（4）紧缩简称类。因快节奏社会生活和政治、经济的需要，在语言词语方面，就需要一些归纳简捷词语，在我们的语言交往中就出现了诸如“三讲”、“三个代表”、“计生”、“婚检”、“打黑扫黄”之类的简缩语。

（5）边缘交叉类。我们这个时代是个边缘时代，各种工作之间、各学科门类之间都是相辅相依又交叉互补的，因此一些词语便出现了跨界移动，如“前卫”、“短平快”等体育词语已经跨学科、跨门类地广泛使用在服装、装饰、观念、工程、项目、效率等方面。

（6）词语创新类。汉语是一种生命力极强的语言，在一定的时代背景和语言条件下，可以创造出许多新鲜、生动、简捷、生命力极强的词语，如网虫、追星族、打上族、啃老族、月光族、作秀等。

从不同角度出发，大致可以将流行语分为以下几类：

（1）从流行时期的角度，可分为新世纪流行语、改革开放时期流行语、“文革”时期流行语、新中国成立时期流行语、抗日战争时期流行语等。

（2）从流行范围的角度，可分为校园流行语、广告流行语、网络流行语、报刊流行语等。

（3）从流行领域的角度，可分为时政类流行语、体育类流行语、房产类流行语、社会类流行语、时尚类流行语、演艺类流行语、科技类流行语、财经类流行语、影视类流行语、动漫类流行语等。

（4）从流行地域的角度，可分为北京流行语、上海流行语、港澳台流行语等。

（5）从流通度的角度，可分为全民流行语、地方流行语、行业流行语等。

（6）从流行人群的角度，可分为青年流行语、大众流行语、儿童流行语等。

（7）从载体的角度，可分为口头流行语和书面流行语。书面流行语又可以细分为书刊流行语、报纸流行语、广播电视流行语、网络流行语、手机短信流行语等。

（8）从评选的时间和流行周期的角度，可分为季度流行语、年度流行语、世纪流行语等。

（9）从流行语呈现形式的角度，可分为流行字、流行词、流行短语、流行句子、流行篇章、流行表情符号等。

（10）从流行范围的角度，可分为区域流行语和普遍流行语。区域流行语就是在某一个比较有限的范围内流行的词语，主要体现为各大方言区的流行语。普遍流行语即突破了地域、省份的限制，在一个比较宽广的范围内使用者数量多、使用频率较高的词语，这些词语背后往往是民众普遍关心的话题或者有关事件。

（11）从流行语构成方式的角度，构成方式不同，所形成的流行语也不同。我们这里所讲的流行语的构成方式主要是指新造的流行语的构成方式。对新造流行语有影响作用的构成方式主要有引申法、比喻法、类推法、简缩法、谐音法、字母法等。

## 二、流行语的特征

### （一）流行性

流行语的核心特征就是"流行性"，这也是称其为流行语的主要原因。所谓"流行"，是指在较短的时间内在某一地区、某一人群中广泛使用。流行语的"流行"是动态的，也就是说，流行语都有一个从产生到流行和从流行到不流行的过程。流行的事物就像历史长河中一个瞬间的火花，通常不会持续太久，因此流行语的流行性只是针对它产生之初而言的。当年曾经的"流行"慢慢会成为一种"平常"，流行语是特定时期、特定人群、特定地点的产物，一旦过了这个时期，也就会逐渐退出历史舞台。

流行语的形成、发展和使用是一个动态的过程，随着时间的推移，流行语在不断淘汰、稳固、更新的过程中反映着社会的变迁。流行语的生命一般都很短暂，流行一段时间后，人们对它的新鲜感逐渐丧失，新的流行语随之出现，人们逐渐用新的流行语取代了原有的流行语。过去形容一个人打扮入时、漂亮用"俊"，现在用"靓"、"酷"、"帅"、"潮"。人们用最简单的词语表达丰富、深刻的含义，流行语也是这样，不论其高雅粗俗，有的将被保留下来，有的则被淘汰，其寿命长短最终取决于社会的变化和发展。新的流行语又会以新的面貌和新的内涵出现。

### （二）时代性

流行语的时代性是语言自身特色的体现，鲜明的时代性是流行语的特征之一。语言是社会的产物，作为时代产物的流行语就犹如一面镜子，集中地反映着特定时代的社会风貌，包括时代的社会热点、流行趋势、社会文化和大众心理等。

20世纪初，随着辛亥革命的爆发，中国推翻了封建主义制度，吸收了当时西方的先进文化。紧接着白话文兴起，大量外来词涌入并逐步在人们的生活中普及，如“资本”、“经济学”、“专制”、“民主”、“科学”等。《新青年》深受当时青年人的喜爱，它宣传进步思想，在青年群体中广泛流行。到了三四十年代，大部分流行语都是受外来事物的影响进而传播开来的，如“洋火”、“洋货”、“蒸汽机”、“西服”、“映画机”等。1949年新中国成立后，社会发生巨变，确立了新的生产、生活方式，“土地改革”、“公私合营”、“保家卫国”、“三反五反”、“同志”、“人民公社”、“大跃进”等都刻上了时代的烙印。文化大革命的十年是中国历史上的特殊时期，当时的流行语基本上都与政治形势的发展密切相关，如流行的是“××万岁”、“割资本主义尾巴”、“红卫兵”、“上山下乡”、“革命小将”、“大字报”、“走资派”、“红苗正”、“牛棚”、“文斗”、“武斗”、“二月逆流”、“大串联”等“又红又专”的词语。十一届三中全会之后，中国进入了改革开放时期，流行语的形式也日趋多样，关于经济的流行语大量出现，如“特区”、“市场经济”、“股民”、“债券”、“投资”、“经理”、“董事长”、“金融危机”等。现在，随着社会的发展、科技的进步以及人们物质生活水平的提高和观念的转变，以前的“工厂轰隆隆”、“烟囱浓烟滚滚”等形容工业发展的流行语被“减少噪音污染”、“节能减排”、“绿色能源”、“绿色食品”及“科技引领生活时尚”等反映当今时代特色的流行语所取代了。通过流行语的发展，我们可以掌握时代的脉搏。

流行语的流行性特点与其时代性是紧密相连的。时代本身就是一个动态的过程，并且随着时间的推移永不停止地运行着。流行语的时代性决定了它必然与时代一同前进的流行性的特点，流行是它的本质属性。尽管流行语是个性的、短暂的、非全民性的，但这些在部分人群间传播的词汇创造并渲染了一种轻松、幽默、外向、多彩的文化理念。长远而言，这种现象的存在和发展，不光是今天文化和谐的一种明证和需要，也是未来文化创新的一种前提和土壤。总之，每一个流行语都不是凭空产生的，它的背后都蕴含着极其深刻的社会意义和丰富的语言学价值，是最能体现时代感和关注度的一种真实有趣的语言现象。

（三）文化性

语言是由人类创造的，是一个民族精神的智慧呈现，人们对外在世界的感知、认识、感受和体验无不在语言中表现出来。语言文字是一个民族文化的结晶，民族历史就要靠语言文字来流传，未来的文化也要靠它来推进。语言学家从语言的角度着手，论证了语言与文化的关系。词汇作为语言中最活跃的要素，可以真实地记录社会的发展变化，可以深刻地反映社会文化内蕴，“语言的词汇多多少少忠实地反映出它所服务的文化”①。流行语则是词汇中最活跃的部分，它从特定的角度传达了人们的价值理念和文化心态，具有丰富的社会内涵。

当代汉语流行语所体现的文化性表现在：一是新时期政治文化的体现。新中国成立以来，在其发展的每一时期都有不少反映当时政治生活的流行语，它们活跃于人们的口头和书面上。由于政治地位的提高，人民当家做主的热忱也前所未有，百姓关心国家、关心时政，国家政策的变化及党和国家领导人的讲话催生的新造词也就大量地进入流行语的行列。尤其是近年来，随着改革开放的不断推进和国家综合实力的提升，大量反映国家时事政策和凝聚着领导人思想精华的新词、新语为人们广泛传播，如“中国梦”、“正能量”、“接地气”等。这类词语的流行，反映了新时期人们对政治的日益关心和对重大社会变革的积极参与，同时也反映了国民素质的提高和民主政治意识的日益增强。二是求异文化的兴起。随着时代的发展，现代人的文化需求已发生了巨大的改变。传统的循规蹈矩的中庸之道开始变得不合时宜，人们开始更多地追求个性。追求新鲜、刺激、个性、独特的事物是人类的本性，语言的使用也是如此。人们喜欢用新的词语及方式来表达自己的意愿，这与个人主义价值观是分不开的。个人主义的价值观必然会导致求新求异，“被”、“围脖”、“神马都是浮云”、“给力”等词语的流行体现了人们尤其是年轻人的求异心理。新时期以来，人们的思想观念得到了空前解放，人们不再拘泥于权威话语，不再受制于精英话语，特别是网络时代的到来，给人们提供了自由畅谈的空间，如“被”的超常规搭配、“裸”的强组词功能、“神马都是浮云”的万能句式，都体现了人们对自由、自立、自主的渴求。

（四）创意性

语言是人类智慧的结晶，流行语是一种富有创意性的词语，尤其是在出现之初，总能给人耳目一新的感受，这也是流行语得以流行的重要原因之一。一方面，同语音、语法比较，词汇与社会生活的关系更加直接，因此词汇对社会生活发展变化的反映是最快、最直接的，具有极强的活跃性。社会生活中有新的事物出现，需要用新的词语来表示；旧的事物消亡了，表示那种事物的相关词语也随之逐渐退出人们的交际用语系统。词汇的这一特点为流行语的产生和发展奠定了基础。另一方面，流行语的创意性还受到人们语用心理的影响。流行语以它特有的方式进入人们的视野，随着人们的重视而迅速传播开来，其中的一些流行语通

① ［美］爱德华·萨丕尔. 语言论：言语研究导论. 陆卓元译. 北京：商务印书馆，1964.

过类比、仿拟等手段，形式逐步固定，这些“固定下来的”形式在社会语言学中被称为“原型”。基于这些具有能产性的“原型”，人们创造出成系列的流行语，如“××族”：飘车族、月光族、闪婚族；“××效应”：蝴蝶效应、名人效应、品牌效应；“××吧”：水吧、聊吧、氧吧等。这是一种结构式、发散式的思维方式，人们从不同的事物中发现共同点，而后在统一的平台上进行思维操作和加工，使流行语成系统地爆发出来。

在现代汉语词汇中，双音词占绝对优势，这一特征是汉语在历史发展过程中，在多种因素的综合作用下形成的。而在当代汉语流行语中产生了许多别具风格的单音词，如校园流行语和网络流行语中经常见到的“爽”、“酷”、“炫”、“牛”、“帅”、“晕”、“菜”、“汗”、“巨”、“超”等。思想观念的大解放使现代人看起来似乎不再愿意那么四平八稳地说话了，他们要用最简单的话语表达出最丰富、最深刻的内涵，同时还要透出一股子潇洒过瘾的味道来，这些都是当代汉语流行语富有创意性的体现。

（五）层级性

当代汉语流行语虽说是汉语词汇系统中的一个子系统，但该系统成员在使用范围和流行程度上却有着很大的不同，处在不同层级平面上。说流行语具有层级性，与它自身具有的使用范围广、使用频率高的本质属性是不相矛盾的。语言是集体的，使用者对集体语言符号中的语言要素的选择具有多样性。当代汉语流行语作为语言体系中最富动态性的部分，对不同的语言使用者而言，不可能是完全一致的。这种不一致即是层级性。

造成流行语层级性的原因很多、很复杂，民族、地域、文化程度、家庭背景、职业、年龄以及语境的不同，都会成为流行语层级性产生的原因。比如某些流行语是由一些行业用语的语义拓展和泛化而来的。也就是随着社会的进步、科技的发展和人们文化水平的提高，越来越多的行业用语转化为了全民共享程度很高的词语而进入到当代汉语流行语的行列。如“包装”，原指给商品进行美观的包扎，后来引申为对人的全方位塑造。“克隆”本是指生物学上的无性繁殖，现在则指广义的复制，使用范围也很广泛。但即使是发生了语义变化，这些词也不可能成为所有人都使用的流行语，它们的使用情况往往与语言使用者自身的文化素质和行业特点有关。方言作为当代汉语流行语的一大来源，也会造成流行语的层级性。因为由于地域和语言习惯的不同，许多方言流行语在当地很流行，但在其他方言区被人们认识、使用和流行的程度就会减弱。例如出自东北方言的“忽悠”、“扯犊子”，在粤语区的流行程度可能就不那么强了。年龄也会造成流行语的层级性，年长的人对新鲜流行语的接受就有很大的选择性，甚至不明白它们的含义。因为他们早已形成了固定的思维方式，对新的语言形式的接受并不是一件容易的事情。像“菜鸟”、“恐龙”、“白骨精”之类的青年人创造的流行语，在长辈们听来犹如天书。

叶蜚声、徐通锵认为，“社会中的人群由于性别、年龄和社会分工的不同而分为不同的言语社团。在社团内部，由于人们之间相互联系密切，交际频繁，在语言的使用上表现出一些不同于其他社团的特点”①，比如体坛流行语“摘牌”、“帽子戏法”、“黑哨”等，校园流行语“裸考”、“蹭课”、“挂科”、“翘课”等，娱乐圈流行语“炒作”、“耍大牌”、“海选”等，职场流行语“炒鱿鱼”、“裸辞”、“跳槽”、“卧槽”、“蚁族”、“焦郁碌”、“橡皮人”等。碰到这些流行语，如果听者不属于此类社群或不参与其中的话，是比较难以理解其真正含义的。从以上例证中不难看出，虽然流行语的流行具备普遍性，但仍有一大部分流行语在使用过程中受到不同社群的限制，其流行范围大大减小，且流行效果在不同社群之间有层级性。

在不同的场合，流行语的使用情况也有很大的不同。那些轻松、诙谐、调侃的流行语，更适合在日常的交际中使用。但在一些庄重的、严肃的氛围中，这类流行语的使用就会有所限制，甚至会被拒之门外。只有那些反映社会政治、经济等主题的流行语才会作为话题应用到正式场合中。当代汉语流行语的层级性，充分体现了语言的社会性，是语言在应用过程中随着社会分化而分化的具体体现，是语言使用者在这一过程中自然选择的必然结果。

流行语是社会发展变化的真实映射。在社会流行语中，有的是对国家政治生活原貌的再现，有的是对人民生活和社会变迁的描摹，还有的是经典文化的回放。随着流行语自身的不断调节和完善，它必将随着中国社会的不断发展而沿着更具时代性、多样化和包容性的道路发展下去。

## 三、流行语的理据

### （一）声音理据

声音理据一般表现为拟声词，但流行语中有很多为音译外来词或半音半意的

① 叶蜚声，徐通锵. 语言学纲要. 北京：北京大学出版社，1997. 8—9.

外来词。在“任意论”者看来，这正好说明了语言符号命名的“任意性”原则；而在我们看来它却恰恰是理据，因为它说明了为什么这个词用这个音而不用别的音。比如，一些外来词语在引进来时，本来应该是随意选取的，可是在运用的过程中，总是有一种译名胜过别的，而最终保留了下来，就因为它不仅符合音译读音相近的原则，更重要的是它所选用的汉字还附带传达了一部分意义，能够更加形象地帮助人们理解这个概念。比如，流行词“酷”就是从英文“cool”音译过来的，传入中国后成为流行语，甚至是使用最频繁、最受欢迎的一个；流行词“欢型”是从“fashion”音译过来的，是2010年非常流行的词语。此外，还有“秀”、“控”、“博客”等。

（二）语义理据

词义的理据就是事物现象得名之由，就是一个词用什么样的语素以及怎样构成的道理和依据。词的表达形式与词义之间有时具有某种内在联系，我们可以从这些表达形式中推断出词的含义，这就是所谓词的理据性。语义理据表现为一种心理联想，它通常是一个民族的传统文化心理、历史背景心态在新的词语构造中的投射依据。有些流行词语常常以比喻、类比、借代等方式形成。例如“草根”、“拔份”、“充电”、“雄起”、“锁定”、“经济实用男”、“飘一代”等产生的新义就是通过比喻联想引申而成的，而“体坛”、“影坛”、“歌坛”、“吃喝风”、“抢购风”、“台风”、“水霸”、“电霸”、“气霸”、“路盲，“脑残”以及“中国热”、“唐装热”、“旅游热”等则是类比形成的。

（三）逻辑理据

逻辑理据是指在新词语的组合中所体现出来的内在的逻辑关系，通常表现为用传统的逻辑学中下定义的方法，即以属加种差的方法，把所表达的对象与其他类似的对象区别开来。它通常以原有的语素或词作为构成新词语的成分，例如“伪娘”、“宅男”、“拜金女”、“网游”、“网购”、“求职街”、“小报告”等。另一种采用类推机制构成新词，用类推机制构造新词使得新词语中大量出现词群现象，例如“问题××”：问题奶粉、问题奶、问题饺子；“山寨××”：山寨文化，山寨春晚、山寨手机、山寨明星、山寨经济、山寨车、山寨剧；“×爷”：款爷、板爷、膀爷。如果说流行语的产生除了称说新出现的事物概念，还表明了人们语言使用的求新求异心理的话，那么词群现象的出现则反映了人们在语言运用上的趋同分享心理。正如同所有事物都必须经历的产生、发展、高潮和灭亡一样，语言从产生、定型到流行也是一个动态的过程。一个流行词语的产生抑或灭亡，都经受着历史时间的检验。

## 第三节 流行语和相关词语的关系

### 一、流行语与新词语的关系

关于什么是“新词语”，有人认为一个词不仅从无到有出现，而且必须得到人们的认可，被广泛地使用了，才能叫作“新词”；还有人认为，新词就是新创造的词；也有观点认为，新词、新语特指改革开放之后涌现出来的词语。严格来说，这些定义都有明显的不妥之处。用“人们普遍认可”来界定新词，显然是模糊的。到什么程度算“普遍认可”，并没有一个固定的标准。再者，与其他事物一样，新词语有一个由萌芽到发展壮大的过程，不是全部都会一夜走红、家喻户晓，得到人们的广泛使用。至于“新创造的词就是新词”，这个说法也是不全面的。它重在强调词的“形式”是新的，但并不是所有新创造出来的词都是严格意义上的词，这其中也无法包含那些旧有词义发生变化的词。

我们认为，新词语主要是指那些根据社会生活不断发展的需要新创造出来或者新产生出来的词语。新词语反映新事物、新概念，也可以说是新的表述。换句话说，新词语不仅内容新，而且形式新，它是指原来词汇系统中没有的或者虽然有但是内容更新的词语。按照侯敏的观点，新词语大都经历“起始—发展—成熟”这样一个过程：起始阶段，这一阶段新词语刚刚产生，在分布上属于偶发，频次较低，在词汇系统中基本不占据什么位置；发展阶段，这一阶段新词语使用频次增加，不断扩大自己的分布空间，逐渐进入准词位；成熟阶段，这一阶段新词语慢慢消失“新”的色彩，进入词位，在语言的词汇系统中占有一席之地。从起始阶段到发展阶段，再到成熟阶段，不同的新词语在时间上的表现是不一样的，有的可能很长，有的则很短。年度新词语能进入成熟阶段的不是很多，大部分都处在起始或发展阶段，其中有相当一部分是短命的，可能没等进入成熟阶段就从语言中消失了。[①] 新词语适应社会的发展，涵盖面很广，内容涉及时政、经济、科技、社会生活、金融、文化等诸多方面。新词语的来源也很广，如方言、行业语、外来词、旧词新用、新造词等。新词语在产生之初总能给人耳目一新的

---

① 侯敏．关于新词语编年本编撰的思考．辞书研究，2010（2）．

感觉，它们或与社会生活密切相关，引领着语言的时尚潮流；或因其新颖性、创意性而备受青睐。如果有这种情形之一，新词语就会在社会上被高频使用、广泛传播。

关于流行语，夏中华认为它是一个动态的过程，大都经历“显现—流行—潜藏”这样一个过程①。劲松说：“流行语的发展前途只能有两种：一是消失，即在使用中被淘汰；二是被接纳，进入一般词汇。”② 流行语是一个具有普遍意义的概念，它是在某一时期、某一范围迅速盛行、广为传播的词语。流行语的发展轨迹是：传播—流行—不流行，不流行之后要么随着社会的发展进步被淘汰，要么成为一般词汇，进入语言词汇系统。

综合以上观点，流行语与新词语的主要区别如下：

其一，新词语和流行语是两个不同的概念，新词语强调的是“新”，而流行语侧重的是“流行”。新词是随着新生事物的产生而出现的，各个领域、各个方面都有可能出现新词。有些新词限于某些鲜为人知的领域，因而达不到流行的程度，可能在经历最初的不稳定期之后就停滞，不再进入盛行期。这类新词多为某些新的专业术语。例如，“模因”应该算是语用学领域的一个新词，却达不到流行的程度，不能称其为流行语，只能算作某一领域出现的以前不曾有的新生词汇。从表现形式上讲，流行语不像新词语那样仅仅局限于词的形式，有时还会以短语、句子甚至是表情符号的形式出现。两者的内涵也不同，新词语是直接地、浅显地表现新事物，流行语则是间接地、深层地反映某一事物或现象，通常具有鲜明的时代特色、丰富的文化内涵和较高的社会价值。

其二，流行语和新词语在某一时段上的使用频率不同。一般说来，流行语的使用频率远远高于新词语，这从网络和各大媒体的用语中就可以清楚地看到。新词语是对社会上新出现的事物或新观念的概括，其涵盖面很广，内容涉及时政、经济、科技、社会生活、金融、文化等诸多方面，其中很多都是专业术语，如“熊市”、“牛市”、“除权”、“含权”、“崩招”、“硬招”等，非相关专业领域的人员是难以理解的。

其三，流行语和新词语的使用范围与持续时间不同。相比新词语，流行语是在一定的区域内、一定的人群中流行的语言；而新词语则具有全民性，属于民族

① 夏中华．关于流行语性质问题的思考．语言文字应用，2012（1）．

② 劲松．流行语新探．语文建设，1999（3）．

共同语的词汇范畴。新词语的使用时间比流行语持久，流行语仅是在一定的时间内流行，它的命运或是消失或是融入基本词汇之中，可见流行语仅是一种过渡的语言现象，并没有永远的流行语。

其四，流行语和新词语出现的原因不尽相同。一般说来，流行语总是伴随着社会上的热点事件、热门影视作品、畅销书籍等出现的。如 2009 年流行语“躲猫猫”从一个儿童游戏名称演变为一个喻义“隐瞒事实，或逃避监督，或暗箱操作”的流行语，是随着云南省晋宁县看守所在押人员死亡事件而产生的。而新词语则是伴随着社会上出现的新事物、新观念、新现象等出现的。

新词语是流行语的基础，流行语是新词语的一个重要来源。《现代汉语词典》2002 年的增补本在 1996 年修订本的基础上增收了近年来产生的新词新义 1 200余条，其中，“炒股”、“单身贵族”、“当红”、“黑哨”、“考研”、“埋单”、“上网”、“刷片”等众多的词就是走过了“流行语”阶段的。虽然流行语大部分都是新词语，但是并不是所有的新词语都会成为流行语。新词语只是着眼于强调对新事物、新概念的描述，如果未风行，也不能称为流行语，如表示事物名称的新词语“纳米”、“基因”、“蛋挞”、“寿司”等。流行语和新词语之间有时也会相互转化。当某些新词语在某种条件下被人们高频使用时，如“发烧友”、“埋单”、“冲浪”等，也可能发展成为流行语。许多流行语开始时仅在某一地区的某些人群中使用，但是由于其自身的优点和大众传媒的推动，易于被广泛接受，从而成为新词语中的一员。所以，新词语与流行语是不能完全画等号的，不可以盲目等同。

## 二、流行语与热词的关系

对于什么是热词，还没有一个权威的定义，相关定义也多属于研究者的粗略概括。从热词的现有定义以及约定俗成的看法来看，热词是当今社会现实与社会心态实时而直接的反映，其生成多依赖于一定的社会事件或社会现象。热词本身集中表现了人们对这些社会事件或社会现象的民意趋向，是对这类社会事件和现象不满的一种亚文化形式的柔性抵抗。社会问题的增多和极端事件的频发，以及人们对社会事务的日益关注和参与意识的增强，加之网络的开放性和交互性提供的技术前提，使人们不断推动了网络热词的演进，也使热词与社会事件、社会现象的关联日渐紧密。人们开始利用网络热词来形象地概括社会事件或社会现象，表达自己的参与意识。所以，对热词进行概念界定时，要重点强调其主要是对同时期的新闻事件或社会现象的反映。我们认为，这是热词这一概念的核心要义，也是热词不同于流行语的关键点。

流行语和热词是一对看似相同实则有差异的概念。流行语反映的是当下流行的话语和社会心态，热词反映的是媒体与读者对某事物的关注度。对于流行语与热词，从定义以及具体范畴来看，两者之间虽然有相互包含、交融的关系，但还是具有如下区别：

其一，流行语带有时代烙印，每一个时代都有不同的流行语。流行语具有时代性，热词就不具备这个特点，它只是在基本词汇中出现次数比较多的词语。热词所具有的稳定性也和流行语背道而驰。流行语可以是词、短语，也可以是固定结构、句子，甚至是篇章，而热词一般仅包括词和短语。

其二，流行语中的绝大部分都是一些新产生的词语或旧词语的新用法；热词则不同，它可以是新词也可以是旧词。热词是以一个阶段的非基础语汇作为参照系，以频度作为标准提取的语言单位，虽然其中有一些是新产生的词语，也包括以上所说的流行语，但更多的是标识人们关注的社会热点事件的关键词。虽然很多流行语都是热词，一些新出现的热词具有成为流行语的潜质，但热词不一定都能够成为流行语。

其三，流行语由于在使用上具有一定的范围，即在一定的语言社区中被使用，所以不可能包括全部的语言社区，一部分流行语总要游离在热词之外；热词的范围明显更大，具有全民性。热词以在媒体或搜索引擎中出现的频率为标准，而流行语的判断标准则是：在一定时期和一定的语言社区内，反映社会热点和社会心态，具有地域性、可复制性、传染性和变异性的新生语言单位。

《咬文嚼字》杂志评选2010—2012年十大流行语的标准是①：

> 2010年“十大流行语”是由本刊广大读者推荐，经语言文字专家多次讨论评议后共同选定的。以下三种情况未列入评选范围：第一，一般的新闻词语，比如“世博会”、“房产税”、“富士康”等。第二，指某种文体的，比如因其作者获鲁迅文学奖而引起热议的“羊羔体”、“爱× ×，不爱× ×”的“凡客体”等。第三，按一种模式形成的临时组合，如涨价系列中的“蒜你狠”、“豆你玩”、“姜你军”、“糖高宗”、“油你涨”、“苹什么”等。

① 引自新浪网．咬文嚼字的BLOG．

2011 年，在广大读者热情推荐的基础上，经过汉语专家反复评议、甄选，本刊拟定了十大流行语。评选仍然坚持几年来一以贯之的原则：第一，不问“出生”在何年何月，只看它在本年度的流行频度。第二，不以网络流行为唯一依据，更要看在传统媒体上的影响。第三，注重词形结构的稳定性，即兴式的谐音词一般不选，如“河蟹”（和谐）、“童鞋”（同学）。

2012 年《咬文嚼字》评选十大流行语坚持了自己一贯的选择标准，即：第一，重视语词的创新度，纯新闻性词语（如“表叔”、“江南 Style”等）不选；第二，重视语词的规范度，以谐音、游戏等手段创造出来的词语（如“大虾”等）不选；第三，重视语词的文明度，格调不高、低俗不雅的词语（如“屌丝”、“蛋疼”等）不选。

这些标准明确屏蔽掉一部分热词，如一般的新闻词语等，可见《咬文嚼字》是将流行语和热词视为两个不同概念的。

## 三、流行语与俚语、口头禅的关系

“俚语”一词，自古有之。《尚书·无逸》某氏传：“里语曰谚。”《三国志·吴书·孙奋传》：“里语曰：‘明镜所以照形，古事所以知今。’”（“里”即“俚”）《晋书·王嘉传》：“俚谚曰：‘千人所指，无病而死。’”清杜文澜《古谣谚》卷四十五《叙释常谈》释仲殊花品续：“故俚语云：‘弹琴种花，陪酒陪歌。’”俚语一词不仅出现得较早，光俚语这一名称，历史上就有很多不同的说法，如里言、俚言、迩言、里谚、野谚、俚语、里语、鄙语等，名目繁多。

关于俚语概念的界定，《朗文当代英语大辞典（英英·英汉双解）》（2004：1649）对俚语的定义是：“very informal language that includes new and sometimes not polite words and meanings，is often used among particular groups of people，and is usually not used in serious speech or writing.”而 Bernard Spolsky 说过：“Slang is a kind of jargon marked by its rejection of formal rules，its comparative freshness and its common ephemerality，and its marked use to claim solidarity.”①

国内有人根据汉语词典将它定义为“粗俗的或通行面极窄的方言词”，有人则把它定义为“高度口语化的极不符合规范语言的词”。我们认为，俚语指民间

① Spolsky，Bernard. *Sociolinguistics*. 上海：上海外语教育出版社，2000. 27.

非正式口语的词句。《新五代史·卷三十二·死节传·王彦章传》中记载："彦章武人不知书，常为俚语谓人曰：豹死留皮，人死留名！"俚语是流行于民间比较俗的现成词语，俗性和口语性是它的主要特点，如"大路朝天，各走一边"、"嫁鸡随鸡，嫁狗随狗"、"杀鸡给猴看"、"撒丫子"、"开瓢儿"等都是俚语。《现代汉语词典》中将"俚语"解释为"粗俗的或通行面极窄的方言词"。有的俚语流行于当地方言区，如"矮冬瓜"在江南地区指人身材矮小；"蛀册龟"在广东海丰指埋头死啃书本、不问世事的人；"鸭孵卵"在江南地区指不明事理或不仗义、不讲交情的人。这类俚语目前只流传于某方言地区，还没有进入现代汉语普通话。但也有相当一部分俚语已属于现代汉语普通话的成员，为全民所常用，如"拆烂污"本为吴方言，比喻不负责任、把事情搞坏；"老油条"本为吴方言，称处世油滑或工作疲沓的人；"贱皮子"本为四川等地方言，即"贱骨头"。当然，现代汉语普通话中的绝大多数俚语由于为全民所共用已久，已很难考证其于何时来源于何地方言。

俚语虽然在口语中经常用到，但它并不能算作是流行语，因为俚语大多产生年代久远，且主要以通俗的话语来讲述生活经验或道理；而流行语则具有新型性和迅速变化的特点，代表着时尚和简约。它们的区别如下：

其一，俚语虽然在口语中经常听到，但是不能和流行语等同。俚语的口语性极强，一般不可用于正式的书面文章；而流行语却可以在正式的书面文章中出现。

其二，俚语大多产生年代久远，一般都是由民间百姓创造，特别是居于社会底层的、缺乏文化教养的亚文化群体等所创制的，以通俗的话语来讲述生活的经验或道理。流行语则具有新型性和迅速变化的特点，代表着时尚和简约，言简意赅地表达人们对某些现象的关注、不满、调侃甚至是自嘲等。

不可否认的是，一些流行语中有俚语的成分，是一些俚语的引申、创造，甚至可以说流行语中很多是由俚语引申开来的，但是流行语所具有的阶段性、时代性是俚语所没有的。

《现代汉语词典》对口头禅的解释为："原指有的禅宗和尚只空谈禅理而不实行，也指借用禅宗常用语作为谈话的点缀。今指经常挂在口头的词句。"① 口头禅是我们平日生活里经常挂在嘴边、无意识中习惯性使用的语言。2010 年下

① 在线《现代汉语词典》。

半年，《生命时报》联合新浪网健康频道对河南、北京、上海、广东、湖南、湖北、浙江等十几个城市居民的调查显示，国人最爱说的“十大口头禅”按排名分别是：“随便”（10.5%），“神经病”或“有病啊”（8.1%），“不知道”（7.2%），脏话一类（6.7%），“郁闷”（6.5%），“我晕”（5.6%），“无聊”（5.5%），“不是吧?”或“真的假的?”（4.8%），“挺好的”（4.6%），“没意思”（4.6%）。这些口头禅在话语中多可独立使用，但一次话语中重复出现的次数不多，具有社会流行语的特点。口头禅与流行语有着千丝万缕的联系，口头禅可以是词、短语，也可以是固定结构、句子等，这点与流行语非常相似，并且口头禅被广大群众接受使用以后，极有可能转变为流行语，如“郁闷”、“帅呆了”、“酷毙了”、“雷倒”、“额滴神啊”这些最初都是口头禅，后来逐渐进入流行语的行列。但口头禅不完全等同于流行语，它具有鲜明的个性特征，作为心灵的莫尔斯电码，可从中窥探话语交际者的内心世界以及对客观世界的认知。

毋庸置疑，流行语中有很多口语表达式，我们将其称为口头禅，但是我们并不能说流行语就是口头禅，或口头禅就是流行语。显然，流行语的使用范围比口头禅要广泛得多。口头禅往往是个人行为，代表了个人的言谈举止和行为方式，而流行语从某种程度上说是社会性的。

以上我们分别把流行语与新词语、热词、俚语和口头禅进行了比较分析，明确了流行语与它们之间的区别和联系，这有利于我们正确地认识、分析和研究流行语。

# 第三章　流行语产生的动因分析

## 第一节　流行语产生的语言动因

随着我国社会的快速发展，流行语的变化也在加速，且逐渐深入到现代汉语的体系构成之中，影响了多数人的言语及语言习惯。流行语的产生不仅有外部的社会背景因素，更有其内部自身的因素，即语言动因，其中包括语言适合社会交际的需要、语言经济原则的作用、语言类推机制的影响等。

### 一、语言适合社会交际的需要

语言是人类进行社会交往的基本工具，牙牙学语—说简单短句—进行完整的语句表达—熟练运用语言工具，就是一个人掌握语言和进行社会交往的整个过程。在这个过程中，人们借助语言这一手段来表达情感和需求，从而完成自我实现。语言是人与人之间联系的纽带，只要有人群活动的地方就需要语言。人们用它进行交际，交流思想，以便在认知现实、改造现实的过程中协调相互之间的行为，取得最佳的效果。所以，语言是人类最重要的一种交际工具。

语言是人们进行日常交际的重要工具，较早的语言学研究认为语音、词汇和语法是构成语言的三大要素。“词汇”这个音义结合体是语言的重要组成部分，而汇总成为“词汇”的词语当然也就是语言必不可少的要素之一。在人们的日常交际中，总是把词语和词组按照一定的语法规则连接组合起来表情达意，词语是最直接和主要的语言造句材料。语言是流动的、不固定的，人们在不同的场合和不同的用语需要下选择的词语也不尽相同，组成句子的语法规则和不同语境产生的语义也不尽相同。如果在某一特定的场合，面对特定的交际对象，人们想表达一种想法，但是此时大脑的语料库中恰恰没有能够顺利完成主体意思表达的词语，那么这个时候怎么办？古语多用单音节词，古诗文中的“之乎者也”已经不能满足我们今天的需要，而一些词语本身稍作变化便可表达新的意思，比如

“想”，单说一个“想”，只表示主体的一种愿望，但是再加一个“想”，组成“想想”就可以表示一种短暂停留的过程和希望尝试的心情，组成句子时也就可以表示不同的意思。还有一些能够单独表义却不能独立用来造句的词，比如“牺”和“牲”，古语中表示祭祀用的猪羊，而这两个词组合起来成为“牺牲”则能表达新的意思，即为了正义事业而献出自己的生命。可见，无论是单音节词的组合也好，还是多音节词的拆分也好，都是语言流动性、活跃性的表现。从这个意义上来讲，词语的发展变化，新词和流行语的盛行与过时，都是词作为流动性的语言生活的体现。

语言作为一种交际工具，其主要作用是顺利有效地完成交际任务，实现人们之间无障碍的沟通交流。没有语言运用就没有语言存在，不用的语言是已经死亡的语言。语言运用的最高境界就是“既不重复别人也不重复自己”，当然前提是要让听者能懂，否则就不能起到交际工具的作用。语言适合社会交际的需要这个原则是语言本身的形式需要原则。随着科技的发展、社会的进步，大量新词、新语不断涌现出来，这对原有的语音、语义和语法都提出了挑战。挑战一旦出现，语言内部各系统的状态就要相应发生改变，最终达到一种平衡的态势。2009 年北京语言大学公布的中国媒体十大流行语中“被 × ×”是在社会大环境下出现的特殊词汇，这个结构具有能产性。“被 × ×”是弱势一方无奈和自嘲的表达，如“被全勤”、“被自杀”、“被捐款”等。语言本身是一个复杂的、开放的、具有自我调节功能的动态平衡的符号系统，当社会的发展对交际提出新的要求时，语言本身就会作出适当的调整。可以说，语言中的任何变化都是有理由的，流行语的产生也是如此。

原有词语表达意义的局限性是促使流行语产生的原因之一。与传统的词语相比较，流行语更具诙谐、幽默、婉转的特点，更适用于人们的日常交流，能够在无形之中拉近相互间的距离，使得交流更为亲切。流行语的使用者多为年轻人，年轻人当中又以在校大学生、中学生和都市白领为主要使用群体，这和他们追求个性、标榜时尚，能够接受新事物、适应新事物，敢于创新和挑战的性格特征有着密切的关系。近几年来，在一些时尚流行的杂志上，“干物女”的字眼频频出现。“干物女”是一个从日本进口过来的词汇，指的是都市圈里工作压力和生活压力比较大，放弃恋爱，认为很多事情都很麻烦而凑合着过的二三十岁的女性。她们中很多人非常辛苦，既要在男性面前表现得强势，又要提高自己的职场资历，虽然年纪不大，却宣称“男人毕业”而放弃找男人，走放松路线，好自为之地当起干巴巴女人来，因此被形象地称为“干物女”。又如城市里新出现的“乐活”、“跑酷”、“宅男”、“宅女”一族等，都是对当下年轻人中较为流行的生活方式的写照。

近年来兴起的一种全新的生活方式是“低碳生活”。“低碳”是一个涵盖面非常广的概念，所有能够降低二氧化碳排放的方式都可以统称为低碳，由于其低能量、低消耗、低开支的特征而受到越来越多具有环保理念的人士的欢迎和追捧。低碳生活代表着更健康、更自然、更安全，返璞归真地去进行人与自然的活动。如今这种生活方式已经在潜移默化中对人们的生活产生了巨大的影响。我们在概述这种新的生活方式的时候，可能用“低消耗”、“低能量”、“低开支”、“节约”等类似的词语也能够表达相似的意思，却有失“低碳”表达的精悍和干练。

原有的表述方式不足以涵盖当前的语义空间，从而提出了对语义、语音和语法形式改造的必要，也是促使流行语产生的原因。流行语和流行体此起彼伏地出现，深化了“语言是一种动态存在”这一认识。随着社会的进步，大量新事物、新概念、新词语滚滚而来，社会因素的触发是偶然性的，同时也是决定性的。一旦触发适应社会交际的需要与社会因素发生共变关系，那么，就需要语言内部的结构形式来顺应这一态势。例如当人们要表达一种悲伤、无奈、极为窘迫的心情或情形时，极其生动形象的“囧”字便出现了；当人们要指称“刚毕业的大学生工作不如意、没房子住但又能吃苦耐劳”时，“蚁族”便出现了；当人们要表达一种无所谓、一切都置之度外的心境时，万能句子“神马都是浮云”出现了。总之，语言总是在不断地调整自己来满足人们的交际需要。另一方面，已存在于语言中的成分进入有序的变化状态，在运用中不断调整，形式较稳定的格式就会形成一个新的结构。例如20世纪80年代出现的流行语“很女人”，由于这种结构能表达“女人”的一些词典里面找不到的附加细节义，如脆弱、多情、妩媚、娇滴滴和温柔等，它需要有个结构来表达，“很+名词”这类副词修饰名词结构具备这个条件，并具有一定的能产性，于是同类的“很中国”、“很学术”、“很绅士”、“很内地”、“很个性”、“很风度”也迅速流行开来。潜藏在语言底层、未变成言语事实的成分，可以通过语言系统的不断整理和调节来实现它的显现化，达到一种平衡，即在语言外部条件需求的同时，语言内部就要提供某种形式来表达。例如“小康”、“跳槽”、“下岗分流”、“信息产业”、“与国际接轨”等新造词，是流行语的重要组成部分。

流行语的出现说明语言在发展变化，现代汉语词汇系统也应该是发展变化的，并且应该随着时代的发展接受挑战、进行更新。新词语的产生和发展对原有的语言系统会产生冲击，这符合语言渐变性和不平衡性的原则。尽管流行语这种语言现象不像传统语言学研究对象那样具有经典性和规范性，但其出现是时代的必然，也是语言学研究所必须面对的。因为，语言系统本身的发展便是一个淘金汰沙的过程。

## 二、语言经济原则的作用

语言经济学（economics of languages）是基于西方人力资本学说和教育经济学发展起来的一门新兴边缘学科。[①] 信息经济学的先驱 Jacob Marschak 于 1956 年揭示了语言经济学的性质，认为语言作为人类经济活动中不可缺少的工具，具有与其他资源一样的经济特性，即价值（value）、效用（utility）、成本（cost）和收益（benefit），从而发现经济和语言方面的优化有着密切关系。

语言的“经济原则”（the principle of economy）是法国著名语言学家 Martinet（1962）为探讨语音变化原因而提出的一种假说。这种假说认为，人们在保证语言完成交际功能的前提下，总是自觉或不自觉地对言语活动中力量的消耗作出合乎经济要求的安排，要尽可能地“节省力量的消耗”，使用比较少的、省力的、已经熟悉了的或比较习惯的或具有较大普遍性的语言单位。在具体研究中，语言学的经济思想体现在两方面：一是以 F. de Saussure 为代表的语言价值论，二是体现省力原则的有效选择论。无论是 Chomsky 对语言习得沿着最简单、最经济的途径进行的思想，Grice 合作原则中的量准则，Leech 的从经济原则出发，还是 Kusher 的理性原则、Paul 的需要限度原则，都体现了人类言语的运用存在着经济学中效用最大化驱动的原理。

流行语之所以能够流行，与语言的经济原则是分不开的。语言是随着社会生活的改变而改变的，不同的时代有不同的语言。经济原则往往是语言变异的动因之一，所谓经济原则就是用低成本获得高效率，用最少的文字表达最丰富的意思，用最简单的词表达最深刻的思想，也就是我们所说的言简意赅、词约意丰。比如流行语“白骨精”是白领、骨干、精英的缩写；“潜水”表示在论坛只看帖不回复，大多数人都处于潜水状态，因为打字要花脑力、手力，回复得不好还要

① 任荣. 流行语背后的语言经济学. 重庆大学学报，2003（9）.

挨砸，潜水是窃取群众智慧的无风险事业；“草根”原本指山野中最不知名的一棵花草的根部，现如今除了那些成名的角，几乎每个人都开始自豪地称自己为“草根”。我们总是试图用最简单、最直白的方式去指称事物，表达我们的感情。如果我们不用“白骨精”这样形象又简短的词表示白领中的骨干、精英分子，而用“她是个白领，并且是个骨干，是精英”，不仅冗长，而且没有“白骨精”那么形象生动。流行语的构词特点就鲜明地体现了经济性这一原则。

经济性原则是语言发展中的一项重要规则，也是人际交往中的重要原则。在经济原则的指导下，通常要求说话人的话语表达简洁、高效，能够用最恰当、最少量的词语来传达最丰富的信息。这样，对于听话人来讲，也能够比较省力地从说话人最简洁的表达方式中获取话语含义，明白说话人的交际意图，取得最佳的交际效果。现代社会生活节奏加快，信息传播争分夺秒，而流行语恰恰是用最简洁、最直观的文字承载着最丰富的信息，它的主要表现形式为词、短语、固定格式，这正是语言经济性原则的体现。例如在校园流行语和网络流行语中就包含着大量的字母词、数字词、缩略词及英汉相杂的短句子。这类词的广泛流行除了与开放的社会环境有关外，与其自身的简洁实用也是分不开的。此外，则是为降低语言学习的难度，把晦涩的词变为通俗的词使用。

当代汉语流行语之所以能够产生和流行，与语言的经济原则是分不开的。流行语语音方面的经济性主要表现为谐音，第一类如数字谐音。这类词是以现成的阿拉伯数字形式出现，运用谐音实现表达意义的任务和功能，例如“7456”（气死我了）、“1573”（一往情深）、“87”（白痴）、“5460”（我思念你）等。第二类是英文字母谐音，比如“U”（you，你）、“CU”（see you，回头见）、“Who a u”（Who are you，你是谁）等。第三类是汉语谐音，即采用汉语同音字词代替的形式，如“酱紫”（这样子）、“竹叶”（主页）、“斑竹”（版主）、“幽香”（邮箱）等。第四类是英语、拼音、数字谐音混用，如“u2”（you too，你也是）、“me2”（me too，我也是）、“粉丝”（fans，迷）等。谐音具有简单易记、输入方便的特点，正是语言经济性的完美体现。

另外，在词法方面，流行语词汇的构成就可以体现出语言经济性，如“亲”、“裸”、“雷”、“控”、“帝”、“达人”、“二代”等流行语都是最简便的一个字或两个字。其次是语码混合。从广义上讲，不同符号系统的同时呈现，可以理解为语码混合，即把不同的语言、方言糅合在一起。此类构词法有将英语夹杂在汉语中的，如“Happy（开心）一下”、“小case（事情）”、“你真in（入时）”

等。甚至双语、双方言混合的现象也层出不穷，如“这个 project 我还没搞定”，其中“project”为英语“项目”一词，而“搞定”原型是粤语中的“搞掂”。

再看新造词语形式的流行语，包括两种情况：一种情况是旧词新用，通过旧词创造出新义，旧词与新义之间有逻辑、隐喻关系等，如“楼上楼下”（表示上面和下面的帖子）、“隔壁”（表示相邻的论坛区）、“大侠”（超级网虫，网络高手）、“游泳”（手机进水）等；另一种情况是随着网络的日益发展而创造出日常语言中本身没有的词语表达方式，即新词语，例如“伊妹儿”（电子邮件）、“拒大刀，可小刀”（拒绝砍太多的价，可以适量地少价）、“秒了”（瞬间、马上成交）等都体现了经济性原则。

从流行语丰富的意义上也可以体现出语言的经济性。流行语以其简单的形式承载了丰富的内涵。“雷”字在不同的场合下可以表达不同的含义，如震撼、惊奇、无奈、尴尬；一个简单的“被”可以看出人们的无奈和不满；“钓鱼”和“躲猫猫”则是传达了人们对执法公正与否的强烈质疑。

以缩略词形式出现的流行语在人际交往中所起到的经济效应不容忽视，具体表现为两个方面：一是对词语的汉语拼音的缩写式，如“GG”（哥哥）、“DD”（弟弟）、“PPMM”（漂漂美眉，即漂亮的女性网民）、“PMP”（拍马屁）等；二是对英文词语的缩写式，如“BF”（boy friend，男朋友）、“GF”（girl friend，女朋友）、“BBL”（be back later，一会就回来）。“BT”、“BS”、“RT”、“MM”等在网络上随处可见的字母缩略词，受到广大网民的喜爱和青睐，几乎被认同为一种约定俗成的书写习惯，具有比较确定的含义，大大地节省了书写时间，且显得趣味活泼。在今天这个快节奏的现代社会，精确而简洁的语言表达是一种必然的要求，当代汉语流行语正体现了这一点。

## 三、语言类推机制的影响

类推（analogy）又叫类比。最早对类推进行的辩证阐释见于古希腊语法学家的著述。当时是把类推和异常（失常）相对立进行研究的，可以说，两者在回答“语言在多大程度上具有规律性”这一问题时均持比较极端的观点。能够用类推机制来解释的形式被看成是能凸显意义与意义之表达形式的相称性，这是一种规律性很强的类推；与其偏离以及没有凸显上述特点的形式则被认为是异常形式。拥护类推的学者试图在语言中寻求正确的形式划分模式，把“聚合体”和“模式”的概念引入学术研究中来。而异常（失灵）形式的拥护者则指出，语言中存在大量的用类推无法解释的形式，如他们把同音现象、同义现象均看作是异常。类推机制被激活以后，大脑便会在已有相关知识的基础上进行联想。按照类推规律，我们得到的结果如果是正确的，我们就说类推成立；如果得出的结果是错误的，我们就把它称为类推失灵。但是，从另一个方面看，类推失灵并不一定完全影响类推机制的效度，在失灵的情况下产生的新形式，我们可以观察在这些形式中是否有共性的东西，如果发现共性的东西，就很有可能在新的基础上重新启动类推机制。

语言的类推变化是一种普遍存在的语言现象，历史比较语言学家借助类推机制解释语音、词汇、语法等方面的历史演变规律。索绪尔在1906年至1911年间于日内瓦讲授的三次课程中提到了类推机制。“类比形式就是以一个或几个共同形式为模型，按照一定规则构成的形式。”① “我们在任何语言的历史上都可以找到许许多多重重叠叠的类比事实，总起来看，这些连续不断的修修补补在语言的变化中起着重大的作用，甚至比语音变化所起的还要重大。”② 因此，他认为类比是语言创造的原则。这个理论成为语言学理论中的一个很重要的依据。

历史上这样的例子不胜枚举。在今天，同样可以拿这个理论解释我们现在研究的对象——流行语。语言演变的“波浪学说”（the wave theory）认为：语言变化是从个人逐渐向整个群体扩展的，就好比向水池投了一块石子，微波从石子落水处向外散开了一样，一个创新形式或古老形式的传播也是从一个中心向毗邻地区扩展的。通常情况下，在社会群众的选择中，语言的发展方向是强势压倒弱势。一旦某种新的规则有了自己稳定的“市场”，传统的语法必定会因为受到冲击而产生变异，这是任何个人主观的规定或约束都不能改变的。汉语词语的类推既是由于使用者的主观思想对语言的影响造成的，也是使用者求同、求新、求异和求简等心理需求造成的，同时又是语言发展的内部规律造成的。汉语词语在构词上的类推，使得流行语既趋于整齐又显得新颖时髦，既符合使用者的心理需要又便于理解和使用。类推是被广泛运用的逻辑思维形式、思维方法和认知技能。许多语言学家都曾指出，类推是语言发展和演变的一种重要机制。“利用类推造词，可以在语言单位的创制和使用中取得‘少投入，多产出’的效果，符合语

① ［瑞士］费尔迪南·德·索绪尔. 普通语言学教程. 高名凯译. 北京：商务印书馆，1980. 226.
② ［瑞士］费尔迪南·德·索绪尔. 普通语言学教程. 高名凯译. 北京：商务印书馆，1980. 241.

言学中经济（省力）的原则。”①

类推是语言发展和使用的一个重要因素，它能够帮助说话人从他所熟悉的词库中很容易地转至新形式的创建。类推机制是在概括任意一个模式、规则以及推广到其他单位时表现出来的，机制运行的前提是有可供模仿或复现的原模式。在当代汉语流行语的构造方面，语言的类推机制就发挥了相当大的作用。类推是在联想和概括的基础上开始的，是根据语言单位在形式和意义等方面的相似性进行的。这种机制的运行一定要求语言使用者在先前对某一个（或几个）词语单位积累类似的知识，认知语言学称之为原型。这一理论与家族相似性理论密切相关。通过类推机制，我们对语言单位的认知会更加迅捷。许多流行语的产生都深受其影响，比如人们采用类推造词的方式创造了“绿色食品”、“绿色能源”、“绿色消费”、“绿色效益”等一大批“绿色环保”的流行语；相比之下也产生了许多有关“污染”的流行语，像“白色污染”、“噪音污染”、“大气污染”、“广告污染”、“豪华宾馆”、“豪华酒店”、“豪华轿车”、“豪华家具”、“豪华住宅”、“豪华装修”等；还有由“工程”构成的“希望工程”、“送温暖工程”、“菜篮子工程”、“五个一工程”、“211 工程”、“再就业工程”等。还有很多流行语，特别是带有结构形态的流行语都是通过类推手段流行起来的，如“很 + 名词”、“被 × ×”、“非常 + 名词性短语”、“ × 族”等，“很女人”、“很内地”、“很中国”、“被就业”、“被消费”、“非常 6 + 1”、“非常可乐”、“上班族”、“蚁族”等。大体上说，这类词的流行在很大程度上得益于语言的类推机制。类推手段是语言发展和演变的一种重要手段，就像社会的一个窗口，它对社会变革和社会上出现的新思潮的反应是非常灵敏的，使得这类词不仅在新词语的构造方面显示出优势，在运用方面也起到了一定的积极作用。

类推在语言中的作用是多方面的，从语音到词汇、语法，从语义到语用，都有充分的体现。流行语中词缀丰富，严格地说，这也可以看作是语言类推机制的一种表现，例如由“ × ×族”构成的“上班族”、“追星族”、“工薪族”、“打工族”等；由“绿色 × ×”构成的“绿色管理”、“绿色大学”、“绿色消费”、“绿色奥运”、“绿色开发”等，涉及政治、文化、教育、体育等许多方面。显然，“绿色”的语义是开放的，在社会日新月异的变化中，它的语义发生了泛化。在

---

① ［瑞士］费尔迪南·德·索绪尔. 普通语言学教程. 高名凯译. 北京：商务印书馆，1980. 236—239.

借用外语时，类推原则也同样起作用。姚小平的《洪堡特——人文研究和语言研究》一书中有一段话即与此有关。他写道："虽然语言在不断发展，其系统（结构）的内部联系却相对稳固：系统以其整体力量控制着所有的部分，要求它们保持'形式的一致'。系统的这种内聚力是通过语言自身的类推原则而形成的。由于类推原则的作用，不仅系统本身的每一变化着的部分会在形式上接近于其他部分，而且在语言借用时，异族语言成分也往往必须适应于借用外语的形式。"①

在类推机制作用下产生的新词语是人们求简、求新的表达需要的产物，体现了类比与创新的思维方式。一方面，人们遇到新事物、新概念时，并不一定都很快去创造流行语，而是沿用某一旧词语或旧词语的模式加以表达，以有限的词语去表达尽可能多的相关意义；另一方面，出于语言表达生动、鲜明的需要，人们又会将旧词语、旧词语模式用于某种新语境，创造超常规的搭配组合，从而导致旧有的义位改变了它的意义、扩展了它的用法领域和容量。如果说联想是在视觉和听觉接受中掌握与快速记忆词汇单位的一种有效手段的话，那么，在类推基础上概括总结的语言材料，在记忆中会更加巩固，更加便于运用。在类推机制下产生的新词语系统是个开放的系统，人们可以继续运用类推的方法造出新的词语，我们应让类推机制推动语言向规范化和丰富化的方向健康发展。

## 第二节　流行语产生的社会文化因素

多年来，人们认识到流行语背后所蕴含的社会学、心理学动因，学者们对流行语的研究逐渐从对其本身的表层研究深入到产生来源、表现方式、社会条件等深层研究。语言的变化与社会的变迁息息相关，其中尤以词汇最具代表性。同样，流行语也向人们展示出一幅幅"社会的图景"。流行语的产生与当代社会文化有着密切的关系。流行语产生的背景既有语言内部的因素，也有语言外部的因素。流行语之所以流行，是由于它们所携带的社会文化的内涵，包括人们的社会观念、文化心态、审美趣味甚至是怀有的某种偏见和既定印象。流行语是在多重因素交错影响下应运而生的，毫不夸张地说，流行语是社会政治、经济、文化的一面镜子。《2010 年度国家社会科学基金项目课题指南》中的社会学学科出现了一个近年来不曾出现的题目，即第 45 题"流行语的社会学研究"，说明中国社会

---

① 姚小平．洪堡特——人文研究和语言研究．北京：外语教学与研究出版社，1995．

学界、语言学界已经注意到研究当代中国流行语是解读当代中国社会变迁的一个新视角。

## 一、社会发展是流行语产生的推动器

随着社会的发展，人们的政治经济生活、社会观念、道德意识、价值取向都在发生着深刻的变化。语言就像一面镜子如实地反映着这些变化，并成为当代社会和文化的有力表征。因此，越来越多的研究者将目光聚焦到语言与社会的关系这一命题上来。早在1964年，美国学者布莱斯就提出了著名的“语言与社会共变”理论，认为语言对社会有依附性，即语言作为一种特殊的社会现象，随着社会的产生而产生，随着社会的发展而发展，又会对社会的发展作出相应的反应。

语言不是已经完成的产物，而是一种正在进行的、持续的、每时每刻都在向前发展的东西。它随着历史的发展而发展，任何一场大的社会变革都会给语言带来生机，促进新词汇的产生，这些词汇都带着时代的印记和历史的痕迹。流行语作为词汇的一类，在某种程度上是社会文化的一张晴雨表，是一个包罗世间百态的万花筒。中国历史上每一次大的社会变革，都会促生一大批流行语。流行语犹如一面镜子、一把衡量社会文化变迁的标尺，蕴含着深厚的社会文化动因。

从唯物论的角度来看，经济基础决定上层建筑。语言文字作为社会上层建筑的一部分，必然受到社会发展的冲击。中国历史上曾经发生过无数次社会变革，每一次变革都带来社会的变化，由此也会催生一大批新词语和流行语。魏晋南北朝时期，佛教的传入带来了大量和佛教相关的词语，如“六根清净”、“来世今生”、“因果报应”等。鸦片战争开始，西方列强用坚船利炮打开中国的国门，随之而入的外来词语有“主义”、“逻辑”、“乌托邦”等。新中国成立后，社会飞速发展，流行语随之大量涌现，如“苏联老大哥”、“土改”、“三反五反”、“抗美援朝”、“保家卫国”、“三大改造”、“红色资本家”、“公私合营”、“反右”、“走资派”、“放卫星”、“人民公社”等。改革开放后，中国社会的各个领域都发生了翻天覆地的变化，随着改革浪潮引进了一批外来词，如“盘尼西林”、“麦当劳”、“德克士”、“阿迪达斯”等。金融类外来词也大幅增加，如“资本”、“证券”、“投机”、“通货膨胀”、“熊市”等。还有流行语如“下海”、“投资”、“市场”、“特区”、“个体户”、“股票”、“竞争”、“小灵通”、“大哥大”、“地球村”、“后现代”、“希望工程”等频繁出现在人们的生活中。可见，如王国维先生讲“一个时代有一个时代之文学”一样，一个时代也有一个时代之新词语，它们从产生、发展壮大到退出历史舞台或者有幸进入基本词语为“造更新的词语服务”，都受着经济和社会发展变革的影响。

语言与国家的政治和政策紧密相连，当政治和政策的变化使原有词语不足以表达日益增多的新鲜事物与理念时，大量的新词语就应运而生。国家的重大政策变化、国家领导人的重要讲话、国内外发生的重大事件等，都是流行语中新词语的催生剂。如国家语言资源监测与研究中心、北京语言大学、中国传媒大学、华中师范大学、中国新闻技术工作者联合会、中国中文信息学会、商务印书馆发布的国内时政类十大流行语是：“辛亥革命一百周年”、“三公经费”、“走转改”、“加强和创新社会管理”、“稳定物价”、“7·23 甬温线特别重大铁路交通事故”、“打四黑除四害”、“赴台个人游”、“南海问题”、“中国特色社会主义”。

近年来，随着人们观念的更新，社会交往中的一些称谓词也发生了很多有趣的变化。称谓词也是近年来语言学界关注的一个热点问题。一批重新启用的称谓词由于种种复杂因素的影响而被语言使用者再接受并广泛流行。例如曾被流行一时的“同志”所取代的称谓词“先生”、“小姐”又重获“新生”，而“小姐”一词近年来又由于种种原因被“女士”所取代。像旧社会的“老板”、“老总”、“总裁”、“经理”、“董事长”等称呼又再度成为时髦用语。一直被用作配偶之间称呼的“爱人”近年来被“先生”、“太太”所取代，而“老公”、“老婆”的称呼似乎更加流行。

经济是时代的晴雨表，源于经济的流行语亦是各个时代的写真。这些流行语折射了我国社会发展的进程，也是我国经济腾飞的见证。社会主义市场经济的发展与繁荣决定了当下人们文化意识形态的变化，原来被冠之以“封资修”的“老板”、“经理”、“董事长”、“跳槽”、“股票”、“失业”等词也被重新唤醒，再次复兴。

改革开放之后，我国经济体制从计划经济向市场经济转变，经济的发展带动了社会生活的巨大变化。从计划经济的“大锅饭”、“铁饭碗”、“平均分配”到改革开放初期的“打破大锅饭”、“个体户”、“倒爷”、“下海”、“暴发户”，到 90 年代的“炒股”、“牛市”、“下岗”、“再就业”，再到 21 世纪的“经济全球化”、“刷卡”、“网购”、“电子商务”等，新词语让人应接不暇。随着经济的发展以及一些重大经济事件的发生，一些流行语如“金融危机”、“人民币升值”、“零关税”、“多边贸易”、“CPI”（居民消费价格指数）等专业性很强的词语也流行传播开来。经济的发展带动了社会生活的巨大变化，如有关“投资”的词就繁衍了许多："人才投资"、"智力投资"、"教育投资"、"计划投资"、"感情投资"、"健康投资" 等。从这些新词可以看到经济在社会生活中占有的举足轻重的地位。由此可见，流行语的流行和经济的发展也是密不可分的。

流行语记录历史，反映社会，透视时代。每个时期都会产生一些经典的流行语，继而成为特定时期的社会用语，得以广泛流传和使用。下面让我们看一看新世纪以来由于社会各方面的发展而产生的流行语。

2001 年：申奥成功、入世、WTO、新婚姻法、价格听证、海归派、零距离、小资、唐装、美眉、哇噻等。

2002 年：十六大、小康社会、与时俱进、"三个代表"、申博（申办世博会)、户籍改革、团购、世界杯、短信、降息、数字影像、车市等。

2003 年：全面建设小康社会、十六届三中全会、新一届中央领导集体、"非典"、神舟五号、三峡工程、社保基金、奥运公园等。

2004 年：十六届四中全会、科学发展观、执政能力、雅典奥运、禽流感、行政许可、三农、"绿色 GDP"、城市软环境、循环经济、经济普查、民工荒、公务员招考等。

2005 年："十一五" 规划、保持共产党员先进性教育、高考移民、同一个世界同一个梦想、自主创新、超女、"神六"、节约型社会、忽悠、短信诈骗、闪婚、啃老族、民营航空、油荒、房地产市场调控、国八条、房贷新政。

2006 年：和谐社会、青藏铁路、社会主义新农村、自主创新、社会主义荣辱观（八荣八耻)、非物质文化遗产、循环经济、交强险、自主品牌、二手房、现代物流、留守儿童、海选等。

2007 年：十七大、香港回归十周年、全球气候变化、物权法、国家大剧院、绿色通道、孔子学院、南海 I 号、海上丝绸之路博物馆、预防腐败局、生态文明、轨道交通、最低生活保障制度、服务型政府、劳动合同法、带薪休假等。

2008 年：北京奥运、金融危机、志愿者、汶川大地震、"神七"、改革开放 30 周年、三聚氰胺、山寨、问题奶粉、手足口病、民工返乡、保障性住房、家电下乡等。

2009 年：新中国成立 60 周年、国进民退、绿色新政、全运会、新医改方案、防灾减灾日、西藏百万农奴解放纪念日、日全食、港珠澳武广高铁、蜗居、家电下乡、绩效工资、食品安全法等。

2010 年：上海世博会、广州亚运会、高铁、低碳、货币战、“十二五”规划、给力、第六次人口普查、包容性增长、公共服务均等化、打黑除恶、特区扩容、蛟龙号等。

2011 年：中国共产党建党 90 周年、辛亥革命一百周年、三公经费、走转改、加强和创新社会管理、打四黑除四害、赴台个人游、南海问题、中国特色社会主义法律体系形成、民间借贷、小微企业、离岛免税、个税起征点、京沪高铁、电荒、最美妈妈等。

2012：十八大、钓鱼岛、美丽中国、伦敦奥运、学雷锋、实体经济、大选年、正能量、神舟九号、社保基金、文化体制改革、小产权房、公立医院改革、三沙市、刑诉法修正案、共青团成立 90 周年等。

流行语是一种独特的流行现象，它涉及社会的重大事件和人们日常生活的各个层面，生动地反映社会的变化，是一把衡量历史变迁的尺子。透过流行语，我们可以追踪其背后的社会脉络，掌握时代的精髓。现在，流行语已经不是简简单单的“流行词”，而是涵盖了多重广阔含义的词语。有学者认为，流行语从产生到变成一般词语的过程，与社会的变迁息息相关。[①] 社会的发展带来了新事物的产生，从而促使人们担负起对其进行语言包装的责任，促进新的表达方式的产生或重复出现。[②] 可以说，社会的发展是流行语形成和传播的根本条件。

## 二、多元文化的繁荣是流行语诞生的土壤

在一个社会里，个人总要打上群体的烙印，而群体总要彰显个人的意愿。文化心理是特定时代文化中的非理性的、感性色彩较浓的某些意象，通过时尚、意象、趣味直接折射出的社会风貌。这种文化心理是比较短的，表现出易变性。它经过时间的考验，经过人们价值系统的评价——价值反思，升华为文化的心理结晶，上升到包括经济、政治、道德、艺术、宗教、哲学诸方面。流行语正是这种文化心理的表层体现。

语言是人类在生产实践中创造的一套交际符号系统，是文化的一部分。文化

---

① 胡启敏，陈全明．从中日流行语来看社会变迁及其与日语教学的关系．贵阳金筑大学学报，2004（3）．

② 付丽伟．当代嵌套式流行语发展原因初探．大众文艺，2010（21）．

在一定层面上对语言是有影响的，尤其对词汇层面的影响最直接、最明显。流行语渗透着某一群体赋予它的语言文化内涵，或新颖独特，或含蓄生动，是对新时期新事物、新现象生动直观的写照。如“美眉”一词很快被网民普遍接受，应该说和我国民众的深层文化心理分不开。对女性眉毛的关注，自古皆有，古代有“画眉深浅入时无”这样的诗句，还有用“蛾眉”这样的词来形容女性容颜之美。现代爱美的女孩不会不关注眉毛的美丽，眉毛之美是女性美的重要组成部分，所以“美眉”一词广泛流行也就不足为怪了。

流行语紧跟时代步伐，与社会文化有着不可分割的关系。伴随改革开放、社会转型，中国当代的文化潮流也发生了很大变化，人们的思想和审美取向都相应发生改变，由传统的保守、讲究思维统一向开放、实用的方向转变，产生的很多流行语具有幽默、调侃的特点，如“炒鱿鱼”、“玩完”、“杯具”、“宅男”、“剩女”、“犀利哥”等；休闲类流行语也有很多，如“酒吧”、“KTV”、“休闲食品”、“玩音乐”，这当中也包含了体现港台文化意味的流行语。再比如各国、各地区的文化交流，让“中法文化年”、“赴台旅游”、“神州文化游”、“深度游”、“文博会”、“香港迪士尼”、“社区文化”走进了我们的流行语中。

语言深深地植根于文化的肌体之中，灿烂的文化孕育了丰富的语言。语言是文化的载体，与文化息息相关。如今文化的多元发展，带来了词汇的丰富化词语风格的多样化。流行文化是当今时代不可回避的重要文化现象，同时也给社会带来了新的文化格局。通过对流行语现象进行文化分析，不但能了解流行语的发展规律，也能把握社会发展的脉搏。

民族文化的孕育。民族文化是指一个民族在历史发展过程中创造和发展出的具有本民族特点的文化。流行语作为一种语言现象，不可能离开民族文化而独立存在。形象、简洁、省略、口语化的风格，谐音、比喻、仿拟、飞白、拟人、拆词、拆字等修辞手法的高频率使用，以及汉英混用、汉字汉拼混用、汉字数码混用、汉字符号图形混用等超常搭配，无不渗透着浓厚的汉文化，体现了汉语、汉字丰富多彩的表现力、旺盛的生命力和兼容并蓄的特点。民族文化所孕育的精神不仅凝结了过去的历史，同时也孕育着民族的未来。如旧词新意类流行语“忐忑”，现多指 2010 年北京新春音乐会上龚琳娜演唱的同名歌曲。此曲是以我国传统乐器笛子、扬琴、笙进行演奏，运用戏曲中的锣鼓经作为唱词，融合了老旦、黑头、花旦等音色，具有浓厚的探索意味，深受民众欢迎。无论是从娱乐心态还是从艺术角度分析，“忐忑”的流行都是对以改革创新为核心的时代精神的肯定，也是民众对中华传统文化元素的认可。再如“某某，你妈妈喊你回家吃饭”也反映了我国传统家庭模式给人们带来的影响，其变体“台湾，祖国喊你回家吃饭”则是以爱国主义为核心的民族精神的体现。

审美文化映射。审美文化是人类有目的、有意识地创造美和享受美的一种特殊社会活动。湖南卫视就创造了两个人物，产生了类网络流行语“信春哥”和“信曾哥”。“春哥”和“曾哥”本指选秀节目的两位选手李宇春与曾轶可，两人均以具有中性外表而闻名，而两人受到的持续追捧却反映出我国审美多元化发展的趋势。可以说，“春哥”和“曾哥”是在与传统的不断冲突中彰显自己的独特个性的，也逐渐转变了民众的审美观念，让我们了解到素颜中性也可以美丽动人。

价值文化的引领。价值文化是指大多数民众认为正确的信条或观念，是根植于文化的普遍价值观念。如句式模仿类流行语“校长撑腰体”就是社会价值文化的一个映射。面对好心人常常遭遇讹诈现象的恶劣社会影响，北京大学副校长吴志攀告诫校友：“你是北大人，看到老人摔倒了你就去扶，他要是讹你，北大法律系给你提供法律援助，要是败诉了，北大替你赔偿!”这段话于2011年9月21日出现在微博上，时隔一个月后因广东佛山“路人不救小悦悦”事件而火爆网络，全国各高校也纷纷推出自己的“校长撑腰体”，虽然很多是网友杜撰，但表现出社会对于“帮扶弱者”这一基本道德的肯定，也反映出民众对于为好心人提供有力后援的期待。

大众文化的影响。大众文化为流行语的产生和发展提供了成长的空间，奠定了文化心理基础。平民有了充分的话语权，不再仅仅作为传统媒体的一名受众，而是作为积极的传播者表达自己的观点和意见。大众文化通常是通俗的、活跃的，具有颠覆性和批判性的，这都为流行语的诞生和发展提供了范本与先例。流行语受现实生活中或影视剧中平民亚文化的影响是很大的，不仅有些流行语是直接来源于影视剧和生活中，而且更重要的是在这样一种文化氛围下，新奇独特的流行语是可以被接受和喜爱的。名列2004年年度十大网络流行语榜首的“做人要厚道”来自于电影《手机》里的台词，排名第七位的“出来混，迟早要还的”来自于电影《无间道》的台词。另外还有很多流行语，诸如“羡慕嫉妒恨”、“我顶你个肺”等都来自于影视剧中，只是借助网络这一平台得到了更广泛的传播。这些流行语的背后体现了大众文化的崛起，草根平民正以自己的思维方式将一种奇特的逻辑和颠覆常规的创作形式带给大众。正是由于大众文化的推动和后现代文化思潮的影响，才有更多的平民百姓投身于这种自由、平等的文化创作之中，从而创作出丰富多彩的流行语。

心理文化的反映。心理文化是指社会中大多数民众所共有的、受一定社会文化影响的心理现象和活动的总称。2011 年句式模仿类流行语“扫地老太太”就是一个典型。2011 年 1 月 3 日，网友“程序员幽默”发布了一条微博：“据说在每个互联网公司里，都有一个扫地的老太太。很偶然地，当她经过一个程序员的身边，扫一眼屏幕上的代码，会低声提醒对方说：小心，栈溢出了。”此后该微博被疯狂转发，民众多模仿她的叙事口吻，以各行业为背景，演绎出多种版本的“扫地老太太”。她总是深藏不露，安心做一名保洁员，又总能在关键时刻指点迷津。“扫地老太太”的走红，反映了民众对平凡人的尊重和对无私奉献者的感恩之心。

社会文化映射。社会文化是与民众的生产生活实际息息相关的，由人民群众创造的，对社会具有广泛影响的各种文化现象和活动的总称。文化是人类的精神食粮。2009 年，“微博”延伸着文化的思索，演绎了实时现场的魅力；2010 年，中国“丹霞地貌”列入《世界遗产名录》；2011 年设立“中国旅游日”，旅游业升格为战略性文化产业；2011 年，十七届六中全会吹响向社会主义“文化强国”进军的号角。我们从中可以看到文化是人类不断前行的灯塔，也是社会发展的不竭动力。

从流行语的文化映射，可以看到社会物质和精神上的进步。流行语真实反映了不同时期的历史事实，除了昭示着时代的飞速发展，也从某一独特角度表现着人们社会心态的特征。这些流行语，曾深刻影响我们的物质生活乃至精神世界，更是中国社会发展轨迹的印证。所以说，文化性是流行语的重要特点之一，流行语的文化含量和文化价值要比一般词汇丰富得多。每个时代都会在社会世相中打下它的基本烙印，而流行语本身就是这一世相民情的真切反映，是民族文化心理态势的揭示。通过对流行语的研究，我们可以从一个侧面揭示社会文化以及社会价值取向的某些变化和发展。

综上来看，当代流行语的发展，无论是在来源上，还是内容上，抑或是生成方式上，都从单一走向多元，不仅是众“声”喧哗，而且是众“生”喧哗，这对流行语的文化内涵产生了深远的影响。流行语是语言文化的一部分，也是社会文化的重要组成成分，它不仅反映了当代人的素质修养、生活方式和思维习惯，也体现了时代的特色与变化，更展示了当下人们对自身生活的主动思考和干预。

## 第三节　流行语产生的心理因素

社会心理学主要研究人的社会心理和行为规律，因此流行语是一个很好而且很合适的研究视角。流行语流行的外部条件较为复杂，不仅有客观的社会文化因素，还有主观的心理因素。流行语的传播既离不开客观条件的成熟和外在力量的推动，更离不开使用个体或群体的社会心理。“言为心声”，语言反映着人的心理活动，一个人说话时的音量高低、语速快慢、语气都能表露出个性特征和心理状态，如果没有人的内心驱动力和主观能动性的发挥，那么其他的客观存在也无法发挥作用。

社会心态是一定社会发展时期内，弥散在整个社会或群体中的社会心境状态，是整个社会的感受、社会情绪基调、社会共识和社会价值观的总和。流行语是人们社会心态的符号表征，从主观上讲，当代汉语流行语就是大众心理因素发生改变的产物，它直接地反映了大众的思想观念和复杂心态。流行语的产生与人们的心理因素有密不可分的联系。近年来，我国的经济水平和文化环境都发生了翻天覆地的变化，大众的心理状态也会相应发生变化。要精确地描述这种心理因素的变化和影响并不是件简单的事情，在这里，我们只能粗略地概括一些影响流行语产生的心理因素，具体表现为以下四个方面：

### 一、从众心理

从众指的是“在社会群体的压力下，个人放弃自己的意见而采取与大多数人一致的行为。这种群体压力与权威命令不同，它不是由上而下强制性地改变个体行为，而是由于多数人的一致意见，造成了一种无形的压力，从而改变了个体的行为”①。从众是一种大众心理，它使得流行语具有社群趋同性，这是交际的需要。如果你的朋友圈中或网上群体中的大多数人都在谈论着“穿越”、“秒杀”、“普通青年、文艺青年、2B 青年”，张口闭口都是“有木有”、“伤不起”，而你却搞不明白这些流行词语的意思，不知所云，那你就会觉得自己“out”了，与他们交流时发生了障碍，心理上的压力会迫使你去恶补这些流行语，以便能够在谈话时参与其中。

---

① 李娜．近十年流行语研究述评．鞍山师范学院学报，2007（3）．

从众不一定单指个体迫于群体压力且难以违抗而放弃自己的初衷，我们日常生活中的“随大流”、“跟潮流”等都可归入从众范畴。流行本身就是一种群众性的社会心理现象，有些人使用流行语并没有什么明确的动机，只是看到别人都在用就赶潮流地用。我们在一个群体中接触到了时尚的网络流行语并从内心认同了它们，那么就有可能在另一个群体中使用。在另一个群体中，众多的受众中总会又有一些赶潮流的人，再将之传播到更多的群体中，因而这种传播行为往往会以几何级数的速度增长。

从某个角度来说，每个社会个体都有一定的从众心理。每个人都不愿落后于时代和社会，因此，当某个流行语在社会群体中慢慢开始流行的时候，其他不熟悉或者还没使用这一流行语的社会个体就会面临选择，而从众心理使他们对之接纳并推广。另一方面，流行语作为一种语言变体，不仅带有社会属性，也带有鲜明的地域性色彩。“一些区域性用语的范围可能因为很偶然的原因被迅速地推广开来，这也与任何民族都会普遍存在的从众心理密切相关。”① 从众心理加剧了流行语的使用程度，使流行语不断扩大。像“郁闷”、“晕”等就是这样流传开来的，我们现在心情不好或者情绪低落的时候，大多会给自己贴上“郁闷”的标签，会说“我郁闷”、“真是郁闷死了”、“好郁闷呀”等。

## 二、从优心理

“优”在这里指的是政治、经济、文化等方面的优势。所谓从优心理，是指我们在平时选择和使用语言时，常常会借用那些在政治、经济、文化教育等方面有优势的地区或者国家的习用词语。因此，政治、文化或经济上占优势地区的流行语就容易为其他地区所借用。北京、上海、广东、港台的方言流行语经常被借用就是如此。我们可以看到进入流行语中的方言词汇，有些是来自首都北京话，如“瓷器”、“丫头片子”、“摆谱”、“派头”、“遛弯儿”、“讪脸”、“扯淡”、“歇菜”、“吹牛逼”；还有来自上海方言的“侬”、“拎勿清”、“弄弄清爽”、“有腔调”、“拗造型”、“淘报糊”；有些是来自粤方言的，如“埋单”、“毛毛雨”、“发烧友”、“手信”、“拍拖”、“鸡仔”、“口水”、“炒鱿鱼”、“大哥大”等；还有来自东北方言的，如“纯爷们”、“磨叽”、“忽悠”、“磕碜”、“憋屈”等。这些地区都有其各自的地域优势，从而使这些词被我们直接搬用。

① 赵丽娜，沈向荣．流行语的特点及语言学、心理学解释．江西科技师范学院学报，2007（1）．

崇洋心理也是一种从优心理。英美等西方国家经济高度发达，其所使用的英语也被我们广泛运用。在说话中掺杂几句地道的英语，顿时觉得比别人新潮很多。这里面有对外来先进文化的倾慕和认同，更有对外来先进文化的主动吸收和学习。外来流行语主要使用英语成分和口语成分，如“秀”、“酷”、“派对”、“拜拜”等已成为流行语大量出现在书面上，各地通行。“屋”在日语里有“店”的意思，于是“精品屋”、“时装屋”、“美发屋”等“屋”类招牌比比皆是。还有近几年日韩剧的风行，导致流行语中也有很多受到了日语、韩语的影响，如“卡拉 OK”是“kara”（日语里“空”的发音）与“orchestra”（管弦乐）两个词的合并；“量贩”（ryohan）在日语中表示大量批发、批量销售之意，引申意义为一种薄利多销、平价、自助的经营方式；日语“料理”（ryori）是菜肴之意，而“料理”在汉语中的本意是处理、整理，随着日语的风行，日本料理在中国可以说是落地生根了，“料理”即“菜肴”之意也被广为接受，现在越来越多的人称日本菜为“日本料理”。一般来说，借自英语的流行语要比一般的流行语层次高，这取决于这种流行语创造者的文化层次。

## 三、从简心理

在知识爆炸、信息倍增的社会，现代人以简约作为一种时尚，追求高效率，讲究用最少的词语表达最丰富的信息和情感，达到最节省又有表现力的目的。求简是人们追求省时、省力、最大限度实现经济原则的一种心理。

在求简心理的驱使下，有相当多的简缩词成为流行语，并包含数字、符号、字母等多种形式。例如，简略词“帅”、“棒”、“神”、“土”、“黑”、“现（眼）”、“漏（栽）”等，简简单单的一个字就使表达既清楚明了又生动形象。缩略语涉及社会的诸多方面，如“一国两制”、“三个代表”、“入世”、“减负”、“AA 制”、“7451（气死我了）”、“VIP（Very Important Person）”等。流行语中许多字母词都有相应的汉语同义意译形式，有的字母词与其汉语意译形式在实际中都有使用，如“MTV”（音乐电视）、“WTO”（世界贸易组织）等。但相较而言，字母词的使用率要高得多，有的字母词的汉语意译形式除了在首次介绍时使用外，一般很少出现或不出现，如“CDMA”（英文全称 Code Division Multiple Access，一种新的无线通信技术）、“SARS”（严重急性呼吸道综合征，英文全称 Severe Acute Respiration Syndromes，汉语现简称为“非典”的传染病）等。在同义的语言形式中，人们在交际中往往习惯于选择音节较短的，这符合语言经济性原则，也体现了使用者的求简心理。

## 四、求新求异心理

流行语的“新”和“异”反映在语音、词汇、字形等各个方面。流行语的产生是由人的知觉、记忆、思维等心理过程共同参与、共同完成的。流行语的最初起源还是个体本身的心理需求，求新求异是人们在交际交往与交流时的最初需要。从心理学的角度考察，新奇特异的事物对人的大脑神经中枢所产生的刺激最强烈，也最能引起人们的特别关注。对普通词语出人意料的解释能给人耳目一新之感。年轻人喜欢追求另类、标新立异，他们是社会生活中最有生机、最少保守、对社会的变革与发展最敏感的群体。因此，流行语的求新求异之举的创造者多半是年轻人。

求新求异心理和我们上面提到的从众心理并不矛盾。当一种新奇的语言刚开始流行起来时，我们使用它，反映了我们的求新求异心理。随着使用人数的不断增加，这一流行语成为大多数人使用的对象时，我们找到了认同和归属。像2008年流行起来的“囧”、“森”、“雷”，“囧”本义“光明”，现在被赋予“郁闷、悲伤、无奈”之意，它被形容为“21 世纪以来最风行的一个汉字”。“你这人真森”，意思是很呆。“雷倒”原本是江浙一带的词汇，是指听到别人的话很惊奇或者难以置信，类似现代词汇里的“晕倒”、“无语”，现在则被广泛使用，“雷人”还成为了 2008 年使用频率最高的流行语之一。再如，在心情烦闷或感到无聊、困惑时，把“很烦、很无聊”说成“郁闷”；在需要减轻体重时，把“减肥”说成“瘦身”；校园流行语“蛋白质”，它不是表示一种营养物质，而是指“笨蛋 + 白痴 + 神经质”，“留学生”也并非指在国外深造的学生，而是对“留过级的学生”的戏称等。经这种途径产生的流行语，在语言形式和文化内涵等方面都会给人一种新的体验与感受，很多人为了追求这种新的体验或感受会频繁地使用流行语。

当今社会发展日新月异，人们的生活水平也得到不断改善和提高。但与此同时，人们也面临着前所未有的压力，包括就业压力、工作与学习压力等，各种有形无形的压力接踵而至，把人们压得几乎喘不过气来。在生活中，几乎每个人都会遇到一些让人感到难堪的境地，而“自嘲”已成为现代人舒缓压力的方式和良药。自嘲心理在语言上表现为人们喜欢采用轻松幽默、嬉戏调侃、简洁浓缩的语言，既易交流，又能宣泄情感。在此基础上，相应的流行语便应运而生，如

“帅哥”、“美女”、“粉丝”、“爽”、“酷毙了”、“我顶”、“巨汗”、“狂晕”等，形式鲜明活泼。人们追求新奇与个性，抱着“游戏一下也无妨”的心理，放松心情，在一定程度上缓解了人们在社会压力下的紧张心绪，因此，这些词很快被人接受、认同，并不断地被加以运用和推广，帮助大众以一种积极的心态轻松地面对社会和生活。

## 第四节　流行语产生的传媒因素

### 一、大众传媒的影响

大众传媒技术在20世纪末的长足发展，使许多词汇传播得到了技术支撑。大众传媒构成的全方位的信息覆盖网，极大地满足了人们的创新期待，也使得词汇的形成因刺激而变得非常敏感，这就为主、客双方各自的“需求—供给”结构提供了扎实的信息保障。媒体是流行语得以使用和传播的重要载体，它对流行语的广泛传播起到了不可忽视的推动作用。

流行语是通过一定的媒体进行传播的，“所谓媒体，是指传播信息的媒介，通俗地说就是宣传的载体或平台，能为信息的传播提供平台的就可以称为媒体了”（摘自《百度百科》），随着科学技术的不断发展，媒体的样式和形式也不断发生着变化，按照媒体的传播途径，报纸、杂志、广播、电视以及互联网是我们日常生活中用来了解社会、了解世界的主要媒体。

大众媒介对于社会流行文化和流行事物的趋向起着风向标的作用。时代发展到今天，随着科学技术的进步，一些传统的媒体形式，如电视、电影、报纸、杂志、畅销小说等有了极大的发展，电视、电影是流行语产生的重要催生剂，一些片名、台词被我们信手拈来。1990年末的《渴望》把“刘慧芳”、“宋大成”变成了人物标签，使“好人一生平安”成为最深切的一句祝福；1992年的《爱你没商量》和1998年的《将爱情进行到底》更是催生了“×你没商量”与“将×进行到底”这样的流行语格式；电影《阿凡达》的热卖让更多的人向往“阿凡达”生活的那个星球；一部动画片《喜羊羊和灰太狼》让我们创造了“嫁人就嫁灰太狼，做人要做懒羊羊”的流行语。

近几年来，越来越多的宫廷穿越剧进入人们的视野，其独特的构思和新颖的剧情受到了广大电视剧爱好者的喜爱与追捧，一时间，“穿越”成为一个炙手可热的流行语。《我的青春谁做主》是一部深受年轻人喜爱的偶像剧，此剧播出后，出现了各种各样模仿剧名的句子，如“我的快乐谁做主”、“我的人生谁做主”等。一些具有影响力的电视节目在流行语传播方面的作用尤为明显。中央电视台一年一度的春节联欢晚会中相声、小品等语言类节目当中总会有一些经典的台词脱颖而出，如“忽悠”、“太有才了”、“走两步”、“跑偏”等，凭借赵本山的小品和中央电视台的传播媒体，一夜之间红遍大江南北，转眼成了百姓中的流行词语。2010 年春晚的“小虎队”勾起了我们对那个时代的美好回忆。2012 年的春晚播出以后，出自小品《今天的幸福》的“冰箱里不是还有半根黄瓜么，去给孩子炒四个菜”、“失信于女人何以娶天下”、“哪个精神病是用 100 块钱治好的”等成为 2012 年广受欢迎的流行语。

广告词因其简短精悍，很容易被人们熟记，尤其是商业广告的广告词，在引领人们消费潮流的同时，也引领着人们的语言时尚。例如葛优的一句“神州行，我看行”不但使“神州行”卡“行”遍了大江南北，而且还使“我看行”三个字成为 2007 年度最具影响力的十大流行语之一。同样出自葛优之口的广告流行语“还是相信群众”既饱含幽默，又把一种深思熟虑之后的痛下决心表现得淋漓尽致，深受青年人的热捧。类似的出自广告词的流行语还有“没有最好，只有更好”、“闪亮登场”、“沟通无限”、“爽歪歪”等。

大众传媒所带来的信息时代，更新了社会联系和交往的观念与方式，人们的交流突破了时空的限制，可以在瞬间把某个信息传送到遥远的地方或广阔的领域，实现大范围、远距离的信息共享，这便给新词的传播提供了畅快的信息通道。传媒技术的发展对流行语的传播作用主要表现在两个方面：一是强化流行语的传播和使用，如“非典”、“禽流感”、“苏丹红”、“很黄很暴力”等流行语，即是在媒体的强化作用下而变得尽人皆知并被广泛使用的；二是使流行语突破了行业或地域的界限，得以广泛流行和使用，如内地流行词“包装”、“推销”，港台流行语的“泛滥”等词语就突破了行业限制得以流行，借助媒体的宣传在全国流行开来。

词汇作为一个开放的系统，是语言中最敏感、最富于变化的部分。改革开放之后，中国人的生活在各个领域都发生了巨大的变化，人们的思想观念也有了根本的转变，现代汉语中的一部分词语就对这些变化作出了最集中、最快捷的反应。当这部分词语被大众传媒敏锐地捕捉到时，大众传媒就成了这部分词语展示、传播的重要平台和媒介。大众传媒使这些富有时代特色的词语突破了地区、行业和文化习俗的限制，成为了全国范围内的流行语。事物之间的影响是相互的，借助大众传媒影响大、范围广的优势，大众传媒流行语也在某种程度上改变着人们的语言表达习惯，影响着人们的思维观念。

## 二、网络技术的推动

加拿大著名传播学家 M·麦克卢汉在《理解媒介：人的延伸》中曾有过一个著名的观点：媒介是人的延伸。他指出文字和印刷是人的视觉能力的延伸，广播是人的听觉能力的延伸，电视是视觉、听觉和触觉能力的综合延伸，而当今以计算机、互联网及多媒体为代表的新媒体传播的发展，使不同媒介的功能出现了融合的发展趋势，这一方面扩大了人类改造世界的能力，另一方面也改变着人们的价值观念和生活方式，为新的语言形式的诞生提出了需求。互联网于 1989 年开始进入我国，从而揭开了中国网络时代的历史序幕。网络从 21 世纪初开始全面普及，发展到今天，几乎已经深入到我们学习、工作、生活的方方面面。我们可以利用网络授课与学习、查询信息、交流通信甚至缴费购物。然而，在这个全民信息时代，网络最基本也是最实际的用途还是沟通交流、传递信息，这些功能主要通过各大网站（门户网站和社交网站等）、论坛、贴吧、个人空间、电子邮件、博客、在线聊天、微博等实现。

随着互联网技术的发展和网民数量的不断增加，网络语言的表达也日趋多样化，造就了一大批网络流行语，并且大有向现实世界扩散的趋势。网络的发展与普及对流行语的丰富产生了巨大的影响。网络是一个虚拟的开放空间，人们可以毫无顾忌地发表任何言论，而且可以全网共享。网络为流行语的发展提供了平台，出现了“网吧”、“斑竹”、“板凳”、“帖子”、“伊妹儿”、“羡慕嫉妒恨”、“酱紫”、“BBS”、“1314”、“88”、“神马都是浮云”等各种形式的网络流行语，在网络上广泛传播。

网络流行语层出不穷，媒介无疑是最有力的推动者和传播者。无论是受经济利益的驱使还是自身发展的需要，大众媒介在对待网络流行语方面一向态度温和并助其发展，例如前些年的“范跑跑”、“李刚门”、“Hold 住”事件。大众传媒为了取得良好的社会效益，在宣传报道的过程中需要进行精心的策划和准备，一条重要的新闻如果能配上一个响亮、新颖的流行语做标题，就能吸引更多人的目光，激发受众的阅读兴趣，从而有利于受众对某一观念或政策的深入理解，取得更好的宣传效果。

以上对流行语产生的社会文化心理和传媒因素进行了分析，流行词语的产生和发展都离不开这些因素。总之，当代汉语流行语产生的动因是十分复杂的，无论是在来源还是内容方面，抑或是生成方式方面，都从单一走向了多元。它的产生既有语言自身发展变化的要求，又有语言外部因素的促使，正是多方面因素的综合作用才产生了流行语这一特殊的词语种类。流行语是语言文化的一部分，也是社会文化的重要组成成分。我们也可以这样认为，当代汉语流行语是现代汉语与当代中国社会共变的必然产物，它必将随着中国社会的不断发展沿着更具时代性、更具多样化和包容性的道路发展下去。

# 第四章　流行语的范围类型

## 第一节　校园流行语

校园是一个特殊的社会区域，有着特殊的人际关系、学习环境、生活氛围，由此产生了有别于其他领域的言语文化景观。

在华中科技大学 2010 届本科生毕业典礼上，校长李培根院士 16 分钟的演讲被掌声打断 30 次，全场 7 700 余名学子起立高喊："根叔！根叔！"这篇振奋人心的演讲中有一段用流行语串联的文字："我知道，你们还有一些特别的记忆。你们一定记住了'俯卧撑'、'躲猫猫'、'喝开水'，从热闹和愚蠢中，你们记忆了正义；你们记住了'打酱油'和'妈妈喊你回家吃饭'，从麻木和好笑中，你们记住了责任和良知；你们一定记住了姐的狂放、哥的犀利。未来有一天，或许当年的记忆会让你们问自己，曾经是姐的娱乐，还是哥的寂寞。"这一段演讲词给毕业这种离别的时刻增添了一丝愉悦，更勾起了众多学生对大学四年的美好回忆。

校园流行语就是流行在校园这个特定区域里，具有突发性和新颖性，在短时间内能被广大学生接受并广为传播的言语形式，包括流行词、流行短语、流行的固定格式。它是流行语的重要组成部分，在其形成过程中象征着一种流行文化，而校园则是这种文化"萌芽的温床"。校园流行语作为校园这个社会区域的产物，是在社会语言大环境中蓬勃发展起来的，是一种比较有代表性的思维和用语方式，有其自身的特点，体现了独特的校园文化内涵和青年学生的精神风貌，是对现代校园生活及社会的反映。校园流行语形式多样，涉及社会生活的方方面面，无不体现着大学生多元的价值观和审美观。对校园流行语进行分析，有利于了解校园文化及大学生的心态和价值取向。

## 一、校园流行语的特点

校园流行语，顾名思义是在大学校园里流行的一种语言形式，是在校园文化基础上形成的特有流行语现象。作为一个文化氛围浓厚的地方，校园对生活、学习在其中的大学生们往往能产生很大的影响，并造就了大学生这一群体独有的社会文化心态。校园流行语在年轻的大学生中间流传，表现形式非常多样，表达上自由活泼、幽默风趣、含蓄曲折，充满了智慧和朝气，充分显示了表达的魅力，也洋溢着浓浓的校园气，成为大学生广泛运用的一种鲜活的语言形式。作为当代汉语流行语的重要组成部分，校园流行语除了具有当代汉语流行语的共性特征之外，还有一些自己的特点。

### （一）形象生动　简练顺口

时代赋予的速度感和节奏感使得当代大学生在语言上趋于从简从易，用词趋向于简约和直白，达到了言简意赅、形象生动的效果，并且便于记忆和使用。校园里以词或短语形式出现的流行语占绝大多数，它们简练、形象，读起来顺口，运用起来更加受欢迎，让人得心应手。“特困生”表示非常容易犯困的学生，“枪手”表示考试中的代考者，“老孔”是指假正经，“学习文件”则是指打麻将或打扑克，“有品”表示有格调、有品位，“菜鸟”表示级别不高、初出茅庐的新手，“绩优股”表示感情上有发展潜力、适合交往的恋爱对象，“后起之秀”表示起床晚的学生，“稀饭”表示“喜欢”，“艾桑”表示“哀伤”，“油菜花”表示“有才华”，“童鞋”表示“同学”，“校草”指校园中最帅、最漂亮的男生，“老班”是对班主任的亲切称号，“裸考”是不复习直接参加考试的人，“挂科”指考试成绩不及格，“翘课”指逃课……这样的词语还有很多，深受大学生的欢迎。

### （二）诙谐幽默　情趣生动

在校园中经常会听到学生们挂在嘴边的“没意思”、“痛苦啊”、“晕”、“郁闷”、“真失败”、“挂了”等流行语，从这些词语中可以看出学生们面对学业压力和就业压力时经常表现出的一些烦躁、抱怨情绪，也可以看出他们的不成熟心态。在抱怨、无奈和气愤的同时，学生们喜欢用“有没有搞错”、“崩溃”、“你以为你是谁”等来发泄内心的压抑情绪。关于考试，他们会说“多一分浪费，少一分受罪”，“考考考，老师的法宝；分分分，学生的命根”；关于感情，他们会说“不求天长地久，只求曾经拥有”；还有用“鸭梨山大”表示“压力山大”。

校园流行语凝聚着大学生的浓烈情感，很多流行语都是大学生发泄自己情绪的说法。比如用“留学生”来指“留过级的学生”，用“研究生”来戏指“烟酒不离身”的学生，用“可爱”表示“可怜没人爱”。

校园流行语不同于社会上一般的流行语，它有较强的知识性、趋雅性和谐趣性。这些大学校园流行语显示出大学生彼此间的交往富于情趣，生动活泼，也显示出他们思想的活跃。这样一些年轻人聚在一起，谈话气氛往往更为轻松，由此引起了这类流行语的盛行，也是情理之中的。一些立意新颖、生命力旺盛的词汇还可以保存下来，成为固定的词语，丰富汉语词汇库，而且它会很容易蔓延到社会上的青年群体中，影响或引导整个主流文化，甚至引领时代新潮流。

（三）融入外文　彰显情调

引入外语词汇已逐步成为当代流行语的一种趋势。大学生的英语水平一般都不错，因此，会有很多大学生在交流中自觉不自觉地带上一些英语词汇，“你 out 了”可以称为一个代表，还有“so”（这么）、“shopping”（购物）、“who 怕 who”（谁怕谁）、“小 case”（小事情）、“show”（秀）、“去 happy”（去开心一下）等也是非常常见的。再比如，校园流行词“酷”就是从英文“cool”音译过来的，比较流行的“欢型”是从“fashion”音译过来的，这种方式的流行语是舶自西洋。“汉托”一词指的是汉语水平考试，来自于“英语托福考试”。音译外来词的出现，既体现了异国情调，又有中国特色，给大学校园增添了很多乐趣，增进了国内大学生与国外大学生的交流。大量“借词”流行语在校园中的涌现，体现了在经济全球化的影响下，各国交流日益频繁，“世界”越来越小。大学生作为接受新事物、新思想最积极的群体，所处的校园首当其冲受到了这些外来文化的冲击和影响。

（四）与时俱进　富有创造

在大学校园这一特定的社会区域内，特定的人群、人际关系、文化氛围等构成了大学校园特定的语言环境。作为时代骄子的大学生们所创造和使用的流行语与其知识水平相呼应，与其所掌握的文化知识密切相关。他们在掌握语言运用规范的同时，更注重语言行为的创新及语言形式的变异，其语言态度、语码选择、称呼方式、特殊的说话语调、缩略语的运用、对现成词句的引用和改造都很有特色。例如在称呼方式上，现代大学生对姓名、辈分的称谓有一种自由化倾向，习惯于用一个表示亲近、亲密、随意又充满信赖、没有距离感的“老”字。亲昵的“老班”代替了中规中矩的班主任，宿舍管理员被称为“老管”。一些大家喜欢或熟悉的外国人，如足球教练米卢被称为“老米”，乒乓球运动员瓦尔德内尔被称为“老瓦”等。

校园流行语与社会时尚有着无法切割的联系，一些时尚的潮流文化被纳入校园流行语体系中。求新、求异、求奇是当代大学生的个性，也是时尚的表现。这种对时尚的追求体现在语言中就是充分发挥主观能动性和创新性，创造或使用一些与传统语言习惯相异的语言形式。有着很强的接受新事物、新思想能力的大学生，作为追求时尚的年轻一族，时刻捕捉流行因素的身影，使这些新词语发挥着越来越重要的作用，体现了他们与时俱进的心态。大学生敢于接受新事物，敢于提出新想法，敢于尝试新事情，敢于创造新观念，是引领时代潮流的群体。有的说法看似是不符合汉语语法的，比如“非常可乐”、“很女人”等，却在大学校园中广为流行，这就是运用了转类的修辞手段，充分体现了当代大学生追求个性的心理。“非常”、“很”甚至以一种词语模的形式固定下来，按照该结构模型生成了许多句法结构相同的流行语。再比如“奇快无比”、“巨可怕”、“狂奔”、“爆多”中的“奇”、“巨”、“狂”、“爆”等形容词则都是临时充当了程度副词的角色。

作为社会方言的一个重要组成部分，校园流行语值得我们作更为科学而完善的研究。对校园流行语进行研究，有助于我们更好地了解当代大学生特有的心理以及文化价值取向，对做好当代大学生价值观引导教育工作、促进大学生的全面发展十分重要，对提升整个社会的文明程度也有着重要的意义。

## 二、校园流行语的来源

校园流行语语料丰富，来源较广，可以说是来源于学习生活、专业知识的各个方面。

### （一）源于生活和学习用语

校园流行语流行的范围是校园，使用的主体是学生，表现的是校园内存在的问题或者现象，反映的是学生的日常学习、生活、感情，具有一定的专用性。它来源于生活，本身是鲜活的、生动的、时尚的，是流行的文化现象。它是学生们利用已有的知识，发挥丰富的想象力，创造出的结构新颖、语义丰富的新词语，只能在资源共享者即大学生群体中才能发挥作用。学校是一个特定的环境，所以也就形成了特殊的用语，例如“回寝”、“熄灯”、“存饭卡”，这些都是与学生息息相关的事。这类用语由动宾短语构成，表示一种动作的发生性，但是动词与名词之间的组合却是具有特定性的，所以，这些用语除了学校以外不会在其他地方出现。爱情生活在大学生中间是个永恒的话题，大学校园流行语中有大量描述爱情的语言，如“甜蜜一下”、“晒月亮”是男女朋友约会的代名词；男生追女生被称为“钓花”，女生追男生被称为“钓虾”；既有得不到爱情后对女生的反面嘲讽：“天涯何处无芳草，何必要在大学找。不仅数量比较少，而且质量也不好”，也有得到爱情后的甜蜜与慰藉：“和你在一起的感觉真好”、“5201314”（我爱你一生一世），还有反映恋爱结果的“修成正果”、“比翼双飞”等。

在学校，与学生联系最密切的就是学习，所以涉及学习的词语也最多，例如“学分”、“选修”、“考研”、“过级”、“逃课”之类，还有反映上自习课看书的“学习文件”，反映考试态度的“横眉冷对考白卷，眼睛直对钢笔尖”，反映考试结果的“过了”和“挂科”，表现学习消极态度的“分不在高，及格就行”和“堕落”，这些都是学生们经常挂在嘴上的词儿，使用频率很高，应当算流行语之首。这些用语多是名词，是社会变化所产生的新名词，其中有双音节词，也有多音节词，多半是新产生的词汇，包括词义的演变与替换。

（二）源于学科专业知识

校园的学科领域丰富多彩，流行语主要包括以下几类：

计算机术语如：

删除（剪除）：指好朋友分手。

病毒：各班的调皮学生。

存档：学生成绩 。

语言学术语如：

多音字：变色龙，指那些遇到什么人说什么话的人。

冒号：冒充病号。

文学及文学人物术语如：

史记：死记硬背，不会灵活掌握的人。

葛朗台：以小说中的贪婪人物喻指小气的人。

武大郎：武汉大学的男生。

贝多芬：背后看长发飘飘，而正面令人失望的女生。

哈姆雷特：大道理太高深，听不懂。

地理类术语如：

包头：被蚊子叮的包很多。

伦敦：轮流蹲厕所。

楼兰：指梦境。

族别类术语如：

满族：容易满足的人。

布依族：不依不饶、死缠烂打的人。

飞行术语如：

软着陆：指某同学补课后成绩稳定，或安然度过某次考试。

经济术语如：

疲软：形容零用钱用完了。

崩盘：恋爱告吹和解除。

绩优股：比喻某位优秀学子。

垃圾股：令人厌恶的不理想的恋爱对象。

数学术语如：

三角形关系：最稳定的关系。

大学生受过良好的教育，使得高校校园流行语与社会一般流行语相比更有知识内涵、更高雅，如用“工业酒精”指假装纯洁的学生（甲醇谐音假纯）。专门学科用语的语义内涵具有单一性和明确性，大学生通过跨域借用，巧妙地利用了这些特点，在固有的基础语义上进行比喻、引申，赋予其新意义，创造了隐含其他意思的流行语，使其概念内涵虚化、泛化，并大量转向社会生活领域。校园流行语的专业用语在泛化过程中特别注重感情色彩意义的赋予，使原中性词语褒义化或贬义化，如“复制”指抄袭别人的作业，“蛋白质”是笨蛋 + 白痴 + 神经质等，其语义贬化，表现力强，易为人们所接受，在语法上也可以算是谐音和借用。

（三）源于熟语和诗词

熟语是指语言中相沿习用的具有固定结构的词语，一般具有两个特点，即结构上的稳定性和意义上的整体性。现代汉语熟语包括成语、谚语、歇后语和惯用语。

（1）源于成语。成语是指历史上沿袭下来或群众中长期流传的见解精辟并含有特定意义的固定短语，如“画蛇添足”等。一些汉语成语经过改造加工进入校园用语中，为青年学生口耳相传，如“粉发涂强”源于“奋发图强”，用于指涂脂抹粉、爱化妆的学生；“一键钟情”源于“一见钟情”，用于指对上网着迷的学生；“美丽冻人”源于“美丽动人”，用于指只要风度不要温度，喜欢臭美的学生；“芯芯相印”源于“心心相印”，用于指恋爱中的学生。以上流行语都是通过谐音的手段对成语进行加工改造，使成语的语形发生了变化，意义也焕然一新，达到了幽默诙谐的表意效果。还有“老生常谈”比喻人们听惯了的没有新意的话，专指高年级学生向新生介绍学习经验；“火眼金睛”指学生眼力好，尤善于在考试中作弊；“后起之秀”指爱睡懒觉，总是最后起床的学生等。

（2）源于歇后语。歇后语是一种由前后两个相关部分构成的带有隐语性质的风趣、形象的固定短语，如“聋子拉二胡——胡扯”等。校园流行歇后语有：咸鱼翻身——东山再起；孔雀开屏——自作多情；高山滚鼓——不通不通；吃着油条还唱歌——油腔滑调等。这些歇后语前一半近似于谜面，后一半相当于谜底，一般在学生们口中只说前一半，后一半不言而喻，表意委婉含蓄，知识性与趣味性并存，因深受学生们的喜爱而广泛流传。

（3）源于惯用语。惯用语是口语中形成的表达一种习惯含义的固定词组，如“走后门”、“挖墙脚”等。流行在校园的惯用语有：“吃大户”，指让得了奖学金的同学请客；“放鸽子”，指言而无信、失约；“脚底抹油”，指开溜。这些惯用语以三音节为主，结构灵活，多通过比喻等方法而获得修辞转义，形象生动、通俗易懂。

（4）源于民谣。以民谣形式出现的流行语在校园流行语中也占一定比例。民谣是一种文学载体，被巧妙地运用到校园流行语中，给单调的校园生活注入了新的活力。如反映青年学生对金钱的不同追求方式的：中文系投笔从“融”；历史系谈“股”论“金”；医学系精益求“金”；外语系西游取“金”。还有反映和描写不同年级学生心态、心智的：“大一不知道自己不知道，大二知道自己不知道，大三不知道自己知道，大四知道自己知道”，“大一《彷徨》，大二《呐喊》，大三《伤逝》，大四《朝花夕拾》”等。

大学生非常热衷和善于用传统的文化形式如诗词曲赋等大家熟悉的格式来描绘、表露当代心情，给古代文化注入新的内容，其中既体现着大学生的文学修养、高雅的格调以及对古代文化的热爱，又传达出自己的心声。大学生文学水平较高，流行语也伴有诗词的影子，例如“试问哪种创伤更重”、“人生何处不相逢”、“此处无声胜有声”，这些都是活学活用，在特定场合与地点使用，恰到好处。这种在语法上应该算是一种借用，语法特点也是十分常见的。

（四）源于网络和传媒

互联网的普及可以说是人类文明进步的一大标志。便捷的网络不仅大大提升了现代人学习、工作、生活和交际的水平，也造就了许多颇具特色的网络用语。随着校园网络的应用和普及，大量网络语言逐渐被青年学生所了解和接受。一些源于网络的称谓慢慢融入校园，被学生们拿来用作彼此间的称呼语，如“网虫”指上网着迷的人，“网虾”指精通网络的人，“大虾”指网龄较长的资深网虫或指某方面能力特别高的人，还有网络用语“恐龙”、“菜鸟”等。网络交际的盛行也使一些聊天室词语逐渐从网络走入现实，成了学生们日常交流的常用语。如“晕”表示惊讶；“倒”表示惊异；“汗”表示惭愧、无奈或惊讶；“拍砖”原指回复跟发帖人不同的看法，现指对某人或某事表示不同看法或意见。校园网络的应用丰富了学生们的日常学习生活，网络用语在校园的盛行，也是校园生活多元化的一个重要表现。

传媒是指传播信息资讯的载体，其传播渠道主要有纸类如报纸、杂志，声类如电台和广播，视频类如电视、电影等。如电影《大话西游》里的台词：“给我个理由先。”赵本山小品里的台词：“你太有才了！”电视剧《水浒传》主题曲的歌词：“该出手时就出手！”“动感地带”的广告语：“我的地盘我做主。”这些流行语句都来自于当代的一些知名影视作品、流行歌曲和广告作品，它们因其时尚、个性而为广大青年学生所仿效，并逐渐被纳入校园流行语的范畴。

以上简要概括了校园中流行语的来源，其实还有不少在校园生活中不为我们所发觉的流行语，因为经常接触而失去了敏感度。这些语言只在校园中流传，放到其他环境有些就失去了特有的意义，甚至还有些不被人们所理解。这就是语言的应用范围，不同的人群会使用不同特点的语言。但是我们也应看到，校园流行语中有些是积极的，而有些是消极的，这就需要人们在平时的学习生活中注意鉴别，不要传播消极用语，应积极促进校园流行语纯洁健康地发展。

## 三、校园流行语的构成

### （一）单个的词及短语

笔者经过广泛调查，收集整理出符合标准的校园流行语共200例，并定量分析了流行语的语长信息，如下表所示（单位：例）：

| 音节 | 单 | 双 | 三 | 四 | 五 | 五以上 |
|---|---|---|---|---|---|---|
| 数量 | 26 | 69 | 58 | 33 | 9 | 3 |

从上表可以明显地发现：双音节校园流行语最多，其次是三音节、四音节，然后是单音节。大学校园流行语表现为较多单个的词语或短语，它们简练、形象，读起来顺口，运用起来更受欢迎，让人得心应手。所以，以词或短语形式出现的校园流行语占绝大多数，如“苦瓜”指受到老师的批评或倒了某种霉运；“汉托”指汉语托福考试；“恐龙”指长得不漂亮的女生；“防火墙”指男女同桌的界限；“红辣椒”指学校执勤很严的干部；“白萝卜”指各方面很平常的学生；“白菜”指美丽漂亮的女孩。

（二）句子

句子是比词和短语大一级的语言单位，在使用时表达的含义要丰富得多，往往能够表达出词和短语所无法表达的复杂含义。以句子形式出现的流行语多套用、仿用名言、格言等，如“横眉冷对父母养，俯首甘为孺子牛”、“白天文明不精神，晚上精神不文明”、“金钱不是万能的，但没有金钱是万万不能的”，还有前几年的“×××，你妈妈喊你回家吃饭”以及“我爸是李刚”等句子，在大学校园内广泛流行，并通过一定的方式变形为各种各样的句式，如“×××，你老师喊你回来考试”，或者自嘲式的“找不到工作很正常，谁让咱爸不是李刚”。

（三）数字、英文、字母等形式

以数字形式出现的流行语，通过数字谐音法达到交际目的。因其简单明了、新奇好玩，也有一定的使用群体。比如说，大学生除了学习之外，在情感上也会有所发展，有的人会不好意思、会害羞，往往采用一些“朦胧”的表达方式来表达感情。最常见的就是用“520”表示“我爱你”。另外，“9494”（就是就是）、88（拜拜）等流行语也经常在不同场合用到，不过这种方式多用于网络聊天中。

引入外语词汇已逐步成为现代流行语的一种趋势。由于国门打开，对外交流日益频繁，世界越来越小，人们会在交际中引入很多外语词汇，并且这种方式得到了广泛的认可。如“罗曼蒂克”是英语 romantic 的音译，谐音汉化以后，表示“流氓猪哥”的含义 。字母类如：“BT”（变态）、“PF”（佩服）、“PLMM”（漂亮美眉）。另外，如“IN”表示时髦；“HO”表示超辣，即对方使人出乎意料；“Q”是智商；“Y”是怎么回事等。

## 四、校园流行语的影响

### (一) 大学生对校园流行语的态度

由于社会情感、目的动机、行为倾向等因素的影响，人们会对一种语言或文字的社会价值形成一定的认识或作出一定的评价，这种认识和评价通常称为语言态度。① 其研究对于了解一个群体或社团的心理特点具有重要的实用价值。

1. 总体态度

大学生总体上对大学校园流行语持积极肯定的态度。经调查，75% 的学生经常使用大学校园流行语，25% 的学生偶尔说校园流行语，不存在从不说校园流行语的学生。大多数学生认为这种语言变体简洁个性、生动幽默，丰富了大学生的话语空间，给大学校园注入了一股特有的青春气息。

2. 男女性别的态度

流行语在使用上受性别的影响和制约。华中科技大学的孙云梅和林巍在华中科技大学、武汉大学、武汉理工大学、华中师范大学等八所武汉高校选取 330 名大学生作为研究样本，发现大学生在流行语使用上存在性别差异。在对待大学校园流行语的总体态度上，男女生略有不同。持“喜欢，能接受”以及“不喜欢，不能接受”态度的男生都略多于女生，而选择“无所谓，顺其自然”的女生则略多于男生。对同一件事情男女可能会选择不同的词语来表达自己的想法，比如笑声，女性一般用“呵呵”、“嘻嘻”这种比较文静含蓄的词语，而男性则会用“哈哈”、“嘎嘎”等比较粗放豪迈的词语。女性的用语显得可爱活泼，常带有撒娇发嗲的意味。女性在自我称呼时特别喜欢用“人家”、“偶”一类的词语，而男性则常用些粗俗的词语来表达情感。②

3. 高低年级的态度

从大一到大三，学生对校园流行语的总体态度及对其中粗俗内容的态度均存在差异。从对部分学生的访谈得知：大一学生心理上处于由高中向大学过渡的时期，对大学生活充满好奇，努力想成为“真正”的大学生，因而喜爱并能接受大学校园流行语的人相对较多。大二学生已对大学生活有了深入正确的认识，喜爱且接受校园流行语的人数因而下降。大三学生的学习和就业压力较大，为了缓

---

① 王远新．论裕固族的语言态度．语言与翻译，1999（2）．

② 孙云梅，林巍．大学生校园流行语使用状况调查与研究．语言研究，2006（4）．

解压力，他们对这种轻松愉快的言语形式更易于接受和喜爱。对流行语中的不雅内容，大三学生的接受度最高，而“不能接受”的大一学生最多。大一学生刚进大学，其言行在很大程度上还受高中严格的教学管理体制的影响，因此对校园流行语中的不雅内容还无法接受；而大三学生课业负担增重，对未来的忧虑也有所加重，更易于接受并使用消极、不雅内容来宣泄烦闷情绪。

（二）流行语对大学生的正面影响

1. 有利于拓展知识面，丰富校园话语空间

大学的文化精神是在历史发展过程中形成和积淀的，当代大学生成长于社会主义现代化建设和科学文化快速发展的新历史时期，时代的召唤，科学技术和文化的迅猛发展，改革开放的崭新社会生活环境，共同赋予了他们全新的思维。大学校园流行语涉及面较广，领域较多，大学生参与其中，能扩展自己的知识面，并在流行语文化中感受时代精神。一些新的词语应运而生，如“沙扬娜拉”、“delete”、“考研”、“就业”、“出国”、“新东方”、“雅思”、“托福”，这些使他们增加了多方面的知识。流行语极具创新性，这与大学生的创新思维是分不开的，从某种程度上来说，流行语激发了学生的创新意识，拓展了他们的思维空间。很多形象生动的校园流行语增加了话语表现的内容，给人以想象的空间，增加了对话交流的情趣，如为了复原现实交际的非语言符号表意途径，网络交际更加轻松从容、表意更为充分，大学生们便创造出了一系列生动、形象的表示声音或表情的词汇。

2. 有利于娱乐交流、抒发情感

大学流行语大多明快活泼，有娱乐感和时尚感，给人干练、诙谐、亲切的感觉。校园流行语的存在，也是大学生一种休闲方式的体现。它以调侃、搞笑、讽刺、幽默、自嘲等方式来娱乐、释放压力、发泄情感、倾诉心事，如“我是小强”。大学校园流行语简明、幽默、生动、形象，多彩的网络流行语不但创建了新的交友方式、增强了交际能力，还扩大了社交圈。校园流行语中有很多极富幽默调侃意味的语汇，如“精英”（精神病苍蝇）、“聪明”（冲进厕所第一名）、“我不是故意的，我是有意的”、“走自己的路，让别人打车去吧”等。这反映出大学生在沉重的学习负担和激烈的竞争压力下娱乐消遣、自我解压的一种特殊心理状态。处于这种状态下的大学生在言谈中显得更加幽默风趣，跟同学交流更加融洽，同学间关系更加亲密，因而在一定程度上也缓解了内心的压力和焦虑，有利于学生身心的健康、和谐发展。

校园流行语有其积极的一面，也有负面影响。大学校园流行语中有一些宣泄自己的情绪、抒发自身情感或表明自己态度的语言，如“去死吧”、“靠”、“滚”等都表现了当今大学生中明显存在的不良情绪，如果让这样的语言继续流行下去，会在大学生中间造成消极的影响，也会败坏大学校园文化。从传统的语言学角度来看，构成大学流行语的语言符号主要有汉字、数字、字母（包括汉语拼音字母和英文字母），虽然这些传统的语言符号仍然是校园流行语的组成部分，但是，大学生已经对这些符号进行了不断刷新，进行了修辞化的重组。这也是我们在日常交流中应该摒弃、排斥和“过滤”的，如“放P”等。这种校园流行语通常是一种没有规范化和标准化的语言形式，在一段时间内被用于有着相同或相近生活状态或人生价值观的学生群体的口语交际中，其流行、演变、发展、更替、消亡都异常迅速。

当代大学校园流行语的出现就其在语言层面上的意义而言是利大于弊的，我们应当以更加积极的态度去对待大学校园里的流行语。面对新时期汉语中的流行语，我们应该采取辩证的观点，应该用公正、客观、发展的眼光来看待，既不能一棍子打死，也不能不加甄别地全部拿来。我国正处于一个急剧转型的时代，大学生的思想瞬息万变、参差不齐，其语言也丰富多彩、富有变化且贴近现实生活。校园流行语是校园文化的一个重要组成部分，它对充实校园文化生活，活跃校园言语氛围、调节学生心理、缓解学习和竞争压力等起着不可估量的作用。

校园流行语是与时代紧密结合的语言中的特殊部分，青少年是流行语现象的创作者、传播者、追随者和效仿者。研究流行语文化现象对于引导他们正确认识社会和文化，特别是正确面对“新潮”具有非常重要的现实意义。要充分认识到，校园中的流行语大部分是好的，流行语的存在引领着语言词汇发展的潮流，丰富并壮大着现代汉语词汇的大家庭，也使现代汉语的语言表达更加鲜活，更加新颖，也更具时代性。

校园流行语是大学文化的载体，我们相信新现象会给我们的语言增添活力，也相信这些词语会在实践中沿着健康而有生命力的方向发展。校园流行语很容易蔓延到社会上其他的青年群体，影响或引导整个主流文化，甚至引领时代新潮流。对校园流行语及其特点进行研究，不仅对做好当代大学生价值观引导教育工作、促进大学生的全面发展十分重要，还对提升整个社会的文明程度有着重要的意义。客观地承认其存在，适时地引导其发展，对繁荣校园文化能发挥积极有效的作用。为了祖国语言的纯洁，我们期待有更多、更好的校园流行语出现。

**附录 1**

# 关于大学生校园流行语的调查报告

成员：徐朝晖、黄远、唐沛莲、黄娴、谢绮玲

## 一、问题的发现和提出

**【调查背景】**

所谓流行语，是指在某一时期、某一地域中出现的、广为流行的语汇。它以鲜活的形式来表达特殊的含义。流行语丰富了我们的话语空间，对原生态的生活形式和内容有很强的概括性，又不失幽默、调侃的意味，读来给人以身心的愉悦。而校园流行语作为一种重要的校园文化现象，是现代校园生活的即时反映，也是当代大学生心理状态、思想情感、文化趣味的一种表现。

**【调查目的】**

（1）通过从当代大学生的角度出发，对当前的校园流行语进行简单的调查、分析及评价，我们可以了解大学生在使用校园流行语上的差异性以及隐藏在流行语背后的当代大学生心理、价值取向，从而关注他们的生存状态和心理困惑，并提出几点思考和建议。

（2）校园流行语是校园文化的“眼睛”，而作为母语的语文可以说无处不在、无时不有。“语文学习的外延与生活的外延相等。”语文学习与校园流行语研究相结合，能培养我们建立“大语文观”的学习意识，帮助我们建立“留心处处皆学问”的研究意识。

（3）通过多种方式搜集各种校园流行语，进行分类、整理和调查研究，可培养我们搜集信息和处理信息的能力，并能掌握一定的研究方法。

## 二、调查对象和方法

本研究以大学生为考察对象，一方面收集近年来高校大学生中普遍流行的用语，另一方面从本校选取了 200 名大学生作为研究样本，采取了较大范围的问卷

调查和小规模的访谈记录相结合的方法。其中问卷者和受访者采用无记名方式填写问卷和偶遇式访谈，问卷者和受访者涵盖了大学各个年级。而访谈过程中所记录的信息，有利于进一步验证我们问卷调查的可信度，以及帮助我们了解到一些通过问卷调查难以反映的情况，也为我们后边的研究提供了线索和依据。

## 三、调查结果和分析

本次调查研究采用定量和定性相结合的方式进行，经过统计后，现将大学生使用校园流行语的调查结果和具体研究情况表述如下：

### （一）校园流行语使用对象及态度分析

1. 性别因素

在影响校园流行语分布和使用的社会因素中，性别因素是最重要的因素之一。社会心理学家认为：男女在社会心理方面的差异，会影响他们对语言的态度，从而产生语言性别差异。性别差异在大学生对校园流行语的使用情况中表现突出，通过调查分析，我们可以看出，它主要体现在这些方面：对待校园流行语的态度差异、使用频率差异和校园流行语的选择风格差异。

| 调查内容 \ 调查结果 | 选择题3：您对校园流行语持何种态度？ | | | | | | | |
|---|---|---|---|---|---|---|---|---|
| | A. 可以接受，但了解不多，偶尔会使用一些。 | | B. 喜欢，常常使用，并会主动留意。 | | C. 无关紧要，从不关注和使用，没有任何影响。 | | D. 不能理解，不可以接受。 | |
| | 人数 | 性别比例 | 人数 | 性别比例 | 人数 | 性别比例 | 人数 | 性别比例 |
| 男生（93人） | 28 | 30.11% | 43 | 46.24% | 12 | 12.90% | 10 | 10.75% |
| 女生（107人） | 37 | 34.58% | 33 | 30.84% | 20 | 18.69% | 17 | 15.89% |

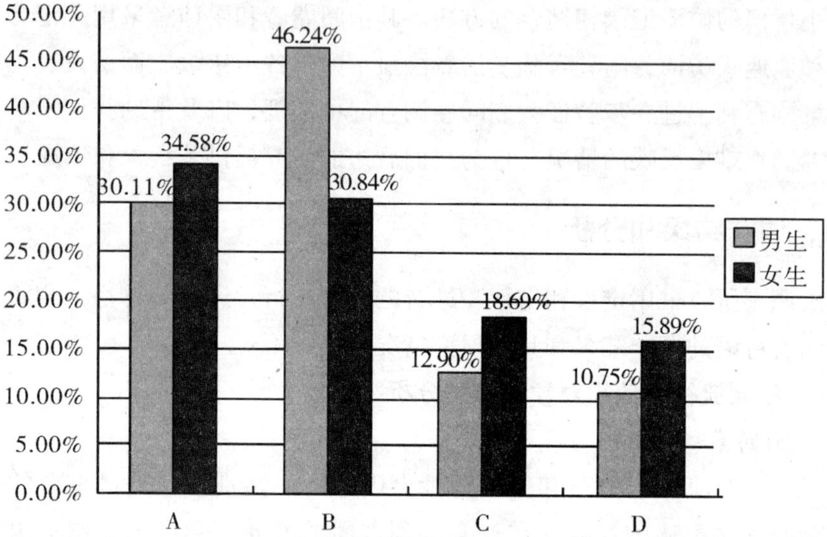


由上图数据可以看出，男女生接受校园流行语和喜欢校园流行语的比例相加超过80%，说明校园流行语被大多数学生接受，但男女生对校园流行语的态度还是有所不同的。从接受程度上，结合问卷调查的结果，女生接受程度略高于男生；从使用频率上看，男生使用频率远高于女生。这两项数据说明，虽然女生对校园流行语接受的程度高于男生，但并不意味着女生喜欢校园流行语的比例会高于男生。由此可以看出，女生用语习惯比男生委婉。因为校园流行语中不乏用谐音表达的粗鄙语言，相对而言，平时女生说话用词更加文雅一点，这就不难解释男生使用流行语的频率高于女生了。男女生的言语行为差异在很大程度上是受社会心理因素制约的，男女生在社会心理方面的差别，会影响他们对语言的态度，从而产生语言性别差异。在大众的印象中，女性必须注意自己的言行举止、使用文雅规范的语言，否则将是无教养的表现。

针对校园流行语本身的语言特点，从男女生对其持“无关紧要，从不关注和使用，没有任何影响”态度的比例上看，女生略高于男生，说明女生对校园流行语的关注少于男生；而在持“不能理解，不可以接受”的态度上，女生的比例还是高于男生，说明女生较之男生对校园流行语的接受程度和融入程度偏低。

2. 年龄因素

在影响校园流行语分布和使用的社会因素中，年龄因素是继性别因素之后的又一重要因素。社会语言学家认为，人在不同的年龄受不同社会因素的影响，从而对其语言运用产生不同的影响。调查表明，校园流行语使用过程中的年龄差异主要表现在两个方面：不同年级的大学生对待校园流行语的态度差异和不同年级大学生使用校园流行语的频率差异。

| 调查内容 / 调查结果 | 选择题 3：您对校园流行语持何种态度？ | | | |
|---|---|---|---|---|
| | A. 可以接受，但了解不多，偶尔会使用一些。 | B. 喜欢，常常使用，并会主动留意。 | C. 无关紧要，从不关注和使用，没有任何影响。 | D. 不能理解，不可以接受。 |
| | 人数 | 人数 | 人数 | 人数 |
| 大一 | 19 | 21 | 9 | 4 |
| 大二 | 18 | 24 | 4 | 3 |
| 大三 | 20 | 28 | 4 | 2 |
| 大四 | 14 | 23 | 3 | 2 |

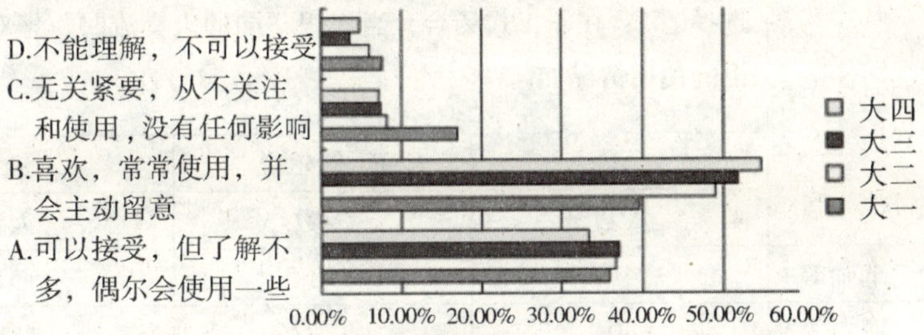


| | A.可以接⋯ | B.喜欢⋯ | C.无关紧⋯ | D.不能理⋯ |
|---|---|---|---|---|
| 大一 | 35.85% | 39.62% | 16.98% | 7.55% |
| 大二 | 36.73% | 48.98% | 8.16% | 6.12% |
| 大三 | 37.04% | 51.85% | 7.41% | 3.7% |
| 大四 | 33.33% | 54.76% | 7.14% | 4.7% |

通过比较可以看出，被调查的大一学生中，持“可以接受，但了解不多，偶尔会使用一些”的和持“喜欢，常常使用，并会主动留意”态度的比例较为接近，而相比大二、大三、大四的学生，持后者的比例明显呈现上升趋势，造成持这两种态度的比例差距在拉大。从图表可以看出，大四持后者态度的比例最高，说明随着年龄的增长、知识层面的扩宽以及对外界新鲜事物接受力的增加，大学生对校园流行语的喜欢程度也有所增加。

从调查数据来看，对校园流行语持“无关紧要，从不关注和使用，没有任何影响”态度和持“不能理解，不可以接受”态度的比例在大一到大四这个年龄阶段有所下降，大三和大四的比例较为接近，说明校园流行语在大学生的生活、学习等各方面的影响在增大。

3. 交际因素

校园流行语是学生们在校园非正式交际场合所使用的一种特定的交际用语，只在谈论非正式话题时使用。因而，在调查过程中，我们把校园流行语的交际场合和交谈话题限定为非正式场合与非正式话题。这样，交际双方的关系（主要是社会关系和性别关系）就成了影响校园流行语使用的主要因素。

（1）交际双方的社会关系对校园流行语使用的影响和制约

问卷调查第 5 题旨在了解调查对象跟不同社会关系的人交际时对校园流行语的使用情况（分为“不说”、“偶尔说”、“常说 ”三种情况）。具体数据统计如下：

| 使用情况 / 社会关系 | 选择题 5：在非正式场合，当您跟不同的人交流时，您对校园流行语的使用情况如何？ | | |
|---|---|---|---|
| | A. 不说 | B. 偶尔说 | C. 经常说 |
| | 人数 | 人数 | 人数 |
| 长辈（父母、老师等） | 45 | 98 | 57 |
| 同辈（同学、朋友等） | 40 | 79 | 81 |
| 临时陌生人 | 50 | 92 | 58 |

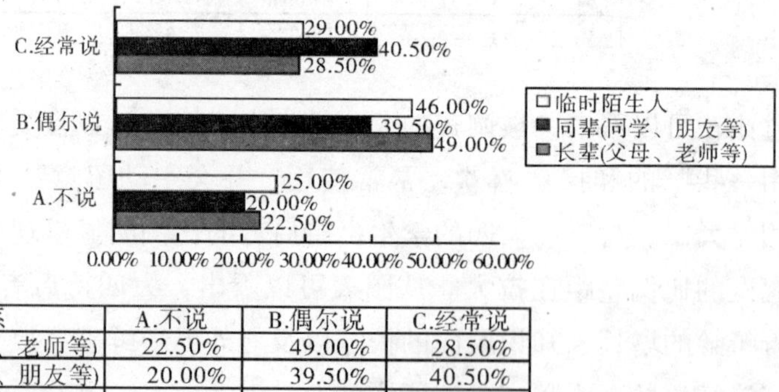


| 社会关系 | A.不说 | B.偶尔说 | C.经常说 |
|---|---|---|---|
| 长辈(父母、老师等) | 22.50% | 49.00% | 28.50% |
| 同辈(同学、朋友等) | 20.00% | 39.50% | 40.50% |
| 临时陌生人 | 25.00% | 46.00% | 29.00% |

从上图的数据可以看出，在被调查的200名学生中，他们选择不说校园流行语的比例最高的是当交际对象是陌生人时，这说明使用校园流行语需要一种特定的使用语境。有些学生面对陌生人选择不说校园流行语，说明他们会考虑到交际方的接受和理解能力，避免造成沟通的障碍。在调查中，在“偶尔说”这一选项中，学生对长辈偶尔说校园流行语的比例相比其他两项比例略高，说明学生和长辈之间的沟通中会使用校园流行语，这可以使沟通更有趣味。然而从调查中不难发现，学生对同辈（同学、朋友等）使用校园流行语的比例高于长辈和临时陌生人。同龄人中使用校园流行语是语言运用中的一种现象，是一种自然而然的趋势。在同龄人的交往交流中使用校园流行语是赶超心理以及追求自由的反映，如果不使用会显得自己与潮流格格不入。学生对长辈“经常说”流行语这一选项中比例偏低，这与学生认为长辈在一定程度听不懂，与自己没有共同语言有关。

（2）交际双方的性别关系对校园流行语使用的影响和制约。

问卷调查第6题旨在了解调查对象分别跟同性和异性同龄人（同学、朋友等）交际时对校园流行语的使用情况（分为“不说”、“偶尔说”、“常说 ”三种情况）。具体数据统计如下：

| 使用情况 / 社会关系 | 选择题6：在非正式场合，在与同性和异性同龄人（同学、朋友）交际时，您对校园流行语的使用情况如何？ | | |
|---|---|---|---|
| | A. 不说 | B. 偶尔说 | C. 经常说 |
| | 人数 | 人数 | 人数 |
| 与同性同龄人（同学、朋友等） | 39 | 78 | 83 |
| 与异性同龄人（同学、朋友等） | 45 | 98 | 57 |

与同性同龄人

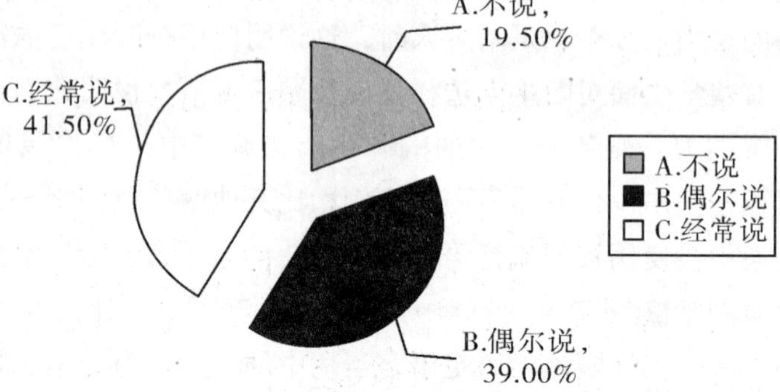


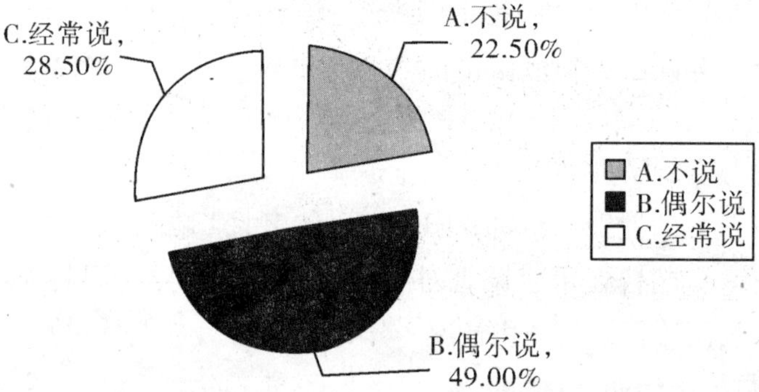


由上图可以看出，不同性别大学生群体之间使用校园流行语的频繁程度有一定的区别。调查对象与同性同龄人交流时经常说校园流行语的比例较高，比与异性同龄人使用校园流行语的比例高出将近 15 个百分点，这说明与同性交流时的顾虑会少于与异性交流的顾虑。

在同性同龄人的交际中也有将近 40% 的人会选择偶尔说校园流行语，说明流行语在同性同龄人中的影响较大，但并没有超过 50%，说明流行语只是一种交流用语，并没有取代主流的交流方式。

调查对象与异性同龄人交流时经常说校园流行语的比例远低于偶尔说流行语的比例，说明异性同龄人交流时只将流行语作为一种交流的“调料”，并没有表现出与同性同龄人那种随性，这与这个年龄阶段的特征有关：想引起别人的注意，但不愿在异性中表现得过于与众不同，所以在与异性交流中会有所顾虑。而且有些流行语较为粗俗、肤浅、空虚，影响了语言的纯洁和健康性，这也导致了他们在与异性交流中会避免说某些校园流行语。

无论是与同性还是与异性同龄人交流中，不说校园流行语的比例不高，占

20%，说明校园流行语对学生中的交流还是有一定的影响力的。

**（二）校园流行语的类型分析**

根据调查所得，大学生对校园流行语的使用类型情况如下：

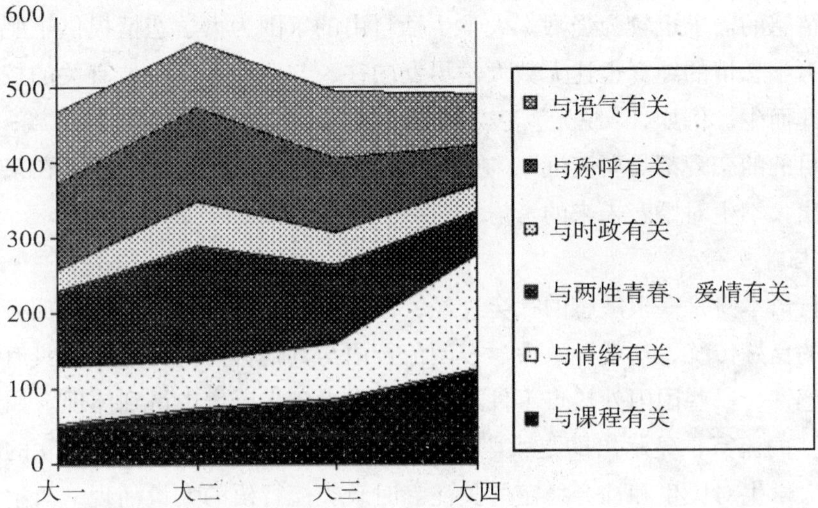


1. 与课程有关

大学校园中，上课下课是校园生活的主要内容之一，流行词语中当然少不了这方面的话题。然而纵观这一方面的流行语，多数都流露出对“神圣”的课堂的无奈或者挑逗。例如，“逃课”变成“翘课”，一个“翘”字便多了几分“轻佻”与“不屑”的意味，而“挂科”一词的流行更表现出对期末考试不及格的担忧，至于“特困生”，一个“困”字的歧义更道出了无数大学生在课堂上的昏昏欲睡之态。

2. 与情绪有关

人的生活中少不了情绪的影响，大学生活也不例外。只是，从这一方面的流行语看，大学生宣泄的都是偏向于负面的情绪。比如“郁闷”一词，在很多高校中都已成为所有学生的口头禅，凡是困扰、空虚、无聊、压力太大时，都可以用这个词一言以蔽之。“不爽”也逐渐在学生中流行，还有在高校学生中普及率甚高的“我晕”、“烦”、“什么世道”等，已成为大学生情绪发泄的标准用语。

如今大多数大学生都是独生子女，离开父母呵护后走进大学校园，面对集体生活一时难以适应，还有相当一部分大学生坦言，在学校里面对从未经历过的人际关系、学业压力以及今后就业的压力，感到无所适从，因此难免会感到苦闷。某些负面的流行语，其实是他们目前心态的写照。

3. 与两性青春、爱情有关

综观大学群体，其年龄多在18—24岁之间，正是从青涩走向成熟的时期，对两性情感的需求也较为强烈。大学生活自由的氛围为大学恋情提供了肥沃的土壤，而大学恋情的纯真也让无数大学男女向往，与两性青春爱情有关的校园流行语也由此而生。例如，“脱光”表示某人正式步入恋爱，脱离光棍一族；“不以结婚为目的的恋爱都是耍流氓”，在对“毛主席语录”的调侃中，也在某种程度上体现出大学生对婚恋未来的考虑。

4. 与时政有关

流行语本身是一根敏感的社会神经，而大学生综合素质较高，并拥有担当时代先锋的良好传统，这就导致大学校园流行语与其他群体流行语相比具有更强的社会敏感性，一些国内外热点事件迅速就能在大学生语言中得到体现。如“我爸是李刚”的流行，显示出的是大学生对社会不公的不满，而“切糕”的流行则体现出大学生对民生和社会稳定的关注。时政类流行语的大量涌现，折射出当代大学生高涨的主人翁精神和历史责任感。

5. 与称呼有关

当代大学生个性特征明显，创造性强，对于别人的称呼也有各种各样的叫法。例如，“亲”字道出了与称呼对象关系的亲昵，若用于异性之间，还不失一丝暧昧；由于如今获取信息方便快捷，日剧、韩剧、美剧等外国影片也涌向本土，“哈尼”、“偶吧”、“××桑”之类音译出来的称呼更是层出不穷，在校园里流行起来。

6. 与语气有关

在大学校园流行语中，与语气有关的流行词汇的出现往往能带来不少欢乐的气息。中国地大物博，方言更是数不胜数，与语气有关的流行语多数是普通话对方言的“音译”。由于大学生来自全国的四面八方，也会把自己家乡的方言带进校园，而在闲暇之时，也会对方言“恶搞”一下，例如，“有木有”是由河南淇县方言演化而来的（普通话夹杂方言），就是“有没有”的意思；“虾米”是闽南语“什么”的谐音。另外一些则是由普通的非方言谐音演变而来，例如“神马”也就是“什么”的意思。

### （三）校园流行语的特点分析

1. 新颖奇特，具有一定的创新性，能够张扬个性

当今社会用语推崇创新、追求个性，校园语言在大学生们求异心理的支配下，也日益追求标新立异、张扬自我。校园流行语的显著特点就是富有创造性。校园流行语的创造性主要体现在两个方面：一是使用、创造新词语，二是旧词赋新意。青年学生喜欢标新立异，特立独行，这种心态促使他们去积极创造新词，以彰显个性，如“校花”（大学、学院里最漂亮的女生）、“知本家”（以知识为谋生手段的人）、“网虫、书虫”（对电脑或书很痴迷的人）、“表酱紫”（不要这样子）等。

2. 使得交际语言幽默、诙谐、风趣

与一般的社会群体相比，大学生不仅在生活中，而且在思想上更为自由洒脱、桀骜不驯，因而校园流行语也表现出了这些特征。他们运用所学的反语、比喻、别解、正义反用、反义正用、仿拟等修辞手法，使一些旧词的含义被歪曲甚至与本意完全相反；或者把汉字的每个词语拆开，赋予每个音节不同的意思，组合成新的含义，赋予其嘲讽意味，使交际语幽默、诙谐、风趣。例如：你真是个“天才”，貌似是赞扬，其实它的意思是“你是个天生的蠢材”。创造者认为利用“反语”表达本意，更能增强话语幽默讽刺的意味。如两人见面的问候说一句：“哥们，还活着呢?”同学过生日送上一句“猪（祝）你生日快乐”。

3. 简单快捷，通俗易懂，使用方便

（1）校园流行语使用字母词。

字母词的使用频率在校园内更高，学生们受自身知识和网络语言的影响，喜欢运用字母词来表达意思，如“GG”（男孩）、“MM”（女孩）、“CET”（英语四级）、“TOFEL”（托福）、“POSE”（造型）、“FANS”（追星族）、“BT”（变态）、“TMD”（他妈的）、“CS”（反恐精英）等。

（2）校园流行语使用数字词。

数字本身比较枯燥乏味，但青年学生们发现了隐藏在数字中间的巨大的语言价值：利用谐音转换数字意思，如“584”（我发誓）、“5920”（我就爱你）、“1314159”（一生一世跟你走）、“5201314 ”（我爱你一生一世）、“7456 ”（气死我啦）、“847”（别生气）、“55”（呜呜）等。

（3）校园流行语使用缩略语。

缩略语的大量运用也体现了校园流行语简洁的特点，如“学工办”（学生工

作办公室)、“大英部”（大学英语教学部)、“研究生”（烟酒不离身的学生)、“特困生”（特别喜欢睡觉的学生)、“外院”（外国语学院)、“毛概”（毛泽东思想概论）等。

4. 古怪、难懂、无厘头，部分字词语句还容易造成误解

虽然大学流行语风靡校园，甚至大街小巷，却未见得到处都能受到欢迎。一些人群对这方面的语言不太关注，便会觉得流行语古怪、难懂、无厘头，如“酱紫”，对于老一辈的广东人来说，起初接触这个词的时候都难以理解是什么意思，因为老一辈的广东人多用广东方言，而“酱紫”与广东话的“这样子”发音又相差甚远。对于拥护和恪守传统的人来说，他们还会担心部分字词语句还容易造成误解，例如“亲”，很多人都能看出它是“亲爱的”的别称，若在两性之间滥用，一不小心就会引起误会。

5. 只会短时间流行，很快会过时

因为某些校园流行语跟时代、时政密切相连，如果它跟不上时代的发展，或者不再被时代、人们的日常生活所需要，就会逐步被冷落甚至淘汰，如“走自己的路，让别人走投无路”的实际意义不大，现在人们也越来越少用。

6. 其他

（1）大胆使用负面词。

大学生是一个受过高等教育的群体，在他们身上不乏应有的文化修养，从谈吐到行为举止，都能展现他们的素质。但大学生也是活生生的人，也有心情低落、发牢骚、说脏话的时候。因此，负面的词在校园流行语中也占有很大的比例。例如“我靠”、“TMD”，还有说别人“变态”，以及称“天才”、“神童”等带有挖苦讽刺意味的词不占少数。在他们看来，使用这些词意味着时尚、新潮、个性、与众不同。这些词从某个侧面反映了部分大学生有意或无意的发泄和自我放纵，也折射出少数大学生心态的不健康和在生活压力下的无奈与自嘲心理。

对于这些负面词，我们不能简单地说它是好是坏，也不能任其发展，或者完全扼杀。这些词能成为校园里的流行语，能被大多数学生接受并使用，那说明这些词的确能够满足大学生的心理需要和表达需要，能够很恰当、很准确地表达他们的心情。

大学校园文化是一个大熔炉，即使是大一新生也会在短时间内融入特定的校园文化。另外，这些负面词也确实会污染我们的话语空间。特别是那些带有侮辱性的脏话，不仅有损个人形象，而且会伤害到听者。但这些负面词的存在与否不是某个人或某项规定就可以决定的，语言的发展有它自身的规律，当它不适应社会发展时，就会自动消失或被新的词语所代替，我们应该遵循语言本身的规律。

（2）消极、情绪化。

当下的大学生大多是“80 后”、“90 后”，从他们的流行语中我们可以看出他们的一些消极心理及情绪化的表现。“郁闷”一词应该是最好的证明，那么他们为什么郁闷？为什么有这种消极的心理？年轻人应该是朝气蓬勃的，但这个年代的大学生为什么总把“郁闷”、“我晕”、“我倒”挂在嘴边？

首先是理想和现实的差距导致了大学生的消极心理。在上大学之前，每个人都憧憬着自己的象牙塔，但是当他们真正进入大学校园之后，才发现大学校园并不像他们想象的那样充满诗情画意。这样，理想和现实的差距便使他们产生了强烈的失落感，使他们对自己的生活产生了困惑。再加上对社会上很多事情的不理解，他们更加迷茫。在这样的环境中，他们或多或少会变得苦闷和压抑。

其次是经济上的压力。不断上涨的学费是相当一部分大学生及其家庭所面临的主要压力。而且，当下的大学生活相对社会化，大学生会参加各种各样的活动，有限的生活费却不足以负担他们的日常开销，经济上的压力由此产生。

最后是就业带来的压力。如今的大学生就业不像以前那样国家包分配，而是以市场为导向，自谋出路。当今的就业形势不容乐观，就业的压力让人喘不过气来。考公务员，考村官，考特岗，考研……竞争都特别激烈。特别是那些“面霸”在多次面试失败后，甚至对自己的未来失去了信心。学业的压力，就业的压力，生存的压力，回报家庭与社会的压力，渴望成功的压力，重重重压之下，他们就会变得焦虑、急躁、消极。

**（四）校园流行语的来源分析**

根据调查所得，校园流行语获取途径多样，其中来源于网络的所占比重最大，为 27%；来源于影视作品的次之，占 26%；来源于周围同学、流行歌曲与小品、港台话与强势方言的也比较多，来源于报纸杂志的最少。

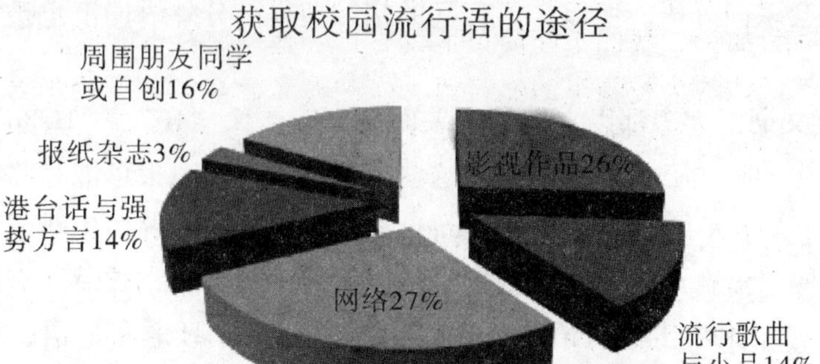


**（本题为多选题，所得数据百分比之和会超过 100%）**

1. 来源于影视作品

影视作品对学生的语言具有很强的影响力，许多人都能对影片中的经典台词倒背如流。当代校园流行语自然少不了这方面的引用或改编。如“出来混，迟早都是要还的”（电影《无间道》的台词）、“贱人就是矫情”（电视《甄嬛传》华妃的台词）等。

2. 来源于流行歌曲与小品

青年人追求时尚，自然也喜爱听流行歌曲，歌曲中的有些歌词切合了学生的口味，便成了校园流行语的一部分，如“不要迷恋哥，哥只是个传说”、“哥抽的不是烟，是寂寞”等。而小品，作为一种喜闻乐见的文艺形式，其风趣幽默的语言也被吸收进了校园流行语当中，如“没想到你人是微缩的，心还是猥琐的”、“打败你的不是天真，是无邪”。

3. 来源于网络

作为一个信息化时代，网络成了校园流行语的重要来源之一。网络上有很多时尚用语是由英文字母或汉语拼音缩写拼合而成，流行语有时就直接将它们吸收过来，如“BT”（变态的拼音缩写）、“MM”（“美眉”或“妹妹”的拼音缩写）等。

除了字母缩写，还有利用汉语拼音的谐音，用汉字紧缩或扩张构成的流行语。紧缩的，如“酱紫”和“表酱紫”，意思是“这样子”和“不要这样子”。扩张的，如“弓虽”，就是指“强”。这三种类型的流行语原本作为一种新颖的书面表达在网络上广为传播，后来竟被生搬硬套地拉进了口头表达中。

4. 来源于外语

随着整个社会的开放，当代学生接触的文化比过去更为多元。他们都学习英语，有些还会多门外语。所以，语言间的接触使得部分外语词汇也被吸收进了校园流行语中。

（1）英文词汇大多都以它们的本来面目出现，像“Hi”、“Hello”等几乎每天都挂在学生的嘴边。而学生在使用这些英文词的时候也很可能是将其夹杂在汉语中，比如：“昨天我去参加了一个 party，和一个很 cool 的男生跳了舞，好 happy 吔!”这种“语言马赛克”正好能给予说话者一种“言语快感”。

（2）当今对大学生流行语产生重大影响的莫过于日语和韩语，如学生常用的“卡哇伊”（日语音译，指可爱、漂亮、温柔）、“欧吉桑”（日语音译，指中老年男子）、“欧尼”（韩语谐音，姐姐的意思）、“亲故”（韩语中朋友的谐音）等。

5. 来源于港台话与强势方言

像“哇噻”、“正点”这些流行多年的词就来自于港台地区，“酱紫”是南平方言，而“尼玛”的原意是太阳。

6. 来源于周围朋友同学或自创

调查显示，这部分所占比例也不少。上课老想睡觉叫“特困生”，“用脚趾头去想想”（不用脑子），“你长翅膀了吧”（鸟人）……这些都是近年来流行于校园的“行话”。但是，这些“行话”的源头其实多数都来源于网络。

7. 来源于报纸杂志

因为报纸杂志刊登的文章或者报道都相对具有正规性、专业性、权威性，因此源于此方面的校园流行语相对较少。

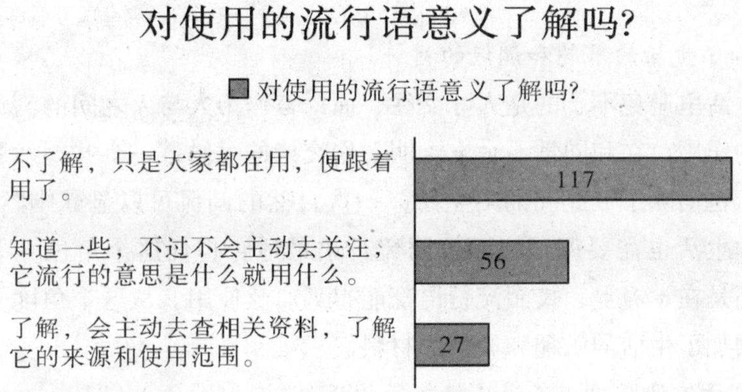


从上图可以看出，对流行语的意义不了解、跟风而用的有 117 人，占 58.5%；有 28% 的大学生知道一些流行语的意义，但是也不会主动去关注，而是直接就用；只有 13.5% 的大学生会主动查找相关资料，了解流行语的来源和使用范围。

**（五）校园流行语所起作用分析**

根据调查，对校园流行语作用的认知较为集中，其中认为“增加了生活的乐趣和调侃的材料”的比重最大，占 45%；其次是“有利于宣泄压抑、不满情绪，释放压力”，占 35%；接着是“丰富了表达方式，有利于自我个性的展现”占 15%；而“引导大学生关注校园流行动态，同时方便人际交流”所占的比重最少。

1. 增加了生活的乐趣和调侃的材料

大学生活里避免不了的是人际交往，而语言作为人与人之间的沟通桥梁，发挥着重要的作用。在和同学、舍友、朋友们交谈的时候，一个共同话题在活跃气氛的同时，也消除了彼此间的陌生感，一次自然的调侃可以显露幽默感。烦闷、枯燥的大学生活也需要调剂，而校园流行语最适合担任这个角色。不管是在网络、生活还是在学习上，校园流行语都能得到广泛使用。从这个角度上，校园流行语确实增加了生活的乐趣和调侃的材料。

2. 有利于宣泄压抑、不满情绪，释放压力

哲学家维特根斯坦说："想象一种语言就意味着想象一种生活形式。"校园流行语从一定角度体现了在校学生特定的生存方式和社会心态。从积极方面说，校园流行语反映了当今大学生敢于想象、创新、要求独立价值的追求。他们创造了一些属于自己群体的语言，显示出一种独特的交往方式。比如"灌水"、"金刚钻"、"种草莓"、"后起之秀"，这些含有诙谐、调侃、戏谑、幽默的流行语，读后使人哑然失笑。这是学生在紧张的学习生活中自娱自乐和自我解压的一种方法，能使学生彻底放松自己，起到了积极的作用。

3. 丰富了表达方式，有利于自我个性的展现

处于青春期的大学生正在形成独立人格和自我的过程中，还有着极强的从众心理，尤其是同一年龄层次之间的相互影响更为直接。再加上大学生的生活和学

习都非常集中，这也正是校园流行语能够迅速在大学校园里扩散、传播的重要原因。

4. 引导大学生关注校园流行动态，同时方便人际交流

校园文化多姿多彩，语言作为其中的一种独有的文化，也作为一种流行形式存在于校园中。而大学生关注的流行内容大部分是在服饰、穿戴、发型、电子产品等方面，另一方面，每个学校也较少有专属自己学校的流行语。因此，校园流行动态较少能引起学生的关注。流行语的存在拉近了学生之间的距离，增加了彼此间的亲切感，在一定程度上方便了人际交流。

**（六）对校园流行语的发展所持态度分析**

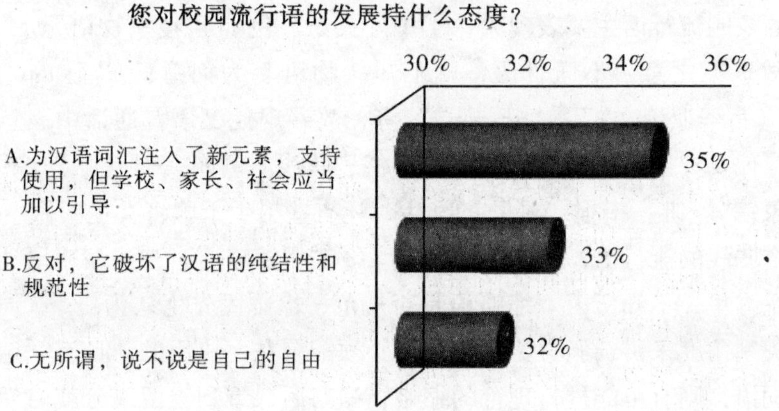


根据调查，对校园流行语的发展所持的各种态度较为平均，其中认为“为汉语词汇注入了新元素，支持使用，但学校、家长、社会应当加以引导”的比重较大，占35%；其次是“反对，它破坏了汉语的纯洁性和规范性”，占33%；接着是“无所谓，说不说是自己的自由”占32%。

1. 为汉语词汇注入了新元素，支持使用，但学校、家长、社会应当加以引导

校园流行语既是现实生活的即时反应，又是学生精神状态的反映。形象生动的校园流行语，对原生态的生活形式和内容有较强的概括性，为话语表现内容增加了弹性，留出了较大的想象空间，富于幽默调侃的意味，丰富了校园话语空间，增加了校园生活中的对话情趣。

一些品位较高、表现力较强的流行语还能丰富汉语词汇。但是，我们不能因

为词语的新颖、新奇而忘却了其中不健康的成分。校园流行语中有50%以上的话语含有讽刺和挖苦的意味，折射出一部分大学生不健康的社会心态，其负面影响有：一是由于故意的曲解而破坏了人们对某些词汇的习惯认识，糟蹋了语言；二是由于使用的随心所欲，使得语意混乱；三是校园流行语中讽刺挖苦的语言尤其是对他人生理缺陷进行夸大攻击的语言占了很大比例。这三种情况的结果是杜撰了一些语言垃圾，毫无疑问，这需要学校、家长、社会的引导。

2. 反对，它破坏了汉语的纯洁性和规范性

部分校园流行语除了对学生的情绪产生不良的负面影响外，还对学生语言的纯洁性与运用造成了威胁。语言是人类最重要的交际工具，有语言就有规范，否则，语言就会丧失其交际功能。品位高、交际度高的语言，规范度也就高。规范度较低的校园流行语主要表现为：①中外夹杂。例如“寝室物语”，“物语”是日语“故事”之意，不懂日语，就不知“物语”为何意；“至top（最棒）”、“写DC（写毕业论文）”、“开party”等，放着现代汉语普通话中表意明确的词语不用，偏要夹杂无谓的外语词。②粗俗、肤浅。例如“偶（呕）像”，令人呕吐的对象；“烧饼”指很“骚”的女生，还有些男生干脆将女生叫做“卫生纸”。这些粗俗肤浅的流行语，破坏了语言美。③滥用缩略语。有些缩略语让人莫名其妙，云里雾里，不知所云。缩略语是否规范，徐耀民先生认为：“从词语与词语之间的关系角度来讲，经常习惯于甚至必须配合在一块用的，且有一定内在联系的两个词语，则有可能进行理论的缩略；缩略后，看到提留成分就自然而然地准确联想到原词语，则为规范的缩略。”例如“班干部”简缩成“班干”，“就这样子”简缩成“酱紫”，“那样子”简缩成“酿紫”，不经特别说明，无法准确联想到原词语。像这类语义模糊不清的缩略语已陷入汉语简化的误区，背离了汉语造词的规范。品位和规范度都较低的校园流行语还不少，这和“高等教育要成为全社会语言文字规范化的榜样”相差太远，对汉语的规范和发展造成混乱，对普通话的推行也有一定的负面影响。因此，对流行语持反对态度的人是看到了其负面影响。

3. 无所谓，说不说是自己的自由

校园流行语产生在校园这个文化和氛围较为自由的国度，使不使用本来也是大家的选择和自由，这也符合大学生特立独行的行为习性。对于校园流行语的影响和作用，我们应该用辩证的目光看，既看到它的积极影响，也要注意警惕它的负面影响。

附录 2

# 关于大学生校园流行语的调查问卷

本次调查大约需要占用您 5 分钟的时间。本卷采取匿名方式进行，保证您所提供的信息绝对保密。您所提供的答案没有对错之分，请您尽量根据您的实际情况回答问题。非常感谢您的参与！

1. 您的性别是？[单选题][必答题]

男

女

---

2. 请问您所在的年级是？[单选题][必答题]

A. 大一

B. 大二

C. 大三

D. 大四

---

3. 您对校园流行语持何种态度？[单选题][必答题]

A. 可以接受，但了解不多，偶尔会使用一些。

B. 喜欢，常常使用，并会主动留意。

C. 无关紧要，从不关注和使用，没有任何影响。

D. 不能理解，不可以接受。

---

4. 请写出您最常用的 5 个校园流行语。[填空题]

---

---

5. 在非正式场合，当您跟不同的人交流时，您对校园流行语的使用情况如

何？请选择符合您自身情况的选项。[矩阵单选题][必答题]

不说　　　偶尔说　　　经常说

长辈（父母、老师等）

同辈（同学、朋友等）

临时陌生人

---

6. 在非正式场合，在与同性和异性同龄人（同学、朋友）交际时，您对校园流行语的使用情况如何？请选择符合您自身情况的选项。[矩阵单选题][必答题]

不说　　　偶尔说　　　经常说

与同性同龄人（同学、朋友等）

与异性同龄人（同学、朋友等）

---

7. 您经常使用的校园流行语属于下面哪些类型？[多选题][必答题]

A. 与课程有关，如“翘课”、“挂科”、“特困生”等。

B. 与情绪有关，如“我晕”、“郁闷”、“坑爹”、“苦逼”等。

C. 与两性青春、爱情有关，如“不以结婚为目的的恋爱都是耍流氓”、“情剩”等。

D. 与时政有关，如“我爸是李刚”、“你妈喊你回家吃饭”、“切糕”、“中国梦”等。

E. 与称呼有关，如“亲”、“偶吧”、“欧尼”等。

F. 与语气有关，如“虾米”、“神马”、“有木有”等。

---

8. 您认为校园流行语有什么特点呢？[多选题][必答题]

A. 新颖奇特，具有一定的创新性，能够张扬个性。

B. 使得交际语言幽默、诙谐、风趣。

C. 简单快捷，通俗易懂，使用方便。

D. 古怪、难懂、无厘头，部分字词语句还容易造成误解。

E. 只会流行一下很快过时。

F. 其他。

---

9. 您获取校园流行语的途径有？［多选题］［必答题］

A. 影视作品

B. 流行歌曲与小品

C. 网络

D. 从外语演变而来

E. 港台话与强势方言

F. 报纸杂志

G. 周围同学或自创

---

10. 在使用一个流行语时，您对这个流行语的意义了解吗？［单选题］［必答题］

A. 了解，会主动去查相关资料，了解它的来源和使用范围。

B. 知道一些，不过不会主动去关注，它流行的意思是什么就用什么。

C. 不了解，只是大家都在用，便跟着用了。

---

11. 您认为校园流行语所起到的作用是什么？［多选题］［必答题］

A. 引导大学生关注校园流行动态，同时方便人际交流。

B. 丰富了表达方式，有利于自我个性的展现。

C. 有利于宣泄压抑、不满情绪，释放压力。

D. 增加了生活的乐趣和调侃的材料。

---

12. 您对校园流行语的发展持什么态度？［单选题］［必答题］

A. 为汉语词汇注入了新元素，支持使用，但学校、家长、社会应当加以引导。

B. 反对，它破坏了汉语的纯洁性和规范性。

C. 无所谓，说不说是自己的自由。

---

## 第二节 网络流行语

网络是20世纪人类最伟大的发明之一，它给人类生活的各个方面都带来了令人难以置信的影响。自中国在1994年实现了与国际互联网的连接，成为第71个正式加入互联网的国家后，网络这一新事物日益迅速地走进人们的生活，作为载体的网络语言也蓬勃发展。网络语言是一种新兴的语言形式，包括汉字、拼音、英文字母、含有某种特定意义的数字及形象生动的网络符号和图片。网络语言被划分为广义和狭义两种：广义上的网络语言是指与网络有关的专业术语和与网络有关的特别用语及网民在聊天室、BBS等通信平台/软件上常用的词语及符号；狭义的网络语言指由汉字、拉丁字母、数字、标点符号和各种表情构成的语言。随着网络的普及，越来越多的人接触网络。作为网络世界里的网民，往往不可避免地将网络中的东西带到现实生活中，其中就包括网络流行语。网络流行语是以互联网为传播媒介，在一定的时间和地区广泛使用并流传的、用来交际并直接影响现代汉语词汇表述方式的语言词汇。网络流行语由网络世界到现实生活，影响范围越来越广。作为一种崭新的语言方式和文化景观，网络流行语来源广泛，形式多样，时效性和实用性兼具，有着鲜明的时代特征，是人们生活和思想的反映与写照，也真实地映射出民众的文化诉求和心理。

最初，网络世界的用语是出于网民间交流的便利，常常采用字母拼音、汉字谐音或缩略的形式，如“GG”（哥哥）、“PLMM”（漂亮美眉）、“BB”（宝贝、小孩、情人，也可以表示拜拜）、“斑竹”（版主）等。随着BBS、聊天工具的发展，“灌水”、“拍砖”、“东东”、“楼主”这类新造词语亦派生出来。如果说该阶段的网络语言还带有“切口”的色彩，那么此后的网络流行语则开始逐渐“侵蚀”主流媒体的领地。“山寨”、“钓鱼”、“蚁族”、“周老虎”、“人肉搜索”等都登上了主流媒体的大标题，可以说，新媒体手段的更新给流行语的产生和传播带来了深远的影响，也使流行语的内涵发生了深刻的变化。网络流行语随着计算机和网络的普及而产生并迅速发展。在信息社会，互联网是传播信息最迅速的媒介之一。我们每天都能看到大量的资讯在网络上发布并传播，所以网络社会对社会生活的变化具有天生的敏感性。网络流行语，作为一个应用范围甚广的语体，正以其强大的力量影响着网民的网络生活，甚至影响着他们网络生活之外的现实生活。它折射着人们面对社会事件、社会现实时的心态，而且有时还会起到嘲讽、诙谐幽默或者发人深思的作用，所以始终为广大网民所津津乐道。网络信息交流迅速，语言更新和变异非常快，网络流行语的发生发展也是如此。网络每天催生着新的语言形式，随之而来的便是一些流行语的淡出。与常规语言不同的是，网络语言的发展周期比较短促。如今，网络流行语作为现阶段语言学研究的一个热点，一直被学者们关注，也越来越受到社会各方面的重视，研究网络流行语对于分析时代需求与发展走向都具有重要意义。

## 一、网络流行语的形成

### （一）网络本体的影响

网络流行语的形成与传播有其偶然性，也有其必然性。网络社会具有虚拟性、去等级性等特征，并与现实社会存在着特定的互动关系。这种特征和关系的存在，将直接对网络流行语的生成产生影响。网络流行语作为一种社会符号文化，类型不同，生成原因也有差异。网络符号的空间系统特性、社会转型环境、网络社会群体作用、网络社会文化影响以及网民的年龄结构、社会身份、社会心理、社会态度、文化结构，都与网络流行语的生成、传播有着重要关联。

互联网自身的虚拟性、开放性、互动性和匿名性为网民提供了一个广阔的线上交流空间、自由的创作舞台和传播场域。互联网这些特性成为网络流行语传播的必要条件。网络的发展和计算机技术的进步，不仅给网络语言的产生和发展提供了一个自由、开放的空间，而且通过改变人们的交际方式提高了网友创作和使用、传播网络流行语的热情及参与度。网络给人们的交流创造了一个独具特色的环境。

随着科技的发展，互联网已经成为现代人不可或缺的资源。网络是生产和传播大众流行文化的新生力量。存在主义哲学创始人海德格尔曾经断言："技术的本质不是技术性的。"① 因为技术不只是技术，还与活生生的人相关联。网络媒体的出现也是如此，它既带来了传播技术的革命，给普通人提供了表达需要和希望的机会，也带来了一系列可供人文学科研究的传播新现象和社会新现象。由于网络传播的快捷性和即时性，网民总是能够在第一时间得到信息并发表评论，于是诞生了"围观"、"路过"、"打酱油"等流行语，表示第一时间对某事件进行关注和讨论。而像"雷"、"山寨"、"神马都是浮云"等词也都是在网络爆红之

---

① ［匈］阿格尼丝·赫勒．现代性理论．李瑞华译．北京：商务印书馆，2005. 68.

后，才渐渐进入平面媒体、娱乐节目及大众视野的。所以说，网络作为信息传播的媒体，对信息的传播速度总是要快于报刊、电视等传统媒体。

（二）网民群体意识的作用

随着互联网技术的迅速发展，以互联网为媒介的信息交流越来越广泛，形成了一个特殊的交流群体，我们称之为网民。中国有4.2亿网民，而在年龄构成上，“历次调查结果都显示，网民中18—24岁的年轻人最多，远远高于其他年龄段的网民而占据绝对优势”①。网络流行语的使用群体主要是青年一代的网民，那么是什么原因使得网络流行语对这些人有如此大的吸引力呢？这一点可以用“使用与满足”理论来考察。1974年，卡茨提出了“使用与满足”理论，强调从受众的角度出发，通过分析受众的媒介接触动机以及这些接触满足了他们什么需求，来考察大众传播给人们带来的心理和行为上的效用。年轻人思想活跃，喜欢新鲜事物，更喜欢追求个性、展示自我、崇尚创新、追逐时尚，往往不愿意接受现实生活中的一些语言规范的约束。开放自由的网络给以年轻人为主的网民群体提供了创造发挥的空间，为网络流行语的产生提供了必然和可能。青年一代是伴随着网络成长起来的，因而对互联网的依赖性较强。一项对“80后”网络状况的具体调查显示，“84%的80后会在空闲无聊的时候选择上网，97%的80后经常通过QQ的方式与朋友联络，69%的80后尝试过网上购物，95%的80后遇到不懂的问题会上网找答案，他们的政治观是用互联网的方式说话，商业观是想说创业不太难，生活观是生活需要搜索一下，情感观是网上分享交流”②。

网络流行语的一个重要的诞生条件是中国社会公民意识的觉醒与中国转型期的社会现实。网络的发展为公民提供了前所未有的表达渠道与空间，以其覆盖范围的广泛、信息传播的速度、进入成本的低廉大大提升了个人获取信息与表达意见的能力。而随着网民人数的不断扩展，网络信息的来源渠道也得到几何级数式的扩展，网络具有传播媒介的交互性与共享性，成为网民进行讨论建言的良好平台。迅速的信息发布和便捷的意见交流，网络之上得以形成约翰·弥尔顿（John Milton）所说的“观点的自由市场”，而网络流行语则正是伴随这一过程，在这一平台生长出来的语言现象。

对于流行语的考察来说，更值得关注的可能应该是社会和现实的这样两个方

---

① 郭玉锦，王欢．网络社会学．北京：中国人民大学出版社，2005.

② 80后网络生活调查报告．信息时报．2009－03－08.

面：一定社会现实中最为公众关注的焦点问题，以及普通民众操控语言的审美驱动和趣味所在。正如辛仪烨所指出："一种语言项目之所以会成为流行语，或者是因为一定历史阶段中的社会环境赋予了这些语言项目以特定的意义成分。"例如"宣泄了该阶段公众久受压抑的社会情绪、表达了他们的当下处境以及面对这些处境时的群体感受"，"共鸣了他们深层的心理需求、唤醒了他们潜在的精神期盼、明确了他们对一种生活方式的向往和追求"等[①]。或者是因为这些语言项目恰是当下社会语言审美趣味的集中体现，是人们在现代社会的压力下，在一种"娱乐、游戏的心态"中把玩语言的结果，甚至是在"求新求异、彰显个性"的目标追求下大众语言智慧的释放。

心理学家梅厄斯在《社会心理学》一书中指出："群体极化就是指群体成员中原已存在的倾向性得到加强，使一种观点或态度从原来的群体平均水平，加强到具有支配性地位的现象。"也就是说，个人的观点在群体里会得到加强和放大。因此，网络用语一旦诞生，就会以无法预知的速度迅速传播开来，成为网络流行语。因为网络使个人迅速地群体极化，个人在接受他人信息轰炸的同时也在用信息轰炸他人，最后很多人的声音就会渐渐汇聚成一种声音，从而加速了特定语言符号的传播。"给力"一词从网络到现实的爆红就是最典型的例子。网络流行语多是一种自下而上的群体性传播，从人际传播上看，网络流行语多是由年轻人向中老年群体的一种传递性传播；从传播载体上看，网络流行语是由网络媒体向传统媒体的一种占领性传播；从文化层面上看，网络流行语折射的是大众文化、草根文化对精英文化的一种消解式传播。网络流行语来自普通大众，但在现实生活中却影响深远。

从某种意义上说，流行语的传播实现了对"精英文化"模式的改造。以精英文化为社会主流文化的传统文化传承绵延了数千年，直到媒介变革时代的到来，一夜之间就被改变了。流行语作为媒介传播的重要部分，来源于大众的智慧，归于"主流文化"的梳理。流行语专注的是个性化的表达，更多代表的是平民文化或者草根文化对主流文化的一种质疑与反思。流行语之所以流行，必须经历媒介传播的诸多特质，如与"精英文化"相悖的平民传播主体、浓缩的传播内容、追新求奇的表达效应、短时间内必火爆的特质等要素，虽流程上一反

---

① 辛仪烨，流行语的扩散：从泛化到框填——评本刊2009年的流行语研究，兼论一个流行语研究框架的建构．当代修辞学，2010（2）.

“精英文化”模式，但因传播主体与受众已有文化底蕴的制约，能够“流行”的部分一定是民族文化和人们内在精神特质的集中体现，也必定被主流文化认同，与精英文化相容。从这个意义上说，“流行语”从客观上表现为大众文化在媒介领域的传承、移植和普及，是“精英文化”的另类诠释，实现的是“精英文化”的普及化，是自下而上的文化传播。

网络信息传播以其双向性、互动性和自由性等特性成为网民体现个性意识、创新能力与表达欲望的平台。网络流行语是网络媒介的产物，它纷繁多样、千奇百怪，更迭之迅速是其他种类的流行语所不能及的。

（三）大众媒体的推动

2010年11月10日，《人民日报》头版头条刊登了题为“江苏给力‘文化强省’”，引起人们的广泛关注和讨论。新浪新闻中心随即发布新闻“网络词汇‘给力’上《人民日报》头版头条标题”，2010年11月15日《评论周刊》刊登文章“‘给力’一个时代的主题”再度讨论了《人民日报》头版的“给力”。如今我们在百度引擎输入“给力”，搜索结果就可以达到十几页。“给力”一词当之无愧地被选入年度新词语条目。网络和生活息息相关的今天，“秒杀”、“潮丐”、“淡定哥”、“淡定姐”、“团购”等充斥着人们的生活，“微博”、“BBS”成为人们畅所欲言的平台，也对网络流行语的产生和传播起了巨大的推动作用。

大众传媒技术在20世纪末的超强发展，使许多词汇的传播得到了技术支撑。大众媒体构成的全方位的信息覆盖网，极大地满足了人们的创新期待，也使得词汇的形成因刺激而变得非常敏感。这就为主客双方各自的“需求—供给”结构提供了扎实的信息保障。网络流行语层出不穷，媒体无疑是最有力的推动者和传播者。无论是受经济利益的驱使还是自身发展的推动，大众媒体对待网络流行语一向态度温和并助其发展。大众媒体所带来的信息时代，更新了社会联系和交往的观念与方式，人们的交流突破了时空的限制，可以在瞬间把某个信息传送到遥远的地方或广阔的领域，实现大范围、远距离的信息共享，这便给新词的传播提供了畅快的通道。

立足传播学视域，从人类社会传播发展的漫长历程来看，作为传播主体的社会个体和群体的传播权虽然与人的其他诸多社会权利一样共同伴生于社会本身，但传播主体重要性的显现却有一个历史过程。客观地说，以信息的获取和表达为核心要义的传播权，只有在信息本身成为传播主体重要的社会资源并与其日常生活紧密关联时，才可能凸显为人的基本权利。所以，在公共危机事件的处置过程中，传播本身便是极其重要的处置力量。相关职能部门和媒体，可以利用强烈的信息需求把公众从最初不知所措的心理恐慌中引导到以自主参与为主的积极的信息传播活动中来。这种参与包括对流行语的主动获取和主动传播两个方面。在当前这个信息技术日新月异的时代，无论是网络还是基于数字化技术的其他新媒体，都给予了人们充分的传播权，一旦遭遇超乎寻常的传播需求，人们对于传播权的实现就会产生强烈的需求。

（四）社会热门事件的影响

流行语的产生在很大程度上反映了年度的热点，具有鲜明的时代特征，折射出大众关注的焦点问题。社会上每年都会出现很多具有争议的事件，随着人们权利意识的提升、大众传媒时效的提高和网络普及范围的扩大，愈来愈多的人会积极参与到社会问题的讨论中来，探求事实的真相，抒发内心的情感，发挥主体的作用。伴随着热点事件，许多网络流行语就应运而生了。

“楼脆脆”。2009 年 6 月 27 日清晨，上海市闵行区“莲花河畔景苑”楼盘工地发生楼体倒塌事故，造成 1 名工人死亡。这一事故被网友戏称为“楼脆脆”。这一事件发生在寸土寸金、楼价每平方米高达近两万元的上海，引发了网民对房产质量的质疑和担忧。其后屡被曝光的房屋和桥梁的建筑质量安全问题，加“楼歪歪”、“路裂裂”、“桥粘粘”、“桥塞塞”等命名，均由此而来。

“山寨”。2009 年流行的“山寨”一词源于广东话，原指一种由民间 IT 力量发起的产业现象，其主要特点是仿造性、快速化、平民化，主要表现形式是通过小作坊起步，快速模仿成名品牌，涉及手机、数码产品、游戏机等不同领域。这种文化的另一方面则是善打“擦边球”，经常行走在行业政策的边缘，因而往往引起争议。如今，什么都有“山寨版”了，还有网友在网络上贴出了“山寨鸟巢”的图片，“山寨文化”已经深深地刻上了草根创新、群众智慧的烙印，是当之无愧的中国式山寨。此后“山寨”的语义逐渐发生变化，增加了许多义项，除了用来指假冒产品以外，还可指“民间的”、“非正式的”。

“躲猫猫”。起因是云南省晋宁县看守所发生的一起死亡事件。据当地公安部门通报，24 岁男青年李乔明在看守所中与狱友玩“躲猫猫”游戏时头部受伤，后经医院抢救无效死亡。这一事件经媒体报道后，在网络上迅速发酵，众多网民纷纷质疑，一群成年男人在看守所中玩小孩子玩的“躲猫猫”游戏，听起来就非常离奇，而这种“低烈度”游戏竟能致人死亡，就更加令人难以置信了。于是，一场以“躲猫猫”为标志的舆论抨击热潮迅速掀起，“躲猫猫”也成为 2009

年度网络流行语。

“俯卧撑”。在瓮安“6·28”事件发生后的第三天，贵州官方召开新闻发布会通报事件真相。通报描述事发当日的情景，当事人李树芬准备跳河寻死时，其好友刘某止在桥上做俯卧撑，“当刘做到第三个俯卧撑的时候，听到李树芬大声说‘我走了’，便跳入河中。”后来“俯卧撑”一词就用来表达对时事不关心、不评论，只做自己事的态度。此时流行语不再是网络或是社会当中频繁使用的词语，而已经成为具体事件的代名词，进而演变成某一类情况的代言词。

近年的网络流行语都与社会热点问题有关，较真实地反映了社会现象，表现出很强的时代性，几乎网罗了社会政治、经济、文化层面的各个热点问题。“曲线回家”、“双非儿童”、“活熊取胆”、“向钱葱”、“杜甫很忙”、“失独者”等词语都是2012年因社会热门事件产生的网络流行语，这类词语都是根据事件来命名的。“曲线回家”一词来源于一位白领在春运之时采取先“借道”曼谷，后转机回家的事件；“双非儿童”是指内地孕妇到香港生的孩子（父母均不是香港人）；“活熊取胆”已经形象地把这个事概括出来了；“向钱葱”反映葱价贵，跟“豆你玩”、“蒜你狠”同属一个系列；“杜甫很忙”是一组对中学课本上杜甫插图的“恶搞”涂鸦；“失独者”是对失去独生子女的父母的称谓。

流行语带给人们丰富多彩的乐趣，网络热语“贾君鹏，你妈妈喊你回家吃饭!”由网络催生，起初在网络游戏魔兽玩家中广泛流行，而后通过论坛、博客、群组等平台广泛传播，引申出一系列活泼生动的话语，如“贾君鹏，你妈妈喊你回来喝茶!”“贾君鹏，韦伯喊你来学英语!”等。“贾君鹏”瞬时也成为流行词。再如“剩女”、“白金汉”、“单贵女”一类人更是催生了一个行业，即相亲行业的诞生，以江苏卫视“非诚勿扰”为典型，继之以其他电视频道此起彼伏的相亲节目，丰富了人们的生活，同时也标志着一个新的婚恋观时代的到来。

网络流行语已在不知不觉中潜入我们的生活，给我们带来了各种不同的真切感受。如“你幸福吗?”配上“我姓曾”这样的答复，让我们在捧腹大笑的同时进一步思考人生；“累了，感觉不会再爱了”让我们在抒发受挫心情的同时，进一步思考现阶段年轻人的感情生活观；“江南Style”在掀起全城热舞的同时，让我们进一步思考新一代活力与动感相结合的生活方式……这些耳熟能详的网络流行语，其背后都有着值得深思的意义。

## 二、网络流行语的特点

网络流行语最初是网民间用于交流的、约定俗成的用语，后逐步演变为网民对中国社会某些事件总结出的流行语言。早期的网络流行语主要表现为词、符号或固定短语。近年来，特定的句式或文体也可作为网络流行语，并有愈演愈烈之势。网络流行语主要有如下特点：

（一）创新性

在网络流行语形成与发展的过程中，离不开多数网民的改造与传递。而这些网络语言的形成，在一定程度上抛开了汉语语法的束缚，因此在创作过程中具有极大的开拓性。随着网络流行语在基本模式上的不断衍生，其在语用上必然突破传统的束缚，打破原有的结构，出现许多新的用法。如“雷”本是名词，而网络流行语中，人们有“雷图”、“雷剧”、“雷艺术”的用法，将“雷”用作形容词，强调夸张、奇特、令人咋舌甚至令人不舒服的感觉。“杯具”本是名词，意指盛水的器具，而在网络流行语中，“杯具”表悲剧义，即“主观地表示不如意，不顺心或者失败，或者是委婉地对别人表示某方面的不满，主要靠意会，一般戏谑的味道比较强”（转引自百度百科）。从传统语用上看，副词应修饰动词或形容词，名词前往往是数量词或形容词，而网络流行语“萌翻了”、“雷倒众生”这样的表达则变成了“形容词 + 动词”的形式。诸多打破传统语用的网络流行语表达方式陆续产生，如“拼 Y”。前几年曾流行“拼 X”，如“拼车”、“拼房”、“拼餐”、“拼旅游”等，这个“拼”是“拼盘”的“拼”，取其“搭配、合伙”义。但如今流行的“拼 Y”，却是取其“比拼”义，由此而产生“拼爹”、“拼叔”、“拼学历”、“拼人品”、“拼关系”等词。

（二）简洁性

简洁性包括两个方面。从网络流行语自身来讲，由于它是现代社会网络社交环境中的交流用语，与日常交际联系十分紧密，这使得那些用词精练、输入方便、传播快捷的用语备受推崇。从传播速度来看，随着新兴自媒体如微博的发展，网络流行语的传播往往以几何速度增长，一个新生的流行语会借助新兴媒体迅速普及。网络流行语多是根据现代汉语的发音音译而来的，如“大虾”代替“大侠”、“河蟹”代替“和谐”、“驴友”代替“旅友”。其次，在一些网络流行语中，人们习惯用简单的字母缩写代替文字，如“MM”代替“妹妹”、“GG”代替“哥哥”。再次，一些网民在聊天的过程中，喜欢用数字来表述自己的观点，如“775”表示“亲亲我”，“88”表示“再见”。此外还有“晒幸福”、“给力2011”、“非常2+1”等。“你懂的”，简单的三个字，其内涵、所指都不明确，不用解释却有不言而喻的功能，代替了千言万语。又如“此处省略一万字”，更是给人留下了充分的想象和发挥空间。用最少的词汇表达出最为丰富的意义和内涵，其表述上的经济性、创新性和随意性也促成了流行语在人们日常生活当中使用频次的不断提高。多样的构词方式和表达形式使得网络流行语富有强大的生命力，因此得以不断传播、扩散，形成庞大的、有规模、有层次、有迹可循、由点及面的扩散网络，使网络流行语独具强大的能产特性。

（三）生动性

在网络世界中，人们能够通过相应的表情来表述自己所要陈述的观点，由此产生了相应的网络表情及网络符号。这些言简意赅的网络表情或符号，不仅能准确地表现人们的心情或情绪，同时还在一定程度上提高了人们的打字输入效率。例如，在聊天过程中，要形容人被什么事情打败了，可以使用“OTL”。“OTL”最早始于御宅族交流中，指对本应该了解的事情而不了解，做形象的低头下跪的动作，用这样的动作表示会牢牢记住的，下一次绝对会提前做好功课。在网络传播过程中，“OTL”出现了衍生体就是“Orz”，据说最早被某餐厅使用并衍生出失意、体前驱的意思。“Orz”指“我（O）认（r）栽（z）”，表示被事情打败或者郁闷之后的动作。用生动化和形象化的词汇展现心情，可以和聊天对象快速共鸣，带动聊天的情绪，因而受到了人们的欢迎。生动形象和诙谐也是网络流行语的一个特点，它迎合了年轻网民信息娱乐化的潮流，也格外受欢迎。例如，“恐龙”、“青蛙”、“菌男”、“霉女”，这四个词是网络世界对男性和女性的称呼：“恐龙”原指已经灭绝的大体型动物，此处指相貌丑陋的女子，贬义；“青蛙”是个中性词，指男性；“菌男”、“霉女”系“俊男”、“美女”的谐音，但表达相反的意义。由于网络的平等开放性，民众可以在网络上发表自己的想法，网络流行语就这样逐渐形成于看似松散的网络交际中，具有显著的生动性。

（四）奇特性

网络流行语的奇特性主要表现在网络流行字的创造上。网络流行字，顾名思义就是在网络上流行的文字，是网民们约定俗成的表达方式。

囧：读音 jiǒng（窘），意同“Kuso”（日语“粪”的发音）。起先是教游戏玩家如何把“烂 Game 认真玩”的意思，后来经台湾传入大陆，经过次文化的改造和推广，渐渐演化成“恶搞”之意。

煋：读音 xīng，原义指火光四射，而进入互联网之后，被网民用其替代“火星”一词，意指跟不上节奏，与时代脱节。最初网民看到一篇很旧的转载文章，会说“楼主您火星来的吧？”发展至今，类似内容的回帖常以一个“煋”字代替。

雷：读音 léi。在网络语言中，“雷”可以说成是受到惊吓，通常指在不知情的情况下，误看了自己不喜欢的内容，就会感觉不舒服。比如说看同人文的时候，你支持一种 CP，却不小心看了另一种配对的文，你就被雷到了。

烎：读音 yín。起源于游戏家族，是游戏玩家们创造出的一种全新的文化现象。它的网络义最初出现在 2009 年联想 IEST 某场 DOTA 对决的赛事中，在 IEST 大师赛预选赛中，出现一支自称“烎之队”的比赛队伍，向知名 DOTA 战队发起了“开火”的宣战宣言，“烎”立刻成了游戏玩家的口头禅。因为“烎”即为“开火”，既传神，又达意，妙不可言。

靐：读音 bìng。网络流行字，三个雷叠在一起，指太雷了（程度比雷更深），用法同“雷”。

除以上特性之外，网络流行语还具有优先性、经济性、文化性、趣味性等特质，因其并非网络流行语的最具代表性的特性，故在此不作详细阐释。

（五）文体性

“网络文体是指起源或流行于网络的新文体，指在网络聊天、网络论坛、各类 BBS、微博及网络文学中出现的，具有特定词汇、句式或韵律特征，并表现出特定风格、情感、气氛的网络语言形式。通常是由于一个突发奇想的帖子、一次集体恶搞或者是一件热点事件而产生。网络文体一般形式自由，特点鲜明，在一段时间内会引起较高的关注度。”网络流行体最初在网络上流行，其实质是一种“句式仿写”，因饱含新鲜、时尚、娱乐的因素而备受网友追捧。

近年的网络流行语中，有一种比较突出的网络新文体，这种文体都有一个规律性的名字，就是“××体”。网络本来就拥有一个轻松随意的环境，因此在网络上流行的文体格式也是自由、不定型的。这种“××体”产生之后，往往是通过模仿而流传开来的。网民们发挥自由丰富的想象力，结合当下的社会实情来表达自己的言论。在某种文体流行的一段时间内，网络上各种模仿的句式随处可见，上至名人下至路人都可以成为围攻与吐槽的对象。历年来，“××体”的网络文体数不胜数，下面是近三年“××体”的具体概况：

2010 年　凡客体、回音体、QQ 体、羊羔体、亲密体、剑雨体、乡愁体、投身体、红楼体、亮叔体

2011 年　撑腰体、咆哮体、唤醒体、淘宝体、陆川体、见与不见体、TVB 体、Hold 住、青年体、方阵体、丹丹体、私奔体、子弹体、赵本山体、高铁体、大概体、膝盖中箭体、方阵体

2012 年　德纲体、眼中体、芒果体、高晓松体、忍够体、明星体、韩庚犀利体、三省体、暴打分手体、自言自语体、大抵如此体、深夜体、生活体、海燕体、合并体、惆怅体、甄嬛体、思考人生体、元芳体、玛雅体、财神体、切糕体

以“××体”为名的网络新文体，以其新的语气及表达方式，冲击着文坛的传统文风。这种网络新文体目前还没得到主流文坛的认可，捧场的往往是草根阶层。网友们极高的创造力与想象力使得各个版本的“××体”迅速发展，读起来更是朗朗上口，让人忍俊不禁。网友笔下的“××体”并不是简单的抄袭，而是用这种流行文化给自己争取话语权，是跟风，也是创新的体现。“××体”这种网络新文体在 2012 年的网络流行语中占有非常重要的地位。从 2010 年到 2012 年的发展来看，这样的新文体呈上升趋势。空间、博客、微博等一系列网络交流工具的推广与普及为网络新文体的发展提供了便捷的平台。

从构式语法（construction grammar）角度看，这类“××体”尤其是模板类的各种“××体”实际上是一种限定组合结构的特定语篇。而所谓的“凡客体”、“见与不见体”、“私奔体”等流行体的原版，也就是一个个原始的模板（template）这类语篇可以称为固定模板的文本转写，因为这些流行体形式相对固定，在一定范围内享有知名度，且社会认可度高，因此模仿转写起来十分方便，人们也频繁跟风。同时，因为人们可以结合自己的情况，在不同时候对不同的社会热点事件进行概括总结，因此模板的创新度高，新模板层出不穷。由此看来，这类语篇文本转写的最大特点就是结构形式固定、语义内涵多变。

在语言构式理论中，一个构式（construction）可以是大到句子小到语素的任意大小的结构。但是关于构式的研究，目前只到短语为止，构式义仅限于词与词组合形成的结构。而“××体”不仅限于结构，还扩大到以结构组群为基础的

微型语篇中。“爱××，也爱××，不是××，不是××，我是××不×不×”；“你×或者不×，××就在那里，不×不×”。诸如“爱××，××就在那里，××××，××××”等一个个拥有特定语义的语篇模板，实际上也是一个个构式。所以，我们不妨把这些“××体”看作一个信号，一个构式理论尝试向语篇进军的信号。

从触发机制和来源看，网络流行体大都来源于电影电视、广告作品、社会新闻事件、名人微博、社交网站或网络论坛等受众数量大、影响力大的强势媒介。从发展趋势看，网络流行体作为网民娱乐大众、宣泄情绪、表达意见的一种网络语言形式，或插科打诨，或戏谑诙谐，或嬉笑怒骂，在网络世界里方兴未艾、遍地开花，呈现出一种“你方唱罢我登场，各领风骚数十天”的发展态势。

由于网络生态异常复杂，不可避免会出现泥沙俱下的现象，网络流行体中同样存在泛娱乐化、低俗化、过度阐释、语言暴力等问题。在当今多元化的社会和文化状况下，我们对网络流行体应多持宽容、开放的态度，本着因势利导的原则发挥其有利的功能，抑制或疏导其不利的方面。

对于这种网络新文体的评价，自其诞生起就褒贬不一，但不管舆论如何，都无法阻挡它的发展。百花齐放的网络流行语体，正是后现代文化的体现。按照网络语言有自身的发展规律，网络流行语体折射出了这个时代网民的社会诉求与心理，其未来的发展轨迹也必然越来越与时代的需求和发展相契合。

（六）隐喻性

隐喻是把一个认知域的概念（来源域）投射到另一个认知域（目标域）的一种认知方式，本质是一种相似性。现代语言学认为，隐喻普遍存在于我们的生活中，人类的概念体系从本质上讲就是隐喻性的。就语义泛化的词语范围和原因而言，任何一个词语都潜存着发生语义泛化的可能性，而泛化发生在哪些词语上是无法从语言自身求得解释的，唯一的理由就是社会背景的选择。如今有许多行业用语和术语通过隐喻产生新义而成为流行语。例如，“跳水”本是一种体育活动的名称，其特点是绝对高度的急速下降。近来人们常用跳水的这一特点来形容某种程度的绝对值下降。它首先被应用在股市中，成交价格的大幅下降被称为“跳水”。后来其应用更加广泛化，还被用来形容价格或者楼市成交量等的短期走势。“克隆”从生物学领域投射到了日常生活领域，它原指“生物体通过体细胞进行无性繁殖，复制出遗传性状完全相同的生命物质或生命体”，现隐喻为复制。

如今很多流行语的构成方法已经超越了传统的构词法，不能用传统的方式来解释其意义。大量的流行语汇中都含有隐喻的认知因素，即通过熟悉的、旧的认知域向不熟悉的、新的认知域的投射而形成流行语义。隐喻是人的思维方式和认知手段，概念隐喻理论认为隐喻是从一个具体概念域向一个抽象概念域的系统映射。许多网络流行语的产生就是源自隐喻的使用。“雷”最初是指一种自然现象，如今，作为网络流行语，它通常是动词，“雷倒”、“雷人”，指看到某种令人惊讶的事物，感觉犹如“被雷击中”一样。因此，自然界的打雷现象和由于雷声、雷击产生的恐惧、惊恐感受从一个概念域映射到了另一个概念域，形成隐喻。同样，“浮云”的基本义是飘浮在天空中的云彩，在网络语言中，它用来表示无实际意义、虚无缥缈、转瞬即逝的事物。将云的虚无缥缈、飘忽不定投射到了现实生活中的事物上，以隐喻拓展了词义。此外，运用隐喻的词语还有“山寨”、“打酱油”等。

隐喻在日常生活中是无处不在的，人们赖以进行思考和行动的日常概念系统在本质上也是隐喻的。人们往往参照其熟知的、有形的、具体的概念，来认识、对待无形的、难以定义的概念，从而形成了不同概念之间相互关联的认知方式。例如“蚁族”这一隐喻构词法中的两个对象，“蚂蚁”和“处于城市边缘的低收入大学毕业生群体”之间本来属于两个相似性不十分明显的群体，但是又有一定的相似性，这种似与非似正好可以作为相互的隐喻，即数量多、群居、地位低、力量弱等。因此，用“蚁族”来隐喻这类城市的边缘群体就有了很好的表达效果。“蜗居”也是如此，“蜗牛壳”与“房子”是两个具有一定相似性的事物，都属于居住空间，因此，当把人们居住的房子之小比喻成“蜗居”时，就不显得生僻难懂，人们会马上联系到“胶囊公寓”这类狭小的居住空间，因此就很容易理解其隐喻义。

隐喻、转喻及相似性理论作为认知语言学中的重要理论，体现了人类在认识世界过程中与客观世界互动的思维模式及认识世界的方式。从认知的角度研究流行语的产生和认知过程，有助于我们更好地理解人类的思维方式。在流行语产生的过程中，不同认知域的跨域映射，同一认知域中的凸显性及在语言与客观事物的相似性基础上的心智体验，是流行语产生的认知基础。流行语的产生也是人类在与现实世界的互动中，人类思维对客观事物的主观反映。从隐喻角度对流行语的认知阐释，丰富了认知语言学理论的应用性研究。

（七）扩散性

随着新兴流行语的不断演化，其语义也不断泛化而得以扩散开来。流行语在不断扩散的过程中，也呈现出一定的规律性。流行语的扩散特性是由其造词方式和传播方式所决定的，其扩散性主要体现在两个方面：一方面是语言本身衍生机制下的语内扩散，另一方面则是文化扩散。网络流行语在不断传播和使用过程中，出现词性上的变异，并且表达更多的词义、语义来迎合人们求新求异的心理特征。如前所述，在网络流行语语内扩散的过程中，“雷”不仅由名词词性演化为形容词词性，还衍生出了动词的词性，如“雷人”、“雷倒”、“雷爆了”。随着流行语“雷”的扩散，其语义也逐渐稳固下来，进而回归到名词的用法上来。当然，此时的“雷”不再仅仅是指自然现象，而是扩散成为了能够指代酷、炫、搞、怪、夸张的事物或震撼人心的事件的名词。在语词的演化过程中，词语由其原始意义慢慢衍生出丰富的、迎合时代特征的语义表达，并逐渐发生词性转变，实现该词在语内的扩散，使该词得到更加广泛和频繁的使用。网络流行语的扩散还表现在文化扩散上。网络流行语流行的时间短、频度高、范围广，可以在短时间内迅速并高频次地传播，一天的使用频次甚至可达数万次，覆盖社会、文化、生活、科技等各个领域。仅以 2011 年十大网络流行语之一的“坑爹”为例：在百度引擎上搜索，截至 2012 年 2 月 18 日，“坑爹”出现频次已高达90 800 000次；其使用范围涉及社会新闻、学术研究、书刊评论、电子商务、时事政治、休闲娱乐等诸多方面。在短时间内，网络流行语“坑爹”迅速扩散，并且其使用不再仅仅局限于网络，而是波及整个社会文化，涉及各行各业。在人们感叹“坑爹”时代的来临时，也从侧面体现了当下人们对现实生活的一些不满情绪，体现了人们在精神状态上的变化。

（八）符号性

由于网络是一个虚拟的空间，人与人之间还不能够实现面对面的交谈，所以一些字母、数字和特殊符号的组合就被用来表达喜、怒、哀、乐等情感。由于这些符号组合形象生动，被大多数人所接受，所以约定俗成地发展为网络语言中一个重要的补充体系。

## 三、网络流行语的功能

从功能主义的角度来看，每一种社会现象的背后都包含着两个方面。根据该社会现象影响的积极性来看，可以分为正面积极的影响和负面消极的影响，分别简称正功能和负功能；根据影响的表现形式来看，可以分为显功能和潜功能，即显在的已经表现出来的和潜在的未预知的功能。从唯物辩证的角度出发，网络流行语具有双重性特征，也就是说它既有自身的优点，也存在一些不足之处。总体来说，网络流行语具有创新性、幽默性、生动形象性、简洁便利性、新鲜独特性等优点，为汉语言的发展注入了一股新鲜的活力，丰富了人们语言交际的形式。网络流行语对网络社会、现实社会的影响及对网民公民意识和行为的影响，在舆论监督、民意表达、推进民主、安全阀作用等方面有其正功能，对人们更好地进行表达和交流起到了积极作用。

网络时代的发展推动着社会语言姿态万千的“创新活动”，网络语言既吸收了传统语言的精华，又突破了传统语言的桎梏，不断丰富和补充现代汉语体系，影响着传统汉语的使用并逐渐成为备受关注的汉语使用形式。网络流行语广泛的传播使其变成人们日常交流中不可或缺的一部分。《2010 年中国语言生活状况报告》指出：“近年来，越来越多的传媒在其语言文字中加入热词、热字、流行语，愈演愈烈，以此保持自身站在语言趋势的前端。”任何事物的发展都不可能单靠继承，现代汉语已逐步迈入吸取“草根”一族所使用的流行语的时代，网络流行语的制造者——广大民众已成为名副其实的“造词家”。

网络流行语有着高度形象化的特点，从美学的角度看具有幽默性，从词汇的角度看具有丰富性，从语用学的角度看富有时尚性，而从符号学的角度看则富有象征性。如此多样的特性，使网络流行语不断丰富着现代汉语的表达。纵观2012年的网络流行语，很多都丰富了现代汉语的表达。如“赞”、“走你”这类词语，让人在听到的同时会想到其图片标志：“赞”让人想到的是竖起大拇指称赞的图片，“走你”则让人联想到迈开脚步，身体前倾，手指向天的指定动作。这些文字与图片相结合的方式，使现代汉语不仅仅局限于文字，而是升华到“图文结合”的境界，让人耳目一新。

当然，很多人对网络流行语表现出的担忧也是与网络流行语自身存在的一些缺陷密不可分的。有些网络流行语晦涩难懂，给具有一定年龄差距的人们之间的沟通带来了障碍，经常会有些父母或长辈无法搞明白孩子口中的网络流行语的意思。更有一些学生将网络流行语用于作文写作之中，引发了老师对汉语纯洁性的担忧。2012 年“屌丝”一词异常火爆，却落选《咬文嚼字》评选的十大网络流行语。有关专家称该词粗俗不雅，格调不高。该词由骂人的脏话“屌毛”演变而来，现多为讽刺和自嘲用语，是形容与“高富帅”相对的“矮矬穷”这一类人。相对于“屌丝”最初的用法，现在已经发展为一种社会性的自嘲现象。网络流行语在传播的过程中夹带着人生观、价值观，如“白富美”就该选“高富帅”，“屌丝”及“矮矬穷”就活该被忽略、不被重视，这种社会心态也是在向金钱与荣誉靠拢，是赤裸裸的“拜金主义”的体现。这将会影响到广大网民特别是年轻人的人生观、价值观，对社会主流文化带来冲击。另外，有些网络流行语比较低俗，比如缩略语形式的“WBD”表示“王八蛋”、“蛋白质”表示“笨蛋+白痴+神经质”等，这些不文明的网络词语对一些难辨优劣的未成年人造成了不好的影响，应加以规范。

## 四、网络流行语的规范

### （一）语言层面的规范

1. 语音规范

语音规范主要是指流行语的发音要符合普通话的语音规范。流行语中存在大量谐音类流行语，这类流行语一般是通过随意改变普通话标准发音而重新创造的，如“有木有”、“灰常”等。这类流行语在有些场合如广电媒体中使用是不规范的，尤其是在广播媒体中，由于缺乏字幕的参照，听众对此类谐音式流行语的认知较为困难，影响理解。流行语特别是网络流行语中经常出现数字谐音代替相应汉字，读音混乱，同一个数字表示不同的汉字，比如8在“886”（拜拜了）中读“拜”，在“880”（抱抱你）中读“抱”，在“687”（对不起）中读“不”。数字谐音造词的基础是现代汉语词语，纯数字的表达形式一般没有任何意义，这种数字谐音造词方式层次不高，理解起来较为困难，偶尔用一次会觉得新鲜，若数字漫天飞舞，就会令信息接受者头痛不已。我们应该加以整理，总结出被多数人认可和接受的数字谐音代替字。

2. 文字规范

《中华人民共和国国家通用语言文字法》规定要“推行规范汉字”。规范汉字是指国家有关部门发布的经过简化和整理的字表规定的现行汉字，而不规范汉字既包括不符合国家发布的汉字整理字表规定的汉字，如已经简化的繁体字，已经整理的异体字、旧字形等，也包括写错或读错的错别字。在流行语中，汉字的使用失范主要表现在：汉字繁简的滥用，汉字笔画、偏旁部首的拆分与组合，同音字、同形字的替换这三个方面。绝大多数网民上网聊天普遍使用拼音输入法，为了打字更快，经常写错别字，久而久之就约定俗成了。例如，把“我”写成

“偶”、“你”写成“泥”、“这样子”写成“酱紫”等。对于此类现象，我们不能完全限制，可以个人私用或者作设计之用，而在规范的书面语中，则要严格按照标准汉语书写汉字，促进汉字文化的发展。

3. 词汇规范

流行语中有一些生造词，如“呕象”（呕吐或殴打的对象）、“月光女孩”（每个月都把工资花完的女孩）等。对于新出现的生造词，造得好不好、规范程度高不高，可以从语义、构词、语音、使用频率和范围、社会文化等多方面来分析并评判。对新生词语的产生和“入境”，要注意词汇的规范，好的网络生造词可算作“新词语”的范畴，如“网虫”、“网友”、“防火墙”、“黑客”等，由于其使用频率高，构造符合语言规范和社会习惯，容易被人接受，可以把它们纳入常用或基础词汇库。同时，由于新老网民在网上有着不同的语言状况，应坚持分层次规范的原则。官方大型网站用语要严谨、规范、准确，而个人网站主页则可使用网言网语，网上的公告、消息、新闻用语应从严要求，对聊天室的语言则可适当放松。

4. 语法规范

随着网络的普及，网络给现代社会中的人提供了一个调侃的平台，可以让人们适度地宣泄一下内心的压力，这也成为现代人不可缺少的自我调节方式。程度副词+名词（如“很女人”、“很风景”、“很书本”等）这种充满着创新活力的新语言具有很强的游戏色彩和戏谑风格，其活泼可爱的表达方式拉近了网络交流者之间的距离，颇受年轻人欢迎。我们不能简单地把这种格式说成不好，至少要看看它的发展。要注意的是，在网络语言中还流行着一些“特殊句式”，这些句式一般不会出现在规范的书面表达中。比如语序倒装，如“台词抢我”（抢我台词），这类倒装完全是斗嘴时玩弄的一种文字游戏，没有任何意义，起不到强调作用或其他方面的作用，只是网络上语言使用混乱的表现。如果这种奇特表达被迁移到规范的书面语中去，就有可能导致语言规范发生变化，影响到语言特质，所以应尽量限制这类语言现象的发展和传播。

5. 语体规范

语体是为了适应不同的交际需要而形成的语文体式，是修辞规律的间接体现。根据交际目的的不同，语体可分为公文语体、科技语体、政论语体、文艺语体等，前三种语体样式要求语言表达准确、严肃，而文艺语体的语言表达相对比较活泼、轻松。新媒体流行语本身都带有一定的语体色彩，因此在运用新媒体流行语时必须考虑语体规范。例如，“亲”等新媒体流行语只能出现在文艺语体中，而不能用在公文语体、科技语体和政论语体中。也就是说，在湖南卫视《快乐大本营》等娱乐节目中使用“亲”是较为恰当的，而在中央电视台《焦点访谈》等政论节目中使用就较为不妥。

6. 时效性规范

新媒体流行语具有时效性的特点，已经过时的流行语不宜在当前使用。例如“雷人”是2008年的新媒体流行语，如果广电媒体主持人在2012年还使用，就会失去其时效性，幽默感和新鲜度也会大幅下降，从而影响表达效果。近几年央视春晚的语言类节目常常受到网友非议，指出在部分节目中使用的流行语往往是已经过时的，降低了小品的语言效果，甚至还弄巧成拙。此外，“楼脆脆”、“范跑跑”这类流行语具有较强的事件背景关联性，在使用时，如果没有联系具体事件，或是时间已久，事件不再是社会焦点，受众就无法从流行语本身得知其内在含义，因此也无法很好地理解这些流行语使用时所具有的深刻含义。

（二）制度层面的规范

1. 动态与静态相结合

事物不是一成不变而是不断发展的，网络语言就是现代汉语在网络里的一种延伸发展。网络语言基于网络超时空、超地域等特征，是目前语言系统中最活跃的一部分。对于网络流行语这一“运动”的语言，就要采取动态的规范，主要表现为要站在网络语言发展的前沿，积极主动地关注语言生活，对新兴的语言现象进行快速分析和评价，同时选择并推荐具有代表性的语言来满足交际需求。而对于这些新产生的网络流行语，不必急于规范，应先交给语言本身进行调节。特别是信息量较大的网络语言，很多都如昙花一现，出现不久就会被淘汰。另外一些流传下来并被广泛接触的，才会成为网络流行语。针对这些流传下来的网络流行语，专家学者们可对其展开研究并归类，再建立相应的规范措施，如编纂网络词典，把相关词语收入在线词典或字典里，出台相关使用规定等。这种把“动态”语言记录下来使之成为“静态”语言的过程，是非常有必要的。静态的规范实际上是对某个阶段网络流行语的一种认可，给广大群众起到一种参考、指导的作用。

如今每到年底，各种关于年度“十大网络流行语”的评选活动让人耳目一新，不同的榜单出台的流行语都不一样。2012年由《咬文嚼字》编辑部发布的“十大流行语”中，“正能量”居于首位，“屌丝”一词却不在其中。这些榜单，大致汇集了一年来最有代表性的流行语，是“动态”词语的一次“静态”体现。这种动静结合的方法，是规范网络流行语的一种科学且有效的方法。

2. 合理监控与科学引导相结合

自由开放的网络环境给广大人民群众提供了一个畅所欲言的平台，也正因为网络环境的自由，对它的监控难度变得很高。网络上的交流通常都是匿名的，人们可以最大化地掩饰自己的真实身份。在匿名制的保护下，就有很多虚假伪造的信息。网友可在网络上不加限制地发表所思所感，因此很多网络流行语也突显了低级与粗俗的品位，“TMD”、“NND”等骂人的缩略语在论坛随处可见。人们对网络语言是否应规范的问题持不同的意见，也阻碍了对网络语言的规范。种种迹象显示，网络环境必须得到净化，我们不能把希望完全寄托在语言本身的新陈代谢之上，而应该采取一定的“硬”措施。网络规范离不开对网络语言的监控，但监控只有控制在合理的范围内才有利于整个网络环境的发展。

合理的监控体系可致力于制定监控措施，运用技术净化网络环境；开发一系列监控的软件，用于对网络语言的跟踪与检测；成立专家小组定期对网络流行语进行分析解读，然后再进行规范。当然，合理监控并不是禁用某一网络流行语。禁止使用是一种简单且粗暴的方法，不利于网络流行语的健康有序发展。应该把合理监控与科学引导结合起来，把合理监控作为科学引导的前提和依据，把科学引导作为合理监控的目的和延伸。科学引导可致力于营造健康积极的网络环境，引导网民使用文明规范的网络用语；培养青少年高雅的品位，自觉抵制低俗用语；对全体民众加强文明教育，提升民众对文明用语的认知能力；积极弘扬中华民族的传统美德，发扬“仁爱”、“诚信”、“内省”、“慎独”等精神，使广大民众整体的语言文明意识得到有效的提高。

2012年的网络流行语“正能量”、“赞”就给文明用语的体系作了很好的引导。这类正面的词语可以激发群众内心的正面能量，为社会和谐稳定作出一定的贡献。纵观上榜的网络流行语，没有一个是明显的粗俗用语，这就与合理监控相关联了。“屌丝”的“屌”字因其粗俗的本义也受到诸多争议，但即使是争议不断也没有阻碍它的传播。毕竟，要规范网络流行语，需把握的是“合理”与“科学”的度。

3. 巧妙借鉴与勇于创新相结合

面对日新月异的网络环境，要想规范好网络流行语，就必须在借鉴的基础上大胆创新，走出一条属于自己的规范之路。根据网络流行语更新快的特点，可建立动态的网络流行语语库对其进行实时监测，从而快速有效地了解网络流行语的动态和趋向，给进一步的筛选和整理提供依据。在编纂网络流行语榜单的时候，应对流行语进行适当分类，辨明哪些是传播正能量的词语，哪些是反映民众心声的词语，哪些是调侃自嘲用语等。净化网络环境的技术手段也需要创新，要及时制止某些不良网站传播不良信息，防止部分网民道听途说、人云亦云。如网上盛传2012年12月21日为玛雅人预言的世界末日，使“世界末日”一词成为年度流行语。一些不法分子就是利用这个契机，向外宣传“末日论”，这种唯恐天下不乱的行为，致使人心惶惶，直接影响着社会的和谐稳定。2012年一发生天灾人祸，就有人在网上大肆宣扬“世界末日”，这些行为就要通过技术手段来叫停，禁止这种言论扰乱社会秩序。在借鉴的基础上创新，在创新的同时联系实际，才能促进网络流行语的健康与可持续发展。网络流行语是互联网高速发展的产物，是同时代紧密结合并与之相适应的一种崭新的语言方式和文化景观。它真实地折射出这个时代大众的社会诉求和心理，对事实真相的追求，对民生热点的关注，对不良现象的批评。网络流行语有着鲜明的时代特征，其未来的发展轨迹也必然与时代需求和发展相生相伴，走向相契合。任何语言只要在使用就必然有新陈代谢，创新是事物的生命力所在，只有不断创新才能推动语言的发展。

## 第三节　方言流行语

中国是一个有着56个民族的国家，语言总数在80种以上。方言作为民族共同语的地方变体，对共同语词汇有着重要的补充作用，能使汉语词汇不断丰富。汉语方言词语中，存在着很多共同语没有的词语，而这些词语反映的意义与内容以及由意义和内容反映的事物概念，又是共同语所必需的，这就为方言词语进入共同语准备了客观条件。

随着经济的转型和观念的更新，全国各地经济与文化往来越来越频繁，南方一些经济发达地区的方言词语就大举北上，一些简洁易用、富有表现力的方言词语逐渐得到人们的认同和接纳，融入到普通话中，成为普通话的一部分。广东地区和港澳台地区的一些方言词语在成为普通话成员的同时，也成为了一定时期当代汉语流行语的代表，如“八卦”、“靓”、“搞定”、“埋单”、“共识”、“资深”等。

中国的方言是具有一定的地域性的，人们在网络环境中使用词语不太受规范的拘束，并且还由于拼音打字的缘故，很多方言词语会很偶然地转变为流行词语。例如“粉”是很的意思，因为在闽南方言当中“很”的发音接近于“粉”，而“粉”在大众心目中是一种可爱的颜色，所以偶尔用“粉”代替“很”，增加了语言的俏皮感；“虾米”是闽南语的谐音字，意思是“什么”；而“非常”也经常被打作“灰常”，令人忍俊不禁。

流行语中有很大一部分是城市地域方言词语。不同的地域文化在相互交融中为流行语提供了鲜活的源泉，是流行语的文化血脉。现代社会，由于人际交往的范围不断扩大，城市化进程的快速发展，各区域之间的人口流动，各地之间的联系不断增强，不同地域、不同行业、不同阶层的人之间的交往频率也显著提高，那些表现力强，代表新事物、新观念、新概念的方言词会有更多的交流平台，有不少词汇冲破原有的使用范围，通过广播、电视媒体、网络等途径传播，流向全民范围并成为流行语。

历年来，根据方言而产生的网络流行语数不胜数，如 2009 年的十大流行语中的“不差钱”，本来就是北方的方言，意为不缺钱；2010 年的“靠谱”是北方方言，是“离谱”的反义词；2011 年的“坑爹”、“我勒个去”也是北方方言中骂人的话。网络交流中屡见不鲜的交流用语，如“口耐”（可爱）、“淫才”（人才）、“鸡母鸡”（知不知道）、“信糊”（幸福）、“孩纸”（孩子）、“介样”（这样），这些都是地方方言与普通话相结合演化而来的。

流行语和方言词的共同点是在某一地区、某一些人群中通行，不具有全民通用性；两者的不同点是流行语的使用频率高、流行性强，其本身具有的文化性和社会价值更大。但是近几年，随着电视、网络的普及，一些影响较大、传播较广的文艺作品之中的方言词也成为了流行语中一部分，如大家熟知的东北方言“忽悠”、“不差钱”等。流行语吸收方言是有选择性的，地域性词语要进入流行语的领域也是有条件的：一是该地域词语要易懂、易记、易用，这样的词语才能流行起来；二是该地域词语要突破方言本身的限制，具有深刻的社会因素，能被恰到好处地运用到生活当中，以便被其他地区的人们广泛使用。只有那些表现力强、充满活力的方言词语，才能进入共同语的领地，通过大众传播成为流行语的一员。其中，在政治、经济、文化上占优势的地区的方言流行语更易于被广泛接受。

## 一、北京话流行语

现代汉语有各种不同的方言，当前我国语言学界对现代汉语方言划分的意见还未完全一致，大多数人的意见认为现代汉语有七大方言，即北方方言、吴方言、客家方言、闽方言、粤方言、湘方言、赣方言。北方方言，即官话方言，是现代汉民族共同语的基础方言，以北京话为代表，内部一致性较强，在汉语各方言中它的分布地域最广，使用人口约占汉族总人口的73%。

北京是全国的政治、经济、文化中心，是全国人民关注的焦点。北京话是北方方言的基础。北京话向来以调侃、幽默和诙谐著称，旧时有将北京人中善于辞令、口才出众者称为“京油子”、“耍贫嘴”之说，相声艺术的发达就是这一说法的佐证。[①] 它独特的优势容易被流行语吸收，又使得北京的流行词语辐射到全国。我们可以看到，进入到流行语中的方言词汇好多是来自首都的北京话，如“瓷器”、“丫头片子”、“摆谱”、“派头”、“遛弯儿”、“讪脸”、“扯淡”、“歇菜”、“吹牛逼”等。流行程度最高的莫过于“侃”一词了。“‘侃’在北京话的历史上早就存在，20世纪80年代中期复出，构成了‘侃大山’的新说法，它先在北京知识分子阶层使用，很快便成为流行语。”“侃”与上海人说的“吹牛皮”或是四川人说的“摆龙门阵”是有区别的，其内容除了一般话题还涉及社会生活、时事政治等。流行语“托儿”在北京也很流行，原指后台、后门儿，大概来自托人办事的“托”。“托儿”还有一层重要的意思是“受雇于卖主，装为顾客从中帮卖主拉生意的人”，并且派生出“暗托儿”、“托星儿”、“托姐儿”等许多流行语。

近年来，北京城市生活发生了前所未有的变化，变化了的城市又造就出新一代的北京青年，新一代的城市青年也在给这个城市增添着新的色彩，表现之一就是他们创造出了层出不穷的新流行词语。例如“盖帽儿了”（没治了）、“甭”（不用）、“混”（谋生、过活）、“待见”（喜欢）、“消停”（平稳、踏实）、“二百五”（说话不当，行为不符合常规的人）、“发小儿”（也叫发孩儿，从小一起长大的朋友）、“撂挑子”（扔下事情不管）、“牛”（非常厉害的意思）等。

北京话流行语中表达异性间交往的流行词有“密”：指女朋友、情人，分“大密”、“小密”；有“喇”：指淫荡轻浮的年轻女人，分“大喇”、“小喇”；有

---

① 孙曼均．北京的流行词语与当代北京城市文化．语言文字应用，1998（3）．

"松货"：指阳性不足的男人；有"开诱"：指引诱；有"二尾子"：指二性人等。表现文化娱乐的流行语有"蹭"、"逛登"、"甩"、"刷夜"、"大腕儿"、"查舞"、"跳霹"、"蹦迪"等。表现重义气、够朋友的词语也很多，如"仗义"、"够哥们"、"豁得出去"等。表示小气、过分计较、不够朋友的，如"溜肩膀"、"掉链子"、"抠门"、"小心眼"、"小家子气"等。表现名气、身份、地位的词语，有"摆谱儿"、"派头"、"有派"、"跌份儿"、"掉价儿"、"栽了"等。表示暴富、巨富的词语，有"大款"、"大腕"、"款爷"、"款姐"、"富婆"、"大发"等。表示能说会道的流行语，有"贫嘴"、"碎嘴子"、"闲扯"、"扯淡"、"胡抡"等。北京人把日元称为"日子"，美元称为"美子"，"港元"称为"港子"。

北京话流行语与北京的城市文化有着密切的关系，它比普通词语更为直接也更加敏锐地反映着当代北京人的生活观念与心态，体现出北京城市文化的特点及其发展、变异和创新。也正是它的这一魅力，吸引着无数人乐此不疲地使用并传播着北京话流行语。

## 二、上海话流行语

上海是各种文化运动的主要发祥地和活动中心，对外交流频繁，经济繁荣，各种新思潮不断涌现。在这种社会背景下，语言方面也衍生出许多的新词、新用法，最典型的要数上海的"洋泾浜"语。比如，"来"叫"克姆"（come），"去"叫"谷"（go），"瘪三"是从英语 beg say 的发音而来等。"洋泾浜"语最初只是上海方言对英语的翻译，在经过一段时间的使用之后，渐渐变成了具有汉语意义的新词汇。例如，我们很熟悉的上海话"十三点"其实是英语"社会"（society）的音译，表示"交际花"的意思，后来发展出贬低他人的意思。

19 世纪末 20 世纪初，上海经济飞速发展，从国外来的新鲜事物层出不穷，如马路、洋房、报馆、片车、三轮车、俱乐部、博物馆、自来水、雪花膏、橡皮筋等。随着书局、报馆的兴起和发展，很多音译或意译的外来词如"沙发"、"咖啡"、"啤酒"、"幽默"、"细胞"等也都通过在上海创办的书报杂志广泛地传播到全国各地。[①] 还有上海方言的"侬"、"拎勿清"、"弄弄有腔调"、"拗造型"、"淘报糊"等都成了当时的流行语。

---

① 钱乃荣. 从上海话流行语中看到的. 上海大学学报，1996（1）.

上海一直引领着中国经济文化发展的潮头，上海话和海派文化也被流行语吸收与传播。上海话流行语是相当丰富多彩的，所表达的意义极其宽泛和现实，表现方式相当独特，反映的心态也相当微妙和复杂。最能反映上海青年生活方式的流行语中，过去有个词是“混”，并形成了一股“混”的文化潮，如某君说：“朋友，侬（你）在单位里混得怎么样呀?”（意为在单位工作情况好吗）又如“混饭”、“混病假”、“混公共汽车”（意为乘车逃票）、“混分数”（学生对考分的说法），“混”成了上海青年消极生活方式的典型表现语句。今日上海青年则更愿用“白相”来表达这类意思，如有钱的叫“大白相”，无钱的称“瞎白相”、“穷白相”，瞎扯、侃大山叫“吹牛皮白相”。“朋友，侬白相我是哇?”（意为要我嘛）“白相”的原始意义，似乎代表一种日常行为，和“玩”字有着甚多的关联，且颇含戏谑、调侃、无所谓及玩世不恭的色彩。上海话流行语是上海地区社会现实的折射点和青年社会心态变迁的指示器，迅速、形象地反映出年轻人社会心态的变化，如由“混”的生活方式转变为“白相”的生活方式就能说明青年心态的变化轨迹。

在上海流行的对女性体形的评价语有“条子”、“条杆”，若说某人“条杆清爽”，就是在说某人体形线条好。对容貌的语言评价有“翻水”、“清水”，若说某人“翻水清水”，就是在说某人脸容清秀、耐看。对仪表的评价语言有“弓架子”（这词有时指人走路动态的样子，有时指静态的身架），若说某人“弓架子”，就是说某人走路样子好或某人坐、站样子好。还有称对象叫“敲定”，与女朋友一块遛街称“数电线木杆”，与对象断绝恋爱关系称“拗断”等。表示求熟人办事的有“通路子”，表示转换话题的有“调频道”、“摇铃”，称不相干为“不搭界”，还有“差路”（走开、离开）、“出洋相”（出丑）、“放野火”（背后说人坏话）、“歪路子”（办事不走正道）、“闷包”（指吃闭门羹）等。

上海话流行语的主要特点在于社区性和创新性上。上海话流行语的盛行，主要还是上海这一特大都市的经济、文化和政治等发达所致。因为生活在这一大都市的人更追求时髦，交际面广，交往频繁，寻找和“制造”新语汇交际符号的心理动力更强些，更易产生流行词语。上海人喜欢标新立异，表现自己的独立性，因此富于创新精神，在语言方面更显现出他们的天才和创造性，如计程车(Taxi）叫“差头气”，“差”取“差遣”、“差使”等意，既可随意指定其到这里，又可随意指定其到那里，这一创造确实是天才的。语言学家钱乃荣说：“上海人的母语是历史悠久的上海话，上海话是作为一个世界大都市里的、有 1 700

多万人天天使用的大方言，她是上海本土文化的载体。自开埠一百六十多年以来，由于社会发展的活力，上海话中积聚了异常丰富生动的语汇，那些产生于基层民间的活语言，在人们的使用中很活跃，常常构成了民间语言文化生活中的亮点。"①

## 三、广州话流行语

改革开放之后，随着广东经济的迅速崛起，粤语也逐渐作为一种强势方言向内陆渗透。而粤语中的流行语，就像广东出产的先进产品一样，随着改革开放的春风急先锋般地向大江南北遍布开来。如果说最初人们对北京话流行语的追捧是缘于对北京城市文化的推崇的话，那么人们对广东话流行语的热衷则是缘于对经济发达、生活富足的向往。

使用粤方言的地区主要是广东省中西部地区、珠江三角洲地区、广西东南部、香港、澳门等。粤语与普通话差异较大，但这些地区是改革开放的最前沿区域，依托经济的优势，粤方言一度成为流行语的主要吸收对象，如"靓"（漂亮）、"上班族"（每天固定上班，有固定收入的人）、"衰人"（坏人）、"打工仔"（外地进城务工的人）、"写字楼"（办公楼）、"发廊"（理发店）、"×仔"、"×妹"、"减肥"等。在广东话流行语中，最具代表性的莫过于句尾语气词"的啦"了。广东人说普通话不标准，常常带有浓重的广东口音，而"的啦"一词就成了广东话的标志。北方方言区的人们马上就抓住了这一特点，或出于调侃、幽默，或出于追求时髦，使"的啦"一词迅速流行，并且随意嫁接，如"好的啦"、"吃饭的啦"、"坐车的啦"等。粤语中的"没有"与普通话中的"母鸡"二字发音相似，这使北方方言区的人们听起来既感新奇又感有趣，于是"母鸡"一词也迅速成为流行语，"红"遍中国。还有对青年打工者的称呼，如"打工仔"、"打工妹"，也成为流行于全国各地的称呼。泛指股市、娱乐、体育、文学创作等各领域的新词"生猛"源于粤方言，指新鲜、活蹦乱跳、很有活力。在当代，"生猛女"一词指非常厉害的女生。"晒幸福"、"炫耀"这一义项则也是从广州话"晒命"中借来的。

广州临近大海，多江河湖泊，可谓水路发达，而"拍拖"一词，则是最能体现这一地域特色的粤语词汇。过去，珠江水道上经常行驶着一种没有动力的客

---

① 钱乃荣. 上海话流行语2500条. 北京：汉语大词典出版社，2006. 3.

船，叫“花尾艔”。这种客船由另一艘叫“火船仔”的小型机动船牵引着前进，所以又叫“拖艔”。正常情况下，“火船仔”在前、“艔”在后，中间用一条三四十米的缆绳连接着拖动航行。在离岸或靠岸，或途中风浪较大时，则两者并排联结在一起行动。这就是所谓的“拍拖”。“拍”，并排靠着也；“拖”，拉着前进也。此后引申为男女并肩挽手而走，借此又进一步特指青年男女谈恋爱，更衍生出指称恋人的一个词：“拖友”；如果恋爱关系破裂了，可叫“甩拖”。

还有一些来自广州话的流行语，如“毛毛雨啦”（小意思）、“埋单”（结账）、“炒鱿鱼”（被开除）、“搞掂”（搞妥当）、“家私”（家具）、“中意”（喜欢）、“擦鞋”（拍马屁）、“肥”（胖）、“偷笑”（暗笑）、“消夜”（夜宵）、“电发”（烫发）、“收工”（下班）、“老豆”（爸爸）、“肥佬”（胖男人）、“肥婆”（胖女人）、“爆棚”（满座）、“卡士”（规模、档次）、“派对”（party）、“的士高”（disco）、“桑拿”（sauna）、“士多”（store）、“奶昔”（milk shake），等等。

粤语不仅是广州地区人民的母语，同时也是岭南地区最重要的方言。词汇作为语言的基本构素之一，是语言赖以生存的顶梁柱。通过许多粤语词汇的流向全国，我们可以透视出广东地理环境、生活方式、心理状态、思维习惯等特征以及对全国的影响。

## 四、港台地区流行语

改革开放之后，港台地区与内地的联系以及内地各省、市、自治区之间的联系更为密切，政治、经济、文化之间的交流也更加频繁。港台经济发达，作为强势方言，带有浓郁商业文化色彩和市民气息的港台语自然会产生强大的吸引力。于是，很多有特色、颇具生命力的港台地域词语由于种种原因成为汉语流行语家族中的重要成员。

随着与内地交流的增多，港台文化对流行语的影响也日趋增强。受港台文化优势的影响，有相当一部分“彼有我无”的港台词语源源不断地融入普通话的话语体系中。不同的亚文化交流给普通话词汇提供了及时的给养。港台文化既新潮，又传统，对西方文化的接受态度较之内地来得更开放。西方文化通过港台文化的“消化”，再传递到内地以后，很多观念就变得更易于被接受，因此有人戏称港台是文化上的“二传手”，很多新观念、新事物通过港台迅速传入内地。在内地的普通话原有词汇没有相应表述的情况下，我们采取“拿来主义”，直接借用港台的称谓，如“资深”、“廉政”、“愿景”、“总汇”、“取向”等，这些词由于使用频率较高，很快进入流行语汇并逐渐成为基础词语。

香港和台湾由于历史、地理、政治、经济、文化等多方面因素的影响，形成了一些与内地地区不同的用语习惯和表达方式。近年来，由于香港的回归和海峡两岸各种联系的进一步加深，许多典型的港台词语也加入到了当代汉语流行语的行列。从港台词语中吸收的流行语涉及社会生活的方方面面，如“打卡”、“充电”、“八卦”、“作秀”、“搞笑”、“按揭”、“色狼”、“派送”、“派对”、“特卖场”、“天王”、“热销”、“促销”、“戏说”等。“菜鸟”属台湾土语，意为笨蛋、傻瓜，起初流行于网络，指初学者或网络新手。而人们最为熟悉的、流行度最高的莫过于“酷”、“帅呆了”、“哇噻”、“人气”等词语了。“酷”是英文 cool 的汉语音译，本来是冷的意思，于 20 世纪 60 年代开始成为美国青少年的街头流行语，初期指一种冷峻的、反主流的行为或态度。70 年代开始传入台湾，即被生性酷爱把一切外来语译成中文谐音、具有“不教胡马度阴山”之气概的台湾人改成了“酷”并流传至今。中文音译的“酷”词义显然丰富了许多，后来该词被收入《国语辞典》，释为“潇洒中带点冷漠”。据零点公司调查显示，“酷”与“下岗”、“房改”、“再就业”等词同登 1998 年中国十大流行语排行榜。[①] “哇噻”类似于“我的天啊”、“乖乖”等，这是 20 世纪 70 年代台湾青少年的集体创作。尽管该词几经漂白，但据考证最初是由一句国语粗话“我 ×”演变而来。青少年学成人讲粗话是禁忌，于是把那句父辈们挂在嘴边的粗话在发音上掐头去尾，变成了“哇噻”，台湾当局曾一度禁止这个词在大众媒体中出现。1999 年的央视春晚上，五个饰演解放军战士的演员在某小品中高呼“哇噻”标志着该词被内地民众所接受。“人气”是指某人（通常是艺人）或某地（通常是吃喝玩乐的去处）受欢迎的程度，最初是由日本传入台湾的，20 世纪 90 年代末随着港台娱乐业对内地的影响而流行开来。

近年来，流行语中的港台词语呈现增多之势，如“我靠”、“衰”、“好好”、“够”、“N”（程度副词）、“拜托”、“娱乐圈”、“飘车”、“早茶”、“秀逗”、“吃软饭”、“电”、“惹火”、“前卫”、“代沟”、“搞笑”、“炒鱿鱼”、“臭屁”、“有没有搞错”等。这些词语主要是通过媒体传播渗入，随着大量娱乐节目、影视剧作在内地的播出而迅速流行，再加上人们的仿效和从优心理作用，使它们很容易得到认同和接受。

---

① 家庭科技·休闲时光，2000（6）.

港台地区流行语在内地的流行，是港台文化与内地文化交流的反映。香港文化是一种典型的中西合璧文化。在长达百年的英国统治下，香港吸收了许多西方文化的因子。台湾也曾长期受到异族的统治，文化也受到了异族的影响。因此，港台的文化既是传统的又是新潮的。具有鲜明地域文化色彩的港台流行语一经传入内陆，立即满足了大众特别是青年人追求时尚的心理需求，并迅速拥有了广大的内陆“市场”。

除了以上方言区，还有源于东北等其他地区方言的流行语也被普通话所吸收。东北方言是全国各方言中比较接近普通话的方言之一。近些年，带有东北地方特色的小品、电视剧等文艺作品在社会中广泛传播，其中一些幽默、感染力强的词语不但提升了文艺作品的艺术水平，而且还造就了一大批极具表现力的方言流行语，进入了大众流行语的领域，如东北话中的“忽悠”（即言过其实，吹嘘、哄骗的意思）、“闹心”（被烦心事搅扰）、“唠嗑”（闲聊）、“啥”（什么）、“稀罕”（喜欢）、“败家”（挥霍、浪费）等。“雄起”，原属四川方言，意为强有力地奋起，后常见于足球赛场上的助威口号，有振作起来、加油之意。还有天津味浓厚的“嘛玩意儿”，陕西方言的“额滴神啊”、“额错了”，山西方言的“干甚”、“甚事”等词不同程度地在社会上都流行起来。还有 2012 年流行的“肿么了”、“走你”等。“肿么了”是山东一带的方言，意为“怎么了”。其能够成为年度的流行语，正是因为这句话是 2012 年热播的电视剧《爱情公寓》里唐悠悠的口头禅。“走你”起源于北方方言，是一个语气助词，很口语化，有加油鼓劲的意思，但不宜用在庄严的场合，如今发展为在互相鼓励或者互相调侃的语境下都可使用。

从语言学的视角看，方言是民族共同语在一定地域的语言变体。方言词语是流行语的重要来源之一，是当今汉语流行语的重要组成部分，但不能说所有的方言词语都能成为流行语。方言词语和流行语之间是借用与交融的关系，二者既有密切的联系，又有明显的区别。方言表达着文化的地域特色，方言流行语的加入为流行语增添了活力和色彩。

# 第五章　流行语的语言结构特色

## 第一节　流行语的语音特征

语言是音义结合的符号系统，同音异义、一音多义、一音一义、异音同义等构成了音义结合的复杂性和灵活性。汉字是表意体系的文字，它在形、音、义方面存在着各种复杂的关系，这就为改变某些字词的读音，以达到某种特定效果提供了可能。流行语的语音特征主要是谐音类和叠音类两种。

### 一、谐音类

语音系统的简化为谐音词的出现提供了语音基础。古汉语以单音节语素为主。音节是语言结构中能感觉到的自然的最小语音单位，每个音节都由声母、韵母、声调组成。古汉语的语音系统非常复杂：一方面，从声调上来看，有“四声八调”之说。四声是指平、上、去、入四个声调，其中每个声调又分阴阳，即阴平、阳平、阴上、阳上、阴去、阳去、阴入、阳入，发展到现代汉语就只剩下阴平、阳平、上声、去声四个声调了。另一方面，从声母和韵母的数量来看，北宋早期的韵书《广韵》里总结的古汉语声母有 35 个，韵母有 142 个；发展到现代汉语，声母有 22 个，韵母 39 个。从中我们可以看出音节的组成因素在不断简化。由于声调、声母和韵母的简化，古音系里语音不同的音，在现代汉语里已经没有什么区别了。所以，用有限的音节去构成无限的词语，必然会产生很多读音相同或者相近的词语。

文字是记录语言的书写符号系统，是形、音、义的统一体。汉字则是记录汉语的书写符号。在汉语里，汉字和音节是对应的关系，一个汉字就是一个音节，也可以是一个语素或者词。由于汉语语音的简化，使得音节的数目有限而意义是无限的，所以一个音节往往对应几个汉字，因而汉语中音同、音近的词大量存在。总之，汉语是一种有声调的语言，而且存在大量的近音词或者同音词，这在语用的过程中比较容易形成谐音词语，导致谐音现象的产生。

除此之外，中国人有一种“天人合一”的思想传统，中国传统哲学认为“世界是一个整体，人和自然，以及主体和客体都包含在一个整体中，整体包含着部分，各个部分之间又有着密不可分的联系”。这种认识世界的方式反映到语言上，就形成了由语音去探求语义，一个语音可以代表多个语义，借助于谐音的手段，把客观世界的个别事物有条件的暂时的联系起来。在建立联系的过程中，人们不是采取严密的逻辑方法分析音节和语素之间的对应关系，而是凭借感性的直觉去把音节和语素大致联系起来，从而为谐音的理解和接受创造了良好的条件。汉民族的文化崇尚含蓄委婉，虽然表意很明确，但是表达手段却多种多样，一个意思会使用多种不同的方式来表达，这些为网络谐音词的产生提供了重要的文化基础。

目前，谐音类流行语在网络流行语当中占据了很大比例。所谓“谐音词”，就是不用原有的词语，而利用汉字同音或近音的条件，将它们的读音略加改变，用近音字或同音字来代替本字的词语。这是流行语中较常见的一类方法，充分利用了汉语有声调的特点。我国古代就有用“山巅一寺一壶酒”来代替圆周率“3. 14159”的传说。当代流行语的谐音词包含着比传统谐音方式更多的创新、突破、张扬的因子，如语流音变就是利用语流中的同化和脱落现象造词，再如“表”的意思是“不要”，因为“表”字的读音正好和“不要”一词的连读非常相似，于是不少网民行文发帖时就用“表”替代“不要”。汉语中的传统谐音一般是为了避讳，而网络谐音的运用则通常是为了简化输入程序，提高输入效率，这也是键盘文化独特的一面。我们常常发现有很多流行语都是利用谐音将两个本不相干的词语联系到一起，使一些抽象词语转化为形象有趣的实体，大部分有一定的积极意义，达到比喻、讽刺等效果，能够反映出大众心理。谐音分为很多不同的种类，包括数字谐音、汉字谐音以及英译等。

（一）数字谐音

数字谐音就是利用阿拉伯数字的汉语谐音来表示某种含义，其往往能言简意赅地传达发言者的思想，因其简洁明了的表达方式受到大众喜爱。经过重新排列组合，许多数字有了新的含义，富有创意，幽默诙谐，让人印象深刻，多见于网络流行语。如“168”的谐音是“一路发”，“885”表示“帮帮我”，“7456”表示“气死我了”。

数字谐音型流行语不但深受汉语谐音的影响，也受英语和日语的影响。如

"88"，"886"，"86" 来源于英语 "Bye bye"，"3166" 则来源于日语 "再见" 的中文音译 "沙扬娜拉"。传递情意、表达倾慕的数字谐音流行语更是数不胜数，如 "34" 就是 "相思"，"520" 就是 "我爱你"，"1573" 就是 "一往情深"。网络上流传着一句非常经典的表白语："770，880，1314520"（即亲亲你，抱抱你，一生一世我爱你）。这些流行语在成就了无数爱情的同时，也证明了语言的无穷魅力。

音律，在语言上来讲，指的是文字声韵的规律。诗歌中的 "平仄"、"押韵"，音素中的 "元音"、"辅音" 等，在形成语言音律美方面起着不可替代的作用。有时数字谐音也常常借用音位的自由变体来表义，如 "21184"（爱你一辈子）、"201314"（爱你一生一世）等。在 "21184"（爱你一辈子）中，"1" [i] 与 "你" [ni] 构成一对自由变体，"4" 与 "子" 除韵母相同外，声母 [s] 与 [is] 同属舌尖前音，音感差异很小。再如 "201314"（爱你一生一世）中，"4" 与 "世"，声母 [s] 与 [sh] 只有平翘舌之分，音感差异相对也较小。难怪在网上会流传这样一种说法，说是在 2013 年 1 月 4 日结婚的新人会幸福一辈子，原来 "2013. 1. 4" 这个日期的本身的谐音就暗示了他们愿意在这特殊的一天向对方许下 "爱你一生一世" 的承诺。

通过数字谐音方式直接表义，是以汉民族的深刻文化内涵为基础的，如 "1314"（一生一世）隐含的意义是汉民族注重 "天长地久" 的感情。因此，流行语中的数字流行语不是凭空创造出来的，而是具有一定的理据的。但这种用法也存在表意不清的问题，同一形式容易形成多种理解，如有人把 "5257" 表示为 "我爱我妻"，拥有者的喜悦自不必说，但也有人说 "5257" 的谐音更像 "无儿无妻"。有些因为语音差别太大，想要表达的内容难以被听者理解，如 "84" 一般代表 "不是"，但在 "584521"（我发誓我爱你）中又表示 "发誓" 之意，在 "8384"（不三不四）中则是 "不四" 的谐音。

（二）汉字谐音

汉字谐音就是同音汉字替代，利用词语读音相近的特点，在不改变原词本意的基础上产生的一种流行语。其中有些使用频率极高，成为了新词语，不但效果传神，而且也更显生动。

汉字谐音里有一类是利用普通话发音相似而造出的新词语，如 "杯具"（悲剧）、"洗具"（喜剧）、"餐具"（惨剧）、"斑竹"（版主）、"大虾"（大侠）、"海龟"（海归）、"驴友"（旅友）、"钱途"（前途）、"妻管严"（气管炎）、"负翁”（富翁）、“美丽冻人”（美丽动人）等。还有一类是利用方言词发音相似而创造出的新词语，有的人把“非常”写成“灰常”，这说明这个地区的人“h”和“f”不分；有的人把“感觉”写成“赶脚”，这出自湖南一带的方言。久而久之，这些词就成了网络流行语，不说这些方言的网民也开始使用这些词。还有汉字谐音流行的如“偶”（我）、“粉”（很）、“表”（不要）、“寒”（害怕）、“稀饭”（喜欢）、“童鞋”（同学）、“口以”（可以）、“盆友”（朋友）、“桑心”（伤心）等。

汉字谐音是很有趣味的，它利用了音义结合关系进行同音汉字替代产生了谐音变异，例如“围脖”是流行语“微博”的谐音。随着近几年微博这一新兴交流工具的兴起，“微博热”愈演愈烈，很多人成了“微博控”，习惯于将自己的状态随时发布到微博，人们幽默地将发微博的行为称为“织围脖”，利用谐音词达到了诙谐的效果。又如随着社会竞争越来越激烈，现代人普遍感觉到身心疲惫，压力越来越大。在这种沉重的负荷之下，网络上悄然兴起“鸭梨好大”或者“亚历山大”的谐音流行语，将无奈、压抑的心情和感受以一种轻松戏谑的方式表达出来，起到了烘托气氛的效果。“杯具”原指盛水的器具，后因与“悲剧”谐音，得以在网络上复制、转发并迅速流行，被赋予一种新的概念意义，无论考试失败、恋爱受挫还是工作压力大等情景都可用“杯具”一词来形容。“悲剧”所代表的是一种负面的情绪，而谐音“杯具”则体现了一种调侃和娱乐的情趣，偏离了“悲剧”原有的悲观色彩，在词语的感情意义上多了一份戏谑的色彩和阿Q精神。“大虾”（大侠）指已经在网上待了很长时间、对网络非常熟悉、乐于助人的人；“菜鸟”形容一个人上网很“菜”，用来比喻网络新手；“斑竹”（版主）指聊天室、论坛的管理人员，又被写为“斑主”、“版猪”、“版竹”等。网络聊天时，有人会跟你说：“你很油菜呀。”这里的“油菜”就是指“有才”。此外，还有大量的汉字谐音类流行语，如“驴友”（旅友）、“果酱”（过奖）、“灰常”（非常）、“表酱紫”（不要这样子）、“木有”（没有）、“打点化”（打电话）、“虾米”（什么）、“米国”（美国）、“幽香”（邮箱）、“馨香”（信箱）、“跑牛”（泡妞）、“油墨”（幽默）等。

（三）音译外来词

这是一种用汉字直接音译外语词的方法，是现代汉语吸收外来词最简洁的途径之一。比如，流行词“酷”就是从英文“cool”音译过来的，传入中国后，成为流行语，甚至是使用最频繁、最受欢迎的一个。流行词“欢型”是从“fashion”音译过来的，是2010年非常流行的词语。再比如：“秀”表示“show”；“拷贝”表示“copy”，即“复制”；“伊妹儿”表示“e-mail”即“电子邮件”；“黑客”表示“hacker”，指“不速之客，暗地而来，来者不善”；“猫”表示“modem”，指“调制解调器”等。这种借用还包括数字谐音和字母谐音的混用，如“3 Q”指“thank you”；“F2F”指“face to face”等。随着缩略形式的普遍使用，同类构词模式在汉语使用中频频出现，并且颇具规模，如“GG”、“PLMM”、“PF”、“BT”、“FB”分别是“哥哥”、“漂亮美眉”、“佩服”、“变态”、“腐败”的意思。这种用法的大量出现，除了语言文化交流带来的思维转变因素之外，还有媒介和使用心理方面因素的影响。

谐音类流行语充分借助和利用了汉语声调的平上去入与抑扬顿挫，以及存在众多的同音词和近音词的特征，采用具有相同或者相似读音但是截然不同的字形来替换。改变后的词语具有诙谐幽默、表意婉转的效果。无论是数字、汉字还是英译，谐音词的使用都是为了便捷。从开始的无意到后来的有意仿造，谐音词日渐成为网络流行语的一道风景线。谐音流行语在语言生活中的运用非常普遍、频繁，是值得深入探讨的语言课题。

## 二、语音重叠

语言是人类社会生活的反映，语言中变化最快的是词汇。叠音词在语音、语义、语用风格上都有自己的特色，它使汉语词汇变得更加丰富多彩。在语言的世界，每天都有的叠音词产生，其中具有生命力的会沉淀下来，被大众和传媒逐渐接受，有的则会自然消亡，我们应用客观、发展的眼光看待流行词中的叠音词现象。流行语中有些是叠音词，如“范跑跑”、“躲猫猫”、“楼脆脆”、“墙脆脆”、“楼薄薄”、“楼歪歪”，还有把“东西”称为“东东”、“很漂亮”称为“很漂漂”等。这些叠音词虽少但广为流传，而且有些被主流传媒广泛引用，作为新闻报道或评论的标题使用。

叠音，又叫复叠、重言或叠字。叠音词是将相同的音节重叠起来而形成的词，是汉语的一大特色。叠音这种语言形式是随着文学与语言的发展而发展的。汉语词的结构最初是单音节的，随着生产力的提高和社会的发展，人们的认识能力和思维能力不断得到提高，需要把认识的成果用新的词语反映出来，于是不断创造新词，其中把单音节有规律地搭配起来而构成的叠音就是造词手段之一。叠音词因为音节的重复叠加而强化了韵律美，说起来朗朗上口。

在语言表达中，用重字结构来描绘事物，还能加强语言的形象性，使表达更为生动。叠音可以把事物“形容尽致”，好像在语言里加上了鲜艳的色彩。叠音词这种语言结构的产生，还受汉民族风俗习惯、心理素质的影响。自古至今，汉民族始终有一种追求对称的审美心理，这一心理也体现在语言的结构和节奏上。从先秦作品《诗经》的“关关雎鸠”（《周南·关雎》）、“氓之蚩蚩”（《卫风·氓》），到宋代词人李清照的“凄凄惨惨戚戚”（《声声慢》），再到今天网络流行语“范跑跑”、“躲猫猫”、“楼脆脆”，都体现了汉民族这一审美心理。

陈望道先生说：“叠字的用意（一）借声音的繁复增进语感的繁复。（二）借声音的和谐张大语调的和谐。”叠音词的构词形式主要有 AA 式，如“轻轻”、“悄悄”；有 ABB 式，如“绿油油”、“红彤彤”；有 AABB 式，如“曲曲折折”、“密密麻麻”。“范跑跑”、“躲猫猫”、“楼脆脆”三个词属于 ABB 式叠音词。相比而言，“范跑跑”、“躲猫猫”、“楼脆脆”显然比“逃跑的范”、“躲藏起来的猫”、“很脆的楼”更加有节奏感和音律美，更加朗朗上口，也更容易被接受和流传。

在语言表达中，用重字结构来描绘事物，还能加强语言的形象性，使表达更为生动。王力先生认为叠字法可以“把事物‘形容尽致’这好像在语言里加上了鲜艳的色彩”。汉语叠音词的修辞功能与其语用规律的关系是一种辩证的互为存在的关系，“修辞功能影响其语用规律”，语用规律又彰显其修辞功能。修辞功能，顾名思义就是能使语言表达得准确、鲜明而生动的效能。人们使用叠音词除考虑词的基本义以外，还受其独特的修辞功能影响，往往出于修辞的目的而使用。“范跑跑”、“躲猫猫”、“楼脆脆”三词运用叠音这种修辞，风格上更趋儿童化，有亲切、轻松、随意、阴柔化的效果，鲜明而生动，容易被更多的人接受和使用。

## 第二节　流行语的构词类型

现代汉语词汇需要不断丰富和发展，不断地吸纳新的元素，与时俱进，流行语凭借自身独特的优势而成为了现代汉语词汇系统借鉴和吸收的宝库。部分流行语自身的构词能力很强，人们就以此为构词语素创造了许多新词，大大地丰富了现代汉语的词汇系统，虽然有些词语的使用期限很短暂，但是也有生命力强大的词语最后成为现代汉语普通词汇中的一员。

## 一、利用新语素构词

现代的日常流行语多是词缀加词根构成，词根表示词语的基本义，再加词缀，并且具有一定的语法关系。通过这类方式产生的流行语多是进行范畴分类，具有指称性，如“房奴”，取奴的本义，即在旧社会中受压迫、剥削、役使而没有人身自由等政治权利的人，跟“主”相对。在流行语的产生过程中，结合基本义，但在使用过程中对基本义又有所改变。“房奴”的意思是人变成了房子的奴隶，为了买房不辞辛苦，在心理感受上类似于“奴隶”。加类词缀“奴”，表示因“奴”前面的事物而倍感压力，让产生的新词更加形象，由此衍生的词语有“车奴”、“卡奴”、“证奴”、“孩奴”等。结合语用上的“经济原则”，这种“词根+词缀”所产生的流行词汇，用了最少的语言符号，表达了比较丰富的语义内容。由类似这种构词方式产生的流行语还有“绿色标志”、“绿色奥运”、“绿色产品”、“绿色经济”、“绿色手机”、“绿色消费”等，其中的“绿色”本义指绿的颜色，后引申为无公害、无污染。

汉语的语素多是单音节词，通常由有意义的汉字作为语标，不可向下拆分。网络流行语则可以从别的词语中把某些语素（字）抽取出来，随心所欲地创造各种新词。如“淑”字以前仅用于形容女孩，现在则单独作为一个自由语素，转移修饰对象，温文尔雅的男孩也可以称作“淑男”。又如网络中长期流行的“黑客”一词，将“客”抽出作为自由语素，以“×客”的构词方式，构成了“骸客”、“T客”、“闪客”、“奇客”等。还有以“门”来描述一些具有重大影响力或超强娱乐性的事件，该类事件往往具有强烈的炒作性。在中国，“门”事件这个概念是从“艳照门”开始兴起，后在网上出现了各种各样的“门”，代指各种新发生的新闻或丑闻。只要是具新闻效应、引起公众广泛关注和兴趣的事件，都用上了“门”的叫法。比如2006年世界杯央视转播时，解说员黄健翔在意大利和澳大利亚的1/8决赛时过于激情的解说引起了公众的广泛争议，被媒体称为“解说门”，此外还有“校花门”、“录音门”等。

“山寨”一词在流行的过程中，表现出了超强的组词功能，“山寨×”似乎成了一种固定格式，其构成的短语数量之多难以统计。列举部分如下：山寨手机、山寨电脑、山寨MP3、山寨美女、山寨引擎、山寨品牌、山寨春晚、山寨新闻、山寨警察、山寨食品、山寨人大代表、山寨大学、山寨中国、山寨建筑、山寨货、山寨网站、山寨格格、山寨平板、山寨电影、山寨厂商、山寨明星、山寨机、山寨百度、山寨武器、山寨产品、山寨地板、山寨局长、山寨数码相机……“山寨”可以和大量名词搭配，其使用范围也不仅仅局限于网络上，新闻媒体也逐渐广泛使用这些词语，足见它已是人们交际用语的一个重要组成部分。

以“族”类词群为标记的流行语也有很多，它们是：蚁族、捏捏族、装忙族、麦兜族、婚活族、刷刷族、闪玩族、庐舍族、学租族、捡彩族、虾米族、蹭暖族、裸婚族、试衣族、偷菜族、换客族、向日葵族、智旅族、泡泡族、时彩族、车车族、准老族、朝活族、玩片族、咸鱼族、司马他族、背片族、搞手族、理车族、好高族、飘摇族、无火族、毕漂族、抄号族、秒杀族、午动族、飘爱族、草食族、倒分族、啃楼族、悄婚族、后备族、死扣族、虚客族、鬼旋族、隐车族、榴莲族。

其中，“蚁族”使用的高频率位居榜首。它指代高智商、低收入，像蚂蚁一样弱小、不被关注，却勤勤恳恳工作，过着简单聚居生活的80后大学毕业生。“蚁族”是对大学毕业生低收入聚居群体的典型概括，是继农民、农民工、下岗职工三大弱势群体之后的第四大弱势群体，他们是犹如蚂蚁般的“弱小强者”，也是鲜为人知的庞大群体。他们代表着当今社会不能忽视也不应忽视的最敏感的群体，体现了一代人的无奈、痛苦和彷徨，值得社会关注。除“蚁族”以外，以“族”来描述80后、90后年轻人的词语，还有踏实可爱的“麦兜族”；有积极向上、阳光的“向日葵族”；有不断学习、汲取营养的“午动族”、“刷刷族”、“泡泡族”；有饱含爱心并付诸行动的“飘爱族”；有利用有限资源，精心打算，打造完美生活空间的“虾米族”；也有历经磨难但依旧奋斗不止的“飘摇族”、“毕漂族”；反映部分人的恋爱、婚姻观念的“悄婚族”、“草食族”、“婚活族”、“裸婚族”；安于现状、缺乏职业规划的“咸鱼族”；假公济私、忙里偷闲的“庐舍族”、“偷菜族”、“时彩族”；承受职业高压寻机发泄的“捏捏族”和“鬼旋族”；聪明能干、善于处理人际关系的“司马他族”，描绘了职场众生相；“秒杀族”、“搞手族”、“智旅族”、“准老族”、“虚客族”、“闪玩族”、“朝活族”、“车车族”描绘了一幅曼妙多姿的社会生活画卷。

“族”类词群的出现，概括了2009年现实生活中某几类具有高度集聚型的人群。“族”类词群一方面生动地反映了社会生活，另一方面也充分、灵活地展示了汉语言文字的魅力。

2009年流行的“裸”字，因其丰富的词义也备受欢迎，“裸×”也是随处可见，例如：裸考、裸婚、裸聚、裸居、裸归、裸剃、裸降、裸跳、裸肌、裸退、裸捐、裸妆、裸唇、裸表、裸车、裸卖、裸线、裸坑、裸筷、裸烧、裸手、裸售、裸女、裸写、裸奔、裸力、裸戏、裸模、裸色、裸胸、裸聊、裸钻、裸货、裸价、裸死等。

2010年流行语“帝”似乎也是类词缀了，意思是在某方面有特长的人，“×帝”随处可见，例如：表情帝、体操帝、贺岁帝、文学帝、艺术帝、演讲帝、章鱼帝、数钱帝、假摔帝、孝顺帝、翻译帝、英语帝、资源帝、知道帝、口才帝、保罗帝、预测帝、躲闪帝、版本帝、代言帝、占座帝、忐忑帝、朝阳帝、立志帝、语言帝、嚣张帝、孝顺帝、悲剧帝、造型帝、炒作帝、PS帝、泡妞帝、咆哮帝、洗面帝、熄火帝等。

2010年流行语“二代”的构词能力也是很强的。在改革开放后国家制定的一系列政策下出生的孩子已慢慢进入成年，因而各种“二代”也渐次呈现出来。“官二代”指官员的已经从政、当权或可能从政、当权的子女，“民二代”指农民工的子女或是普通老百姓的子女。“二代”也有较强构词能力，例如：官二代、富二代、穷二代、文二代、农二代、星二代、红二代、贫二代、独二代、花二代、拼二代、创二代、画二代、炫二代、姚二代、煤二代、房二代、租二代、渔二代等。

2011年的“伤不起”也具有极强的搭配能力，例如：农民伤不起、油价伤不起、美眉伤不起、豪车伤不起、教育伤不起、小产权伤不起、网购族伤不起、大学生伤不起、学汉语的伤不起、丢片的伤不起、前途伤不起、剩女伤不起、女生伤不起、国家队伤不起、成绩伤不起、市场伤不起、情感伤不起、环卫工伤不起、超载货车伤不起、暗恋伤不起、维修费伤不起等。“××伤不起”似乎已成了万能格式。

现代流行语的概括性特别强，这也使流行语的流行速度和能产性都大大提升，甚至可以说，现在的流行语都有些短语化的特征了。短语内的词语依靠一定的语法（关系）意义组合，如“最美妈妈”这类短语词汇。“最美妈妈”、“最美乡村教师”等中的“最美”，暗含了构成这个新语义的诸多义素：所指对象必须是女性；有奉献、大爱精神。该词结合“美”的本义“好看”和“美好的事物”，派生出了新的语义。

## 二、创造新词语

### （一）创造新词

同一流行语从不同的角度看，使用的是不同的造词法，这里是就其主要造词方式而言。

1. 旧词新义

旧词新义指将以前出现过的旧词语赋予新的含义。用这种方式创造的词并不是新词，而是具有了新词义，因为它仍然采用旧词的形态与发音。因为其新产生的词义新颖且独特，人们在交流和表达自己意见的时候喜欢运用，从而成为流行语。一般来说，词义转移在流行语“旧词新义词”中的表现尤为突出。如“下岗”这个词在《现代汉语词典》中的解释如下：①离开执行守卫、警戒任务的岗位；②职工因企业破产、裁减人员等原因失去工作岗位。“下课”这个词在《现代汉语词典》中的解释为：①上课时间结束；②辞职或被撤换。“下岗”、“下课”一词的义项②都是在义项①上引申出来的。再如“打酱油”一词，它的含义现多指与此事没关系，只是过路人而已。“金牌”原指一种奖牌，现在被作为一个整体，指“最好”的意思，因为金牌属于第一名，属于在某个领域具有特长的人。“养眼”是指“眼部保养”的意思，当代流行的词义指因为某人在外观上非常有美感，让人从视觉上感受到一种舒适、享受的喜悦。

“神马都是浮云”，对我们而言，“神马”和“浮云”并不是两个很生僻的词语。“神马”不是现实生活中真实存在的马，“浮云”则用形象的方式来传达出转瞬即逝的意思，“神马都是浮云”这一新的组合演绎出了新的意义，因此我们也把它看作新词语。“神马”是“什么”的谐音，因整个组合的新颖独特、诙谐幽默、造句能力强而成了广大网友的“最爱”。“纠结”的词性已由原来的动词转变成了形容词。2012 年众多的流行词中也有不少是运用了词义转移的方式，如“躺着也中枪”本来是周星驰的电影《逃学威龙》里的一句台词，如今表示什么也没做却被别人的言语打击到，延伸开就是无缘无故受到牵连。又如“接地气”，如今发展出了广泛深入地接触老百姓、与基层打成一片的意思。

2. 利用原有词的字形造词

有些是利用原有词的字形创造新的词语，新词和原有词在意义上没有任何联系，只是字形相同而已。“囧”，《说文》曰：“窗牖丽廔闿明，象形。读若犷。贾侍中说，读与明同。”“囧”原来是个象形字，古义为光明。它的流行是因为其外形的形象特征，“人们将外围的‘口’想象成人的一张脸，‘八’看作是因沮丧而垂下的眉毛，里面的小‘口’类似于因惊奇、无奈而张大的嘴巴”。这样，悲伤、无奈和窘迫的心情就非常形象地展现了出来，恰巧“囧”和“窘”又是同音字，这样生动形象的“囧”字自然受到了人们的普遍欢迎。

3. 复合造词

汉语词汇中的大部分词语，就其内部结构来说，结构关系与句子的结构关系是一致的，这是汉语的一大特性，因此复合造词成了新词产生的又一种方式。复合造词指的是把两个或两个以上的语素合成一个词汇单位，具体而言主要有并列式复合词、偏正式复合词、动宾式复合词、补充式复合词和主谓式复合词。如流行语“拼爹”，其内部结构是动宾形式，是由动词加宾语构成的新词。

4. 比喻造词

选择一个具体可感的事物名称作为造词语素来指称所指事物的方法是比喻造词。比喻造词的特点是用其他事物的形象来指称本事物，而且本事物并不出现。利用这种造词法产生的流行语也不少，如“蚁族”，我们都知道蚂蚁是弱小的，但它们能吃苦耐劳，一部分刚毕业的大学生情况与之相似，因此，人们用“蚁族”来指称这样的群体，生动而传神。

## 三、使用简缩词

简缩词产生的基础是原语，原语一般是词组形式。流行语简缩法有四类：一是原语为英语词组，抽取原语的首字母，如“CU”（see you）、“IS”（I see，我明白了）；二是原语为汉语词组，抽取原语的第一个拼音字母，如“BT”（变态）、“PF”（佩服）、“PLMM”（漂亮美眉）；三是原语为汉语词组，抽取原语的两个词素构成双音节词，如“汉托”（汉语托福考试）；四是原语为汉语词语，抽取原语的一个词素，如“巴”（“下里巴人”的省略，指土气、不入时、低贱）、“媚”（“柔媚”、“娇媚”的省略，指女孩子长得甜或很嗲）。

有些流行语，特别是网络流行语还把汉字拆开来使用，借以表达网民们强烈的情感。如把“强”拆分成“弓虽”，把“超”拆分成“走召”，“走召弓虽”就是“超强”的意思，用以表达对某事的佩服、赞叹。语气词的拆分使用更为广泛，常见于网络聊天中，如“口黑”是“嘿嘿”的意思；“口可”则是“呵呵”之意，还有“口合”、“口我”等。缩略网络流行语的形成除了与网民们充分发挥想象力和创造力有直接关系之外，还与采用键盘输入的方式有着很大的关系。快速的键盘输入难免会产生一些错误，于是网民们将错就错，以至于缩略语逐渐被大多人所采用，成为网络流行语中不可忽略的一部分。

## 四、吸收外来词

随着中外交流的密切，许多外来词汇涌入了中国，而后经过汉语的改造成为汉语词汇中的一员。在解决有限的词汇与众多新事物、新概念之间的矛盾时，借用外来词无疑是一种行之有效的方法。“贴士”音译于 tips，意为“忠告、提示、指点”；“草根”直译自英文的 grass roots，指同主流、精英文化或精英阶层相对应的弱势阶层，在当代又具有了“顽强”的感情色彩；“秀”音译于 show，取“展示”之意；“蕾丝”，音译于 lace。也有直接以英语加汉语形式的如“Hold 住”，表示在一旁隐藏的，不体现在台面上的，不树立焦点的关注、等待、看住、顶住。吸收外来词一方面可以丰富和发展汉语词汇，另一方面也可增强汉语的表达能力，体现了汉语强大的包容性和开放性。流行语“宅男宅女”是从日语中直接借用过来的词语，“卖萌”和“吐槽”原是日本漫画里的口语词，经台湾地区引进，后随着义项的增加而在全国范围内广泛使用。

2010 年流行的“控”是个外来词，具有新鲜感和陌生化的效果，因而受到了广大网友的追崇和热捧，并以此为根创造了许多新词语，例如：电子控、网络控、手机控、汽车控、茶叶控、旅行控、豹纹控、甜点控、皮草控、长靴控、文具控、数码电子控、精品控、西门子控、淘宝控、时尚控、机器猫控、蝴蝶结控、螃蟹控、西餐控、旗袍控、西装控、围巾控、首饰控、大叔控、伪娘控、御姐控、袜控、颜控、足控、杯控、妹控、甜控、无赖控、疯控、寿司控、绯闻控、打牌控、理财控、挣钱控、投资控、腹黑控、天真控、美丽控、强大控、清爽控、女士控、熟女控、节日控、图书控等，有喜欢、偏爱意思的“控”字似乎已经成了类词缀。

2010 年流行语“达人”指见多识广、对某方面理解透彻的人。它的造词能力也很强，例如：网络达人、社交达人、PC 达人、公益达人、投资达人、中国达人、时尚达人、捕鱼达人、养菇达人、环保达人、旅游达人、理财达人、奇石达人、创作达人、装修达人、风水达人、美食达人、街头达人、高尔夫达人、摄影达人、潮流达人、省钱达人等。

“控”和“达人”原来是汉语词，后被日语借走，现在又从日语中借回来了，属于汉语中的“借形词”，因为它们的读音、意义和用法都发生了变化。

通过分析我们看到：流行语使词汇的语义更具体生动，产生更好的语用效果。它的产生，使词义之间的选择和限制关系更加密切，加大了词与词之间义素的排斥和相容几率，排斥的义素被淘汰，相容的义素被保留。被保存下来的“流行词汇”，有一部分将会成为日后的基本词汇。很多流行词汇不是凭空创造的，而是结合基本义，在基本义上派生出的。这些流行语和由此构成的新词语，满足了人们的交际需要，完善了词汇的整体系统，反映了汉语强大的组合能力和丰富的表现手法，同时也表现了当代汉语日趋多样性和灵活性的特点。

## 第三节 流行语的语法变异

### 一、“有序异质”说

语言变异研究是20世纪60年代以来逐步发展形成的社会语言学新的研究领域。美国社会语言学家拉波夫（Labov）是语言变异研究的创始人。人们在进行交际时总要遵守一定的语言“常规”（norm），即人们所公认的语言交际标准。然而在特定的场合或语言环境下，语言使用者可能故意偏离常规，创造性地使用语言，造成语言的变化及表达上的突出，这种偏离常规的形式被称为“语言变异”（language deviation）。语言变异研究旨在探究鲜活的、现实生活中表现形式多样的语言，探究活生生的、运用中的语言的变异形式、过程、原因和规律。①

语言变异是指偏离常规的一种语言表达形式，即指说话人为达到一定的修辞和表意功能，故意突破词语使用上的常规而产生出来的词语形式和意义。词语变异可以是词语意义用法变化的反复出现，也可以是词语临时活用。流行语（包括网络流行语）在词汇语义、句法语音和符号等层面主要表现出如下的语言变异特征：在词汇语义方面出现了较多的新词、借词、简单词、缩略词、词义转换、旧词赋新意等；句法方面主要表现为违反句法常规、句子结构简化以及疑问句、感叹句和句型模仿；在语音方面，流行语中使用拟声词、叠音和谐音；符号方面则体现在灵活使用含意丰富的个性符号、表情符号、标点符号和阿拉伯数字。

语言的各个要素均能在使用中出现变异，一些语言学家早就开始关注这一重要的语言现象。例如，美国语言学家萨丕尔、布龙菲尔德等人都在他们各自的《语言论》中有很好的分析。拉波夫等人的《语言演变理论的经验基础》一文从方法论角度去认识这种现象，把语言放在社会环境中去研究，具体分析语言的变异，并认为语言不是一种同质的系统，而是一种有序异质的结构。有序异质是一种新的语言理论模型，可以用来具体分析语言的变异以及它与社会因素相互联系

---

① Edward Sxpir. *Language*：*An Introdnction to the Study Spcech*. Beijing：Forerjn Language Teaching and Reaserch Press，2002. P. 127

的动态结构系统。有序异质语言理论认为，任何一个言语社团所说的语言都可以分为若干个子系统，每个子系统有自己的语音、词汇和语法，都受共同规则支配。子系统相互间的关系不是互补的，而是竞争的，说话人可以依据不同的语境、交际对象选择某一个子系统进行交际。由于一个人的语言能力中可以并存几个不同的子系统，因此一个子系统会进入另一个子系统成为变异成分，某一变异成分如果在言语社团中被某一社会人群接受并开始传播，那么无序的变异就会走进入有序的行列，这意味着演变的开始。语言变异是社会语言学比较关注的话题。

变异是语言的属性，没有变异便不会有语言的发展。正如 E. Sapir（2002）所言："语言的沿流是由说话人无意识地选择的那些向某一方堆积起来的个人变异的过程，语言在不断发展变化，同时也存在变异"。人们在进行交际时总要遵守一定的语言"常规"（norm），即人们所公认的语言交际标准。然而，在特定的场合或语言环境下，语言使用者可能故意偏离常规，创造性地使用语言，造成语言的变化及其表达上的突出（foregrounding），这种偏离常规的形式被称为语言变异（language deviation）。

随着时代的进步、科学技术以及经济的发展，人们的思想逐渐开放，很多语言的使用都已经跳出了传统的定义圈，一些看似不能搭配的词语在一夜之间变成了家喻户晓的"明星词汇"，如"给力"、"萝莉"、"伪娘"、"out 了"、"Hold 住"等。流行语的语法变异是在使用过程中出现了新的语法现象或存在对传统语法规则偏离的语言现象，其语法变异主要体现在词性变异。如流行语"杯具"及其衍生词句的变异就主要体现在词性的变异上，"杯具"本身是名词，例如：我想要买一个玻璃杯具。当"杯具"因谐音"悲剧"而在网络流行语中被赋予新的意义时，它的语用范围就变广了，可以做名词、动词和形容词。例如：①今天我穿得很杯具（形容词）。②人生是个杯具（名词）。③楼主，你杯具了吗（动词）？再看"组团忽悠"的结构，它是动宾超常搭配，属于类推造词，由"组团旅游"、"组团参观"衍生而来，令人耳目一新。"心拔凉拔凉的"属于方言词语的妙用，让受众领略到了有异于普通话词汇"心凉了"的另类表达。语言与社会原是一对共变体，相应地，变化着的变异（variety）是语言的常规，是普遍存在的一种社会语言现象，没有变异便不会有语言的发展。

## 二、“被××”结构

流行结构“被××”是当代社会语言创新的产物。它萌生于网络，后逐步渗透到报纸、电视等传播媒介，日益成为人们表达新时代思想的一种重要格式。

“被××”结构的源头“被自杀”事件是这样的：2007 年 8 月 26 日，多次到北京举报张治安违法占用耕地、修建豪华办公楼“白宫”等问题的李国福，刚返回阜阳就被颍泉区检察院的人带走，被检察院关押近 4 个月后右目失明。家属多次要求保外就医，但遭拒绝。2008 年 1 月 11 日，李国福被转移到安徽省第一监狱医院接受治疗。可就在治疗期间，李国福在监狱医院内突然死亡。检察机关出具的调查结果显示，李国福属于自杀身亡，但其家属不认可李国福自杀的结论，认为死亡原因蹊跷。最终，张治安因涉嫌报复陷害罪被逮捕。此事经媒体曝光后，引起了民众的广泛关注，网民们将此事件称为“被自杀”事件。“被自杀”用词简练而意蕴深长，表达了网民的强烈愤慨和嘲讽。

“被”字在现代汉语里作为一个被动标记，通常与及物动词搭配构成被动句，我们可以说“他被枪毙了”，但不能说“他被死了”，因为“枪毙”是及物动词，“死”是不及物动词。但是近年来，“被时代”、“被自杀”、“被就业”、“被娱乐”、“被开心”、“被自愿”等词语频频出现在人们的视野之内，铺天盖地席卷而来，在网络、报刊等媒体随处可见。作为不及物动词的“时代”、“自杀”、“娱乐”、“开心”、“就业”、“自愿”等词被堂而皇之地与“被”字结合在一起，表示在不知情的情况下发生的事情。还有“被就业”表示“其实并未就业，却被告知已经就业”，“被女友”表示“其实没有女友，大家却认为他已经有女友”。随着流行，这种用法在网络和生活当中迅速蔓延开来。

早在上古汉语中，“被”字就可以作实义动词，未发生虚化，被解释为“遭受、蒙受”。尽管“被”字在有些句子作为“被动”的意思也能说得通，但是，“被”字在当时的确是纯粹的实义动词。在“被”字词性界定的历史上. 语言学界有多种说法，如介词说、助词说、助动词说等。然而支持“被”字动词说的学者也不乏其人，吕叔湘就曾主张把“被”字归入动词；胡建华、石定羽甚至还提出了双“被”说，认为有两个“被”字，出现在动词前面的是动词“被”，名词前的是介词。再看乔本万太郎的“被”字动词说。他将“被”字句看作是一种特殊的主动句，认为“被”字句的含义是：句子中的主语遭受一个事件（往往是不幸的）。因此，我们可以从中受到启发，“被”字动词说自然可以解释

“被”字后面直接跟名词的情况. 在“被××”结构中B组:“被+名词”可以理解为“动词+名词”。这样一来在语义上也就可以说得通了。

“被××”结构与传统的“被”字句在语义上的不同主要体现在两个方面:一是“被××”结构具有语义矛盾性。当不考虑“被”时，主语与“被”是“施事—动作”的关系；当“被”与“×”组合后，主语虽然仍是具体动作的发出者，却不是主动为之，而是在其他外力的迫使下被动进行的。因此，从这一角度看，它又是外力作用的受事。而传统“被”字结构的语义关系则多为“受事—动作”。如下面的例子:“因为各种原因，在家人的撮合下，部分女生遇到了被相亲。”(《楚天金报》, 2010年3月26日)“女生”是相亲这一动作的发出者，“被”的作用在于强调“女生”去相亲并不是出于主观意愿，而是迫于家人的压力。因此，从这个角度看，“女生”又是家人压力的承受者。部分女生遇到了“被相亲”，可以理解为部分女生遇到了被家人逼迫去相亲的状况。二是“被××”与客观现实的关系有两种，可能是对现实情况的真实反映，也可能与现实情况相背离。而传统的被字句通常是对客观存在的反映。例如:“这已经不是郭晶晶第一次被媒体爆其完婚了, 5年内第11次‘被完婚’可创世界纪录。”(《重庆时报》, 2010年3月11日)在当时，郭晶晶并没有结婚，因此“被完婚”与事实相悖，其逻辑值为假。

“被××”与传统“被”字结构在语用上的不同也体现在两方面:一方面是语言使用者在使用“被××”结构时，会尽量避免出现和传统用法同形的情况，即少用及物动词，多用不及物动词、形容词、名词，以避免同形造成的误会。如果必须使用，则加引号以区分，如“被录取”、“被征求”等。另一方面是“被××”结构大多含有消极的情感倾向，只有极少数表示中性或积极的色彩。而传统“被”字结构中，中性和积极语用色彩的使用频率要高得多。

通过对“被××”结构的研究，我们发现“被”仍然是语法标记，但“被××”的新用法在保留传统语义“遭受”、“不如意”、“被迫”的同时，又侧重一种“无奈”义。从对传统语义的继承上说，“被××”的新用法似乎也不算对传统语法的颠覆，而是对传统用法的创新和突破。流行语在语法方面也有很多独创性，表现在超常规组合和词语构词能力强两个方面。“被就业”打破了传统“被”字句对动词的限制，现在的“被××”对动词的要求比较宽松，甚至一般的名词、形容词也可以被组合，例如“被会员”、“被开心”。“被”的组合能力强大，具有较强的开放性和实用性，其表达效果独特而贴切。还有许多“被×

×”格式的流行短语，如被“捐款”、“被增长”、“被改名”、“被代表”、“被涨薪”、“被痊愈”、“被失踪”、“被通过”、“被时代”、“被高铁”、“被小康”、“被艾滋”、“被火锅”、“被全勤”、“被开心”、“被寂寞”、“被健康”、“被自愿”、“被民主”、“被中考”、“被鼓掌”、“被怀孕”、“被结婚”、“被退出”等。

从语言学的角度看，“被××”打破了传统“被”字结构在语义等方面的规范，具有很强的创造性、时代性及现实意义。“被××”短语的出现，丰富了现代汉语的手法，扩大了现代汉语的表达功能。无论在日常用语中表达调侃、宣泄，还是在写作中作为一种讽刺手段来应用，都能起到意想不到的表达效果。任何事物都不是一成不变的，语法也需要不断地发展变化。随着大量“被××”短语的出现，现有语法也会根据人们的习惯用法作出相应的调整，以适应人们交流的需要。

## 三、“副+名”结构

### （一）“太+名词”

2008年3月，中国少数“藏独”分子公然制造了一起血腥事件，引起社会的动荡和不安。而作为西方国家主流媒体的美国有线电视新闻网（CNN）竟然违反新闻职业道德，歪曲事实真相，对该事件进行偏离事实的报道，引起了我国社会各界人士的强烈不满和愤慨。大家纷纷对CNN的这一做法进行谴责，有愤怒至极的网友公然叫道：做人不能太CNN。随后，“做人不能太CNN”成为流行语。

2008年，石家庄三鹿集团股份有限公司生产的三鹿牌婴幼儿配方奶粉受到三聚氰胺污染，致使大量婴幼儿食用后患泌尿系统结石。事件爆发后，“我们做人不能太三鹿”、“我们做事不能太三鹿”、“我们做的产品不能太三鹿”等语句比比皆是。

有人在百度中搜索“太男人”获得大约270 000条结果，搜索“太女人”获得大约368 000条结果。当然，这些搜索结果不完全是“太男人”或“太女人”的结构，但大约有60%～70%是这一结构。

在这一结构中，流行语“太”字为程度副词，根据语法规则，程度副词一般用来修饰形容词，而这里却用来修饰名词，看上去似乎明显违背了语法规则，而实际上，这种耳目一新的说法更能表达出人们内心的不满和愤怒情绪，表达效果更胜一筹。按照传统的汉语语法规定来说，“程度副词修饰名词”的结构是不正确的，可是近年来这种说法在社会和大学校园中比比皆是，成为一种流行格式。

（二）“很＋名词”

CCTV 的新闻联播在 2007 年 12 月 27 日播出了一段抨击不良网络视听节目的报道，其中采访了北京某学校的一个女学生。这个女孩子语出惊人，面不改色地对着 CCTV 的话筒说道：“上次我查资料，忽然蹦出一个网页，很黄很暴力，我马上把它给关了。”于是，“很黄很暴力”成了一句流行语。再看一段来自某校大一新生之间的对话：“甲：你有没有发现今年‘快男’选手当中有几个人很娘啊？乙：是啊，‘快男’应该很青春、很阳光才对，有的选手一点都不 man，看着无语了。甲：嗯，真的是很雷人。”在实际语用中，这种以“很”为代表的“程度副词修饰名词”的结构有很多，例如：很淑女、很诗意、很传统、很理性、很文艺、很文学、很美国、很西方、很风度、很唯物主义、很异国情调、很女人、很男人、很农民等。以“很”为代表的“副＋名”结构在网络上也有很多，例如：雷、很森、很霹雳、很宅、很草根等。此外，这种副词成分还有“太”、“最”等。对这种结构的深入研究可以启发新的思考、产生新的认识、得出新的结论、预测新的趋势。

（三）“非常＋名词”

“非常男人”、“非常中国”等“非常语言”也在媒体上刮起了一股“非常”旋风，成为当今时代一个特别的语言现象。据不完全统计，仅全国各省、市电视台以“非常”为名的电视栏目就有《非常 6＋1》、《非常夫妻》、《非常父母》、《非常家庭》、《非常任务》、《非常音乐》、《非常记忆》、《非常档案》、《非常资讯》、《非常快车道》、《非常娱乐》、《非常发明家》、《非常事件》、《非常剧星》、《非常校园》、《非常酷车》、《非常汽车》、《非常故事汇》、《非常话题》、《非常新闻》、《非常影视》等。网络中也有“今年夏天，网络流行语非常‘雷’，非常‘霹雳’，非常‘日’，非常‘森’，非常得很网络，非常得很火星”，这则是将流行语进行了串烧。

“副＋名”结构在流行语中的盛行，很大程度上是由“副＋名”结构流行语中名词和副词的特点决定的，其最大的特点是老字、老词被赋予了新义。如“宅”字，原义是指房子、住宅。流行语中的“宅”演变成了在家里待着不出屋，或在家里沉溺于网络游戏，因此又产生了“宅男”、“宅女”等新词。“雷”字原义是指自然现象，在现代流行语中是指听到别人的话很讶异、很惊奇或难以理解，类似现代词汇“晕倒”、“无语”等。“霹雳”原是云与地面之间发生的强烈雷电现象，响声很大，能对人畜、植物、建筑物等造成很大的危害。在流行语中，“霹雳”是比“雷”还令人震撼的意思。在中文字典里，“达人”是指经过长年的锻炼，积累了丰富的经验，从而得到某个领域真谛的人。流行语中“达人”指某人在某方面很厉害。“草根”本来是指山野里默默无闻的一朵花、一根茎、一株草甚至一段折断的枝丫，平常又普通。流行语中，“草根”用来指普通老百姓。

流行语在表达效果上，或言简意赅，或形象生动，或追新趋异，或突显语意，或发人深省，或引导联想。而“副 + 名”结构的流行语，特别是“程度副词 + 名词”结构的流行语通过对描述对象所具有某种特征的强化，在一定意义上加深了流行语的表达效果，使流行语表达更具生动性、立体性，从而促进了流行语的流行。

还有些流行语的组合也打破了常规的语法结构，如“神马都是浮云”，“神马”是人们想象中的神奇的马，“浮云”是天上的云彩，这看似不合理的搭配，其实仔细思考是有其合理性的。“神马”本不存在，只不过是人们的一种美好想象；“浮云”虚无缥缈、难以掌控，两者之间有着相似的特点。期待和想象都是不确定的东西，同“浮云”一样难以捉摸。“神马”和“浮云”的神奇之处还在于这两个词结合在一起时便可构成万能句式，似乎在它们面前任何词语都是苍白的。

流行语中还有一种词类功能的扩展也打破了常规。在现代汉语中，词的功能和分布是相对稳定的，如“好”，在现代汉语里是典型的形容词，而在粤语里常被用作副词。现在随着流行语的发展，“好”在普通话中用作副词已成为不争的事实，如“你今天好漂亮啊”。又如在现代汉语中，“有”是一个纯粹的动词，没有助动词的功能，但现在已有“你听了吗？我有听”这种流行的说法 。

流行语不仅仅是语言符号，还从特定角度表达着人们的价值观念和文化心态，真实地映照出了社会现象和时代的变迁。流行语之所以能够流行，根源还在于它拥有更广泛的群众基础，能被民众自发地认可。调侃也好，幽默也罢，一句耳熟能详的流行语总能给大家带来会心的一笑，在笑声中回归于流行语调侃的本源。流行语和时代潮流同步，可以从某种层面折射出社会的理性和成熟。

## 第四节　流行语的语义变化

语义（linguistic meaning）似乎是语言学中最难说清的问题。有关语义的研究和讨论不计其数，但到目前为止依然没有一个大家公认的、权威的定义。对语义的争论主要存在于语义学和语用学之间。传统的语义学认为语义是语言文字本身固有的属性，这种属性是静态的、固定的，即语义学主要是研究“静态语言系统中的语言符号——语素、语词、固定短语、成语等所标记的基本内容。”[①] 而语用学则把语义看成是动态的，“把语言文字本身的意义和它们的使用者联系起来，除了要弄清一个单词、一句句子本身的意指外，语用学还要进一步弄清是谁在什么情况下用了这个词或句子，他想要达到什么目的，也就是说语用学要研究一个词、一句话在特定的语境中所具有的交际价值。”[②] 我们通常所说的语义学中的语义主要是指语言意义，有时也被称为语言意义或静态义；而语用学中的语义被称为语用意义，有时也被称为言语意义或动态义。

语义的变化是从语义在语境中的临时性变化中开始的，临时性的变化反复出现，渐渐固定下来，就成为长久的、固定的语义演变。而流行语恰是在这个临时性的语义被当时的人们所认可，经过反复使用、反复变化而最终意义固定后产生的。并且电脑科技这一媒介将流行语的范围推得更广，不仅流行于某国，甚至是整个世界。流行语的使用频率也因为这个媒介而提高，在繁多的流行语中，流行语的命运是随着所指称事物产生而产生，还是最终经过衍生继续运用于日常生活，成为常用词汇，这都要由语义的演变发展来决定。

### 一、流行语的语义泛化

流行语最显著的特征就是“言简义丰”，用最简单的字符去表达最充分的信息和最复杂的情感。流行语在流行过程中，一般都会发生语义泛化。所谓语义泛化，是指词语在使用过程中，最初的语义特征不断减弱，而词语的外延不断扩大，词语使用的范围不断扩大、用法不断增多。一般词语的语义变化都有些许泛化的情况，但这一点在流行语身上表现比较集中和明显。流行语一旦被高频使

---

① 章宜华，语义·认知·释义. 上海：上海外语教育出版社，2009. 7.

② 何兆熊，新编语用学概要. 上海：上海外语教育出版社，2008. 1.

用，它的意义就会发生很大变化，语义会不断丰富，如“潮”原指潮水或像潮水那样有涨有落、有起有伏的事物，也当形容词讲，指潮湿；而现在则指“流行、时尚。“时尚”取如潮水般有风靡、流行的顶端，也有发展的低谷时期；有时也有某些方言里的“傻”意，取东西受“潮”，使用起来不起作用、没反应之意。“发烧”原指体温增高，如今的“发烧”多指头脑不清楚，取因发烧过度而使大脑不清楚的意思。方言中还有“发烧友”，指对某项事业或活动非常迷恋专注的人。马庆株在《结构、语义、表达研究琐议——从相对、绝对义谈起》中说道：“语义是形成语法聚合的基础，语义成类的制约着词语之间的搭配，制约着语法单位的组合行为和表达功能，语义应该作为汉语语法分析的向导。”一种语言只有具有了外在形式和内在意义，才能成为一种真正的语言。而流行词汇正是在语义的基础上，通过一定的语法组合方式构成语言的备用单位。

1957 年，格莱斯（Grice）在论文《意义》（*Meaning*）中把“意义”分为“自然意义”（natural meaning）和“非自然意义”（non-natural meaning ）。“话语的自然意义是指人们能按照常规通过字面意义而获得的话语意义。”“话语的非自然意义指人们意欲表达的意义，即在特定的场合下表达出交际者意图的语用隐含意义。”意图（speaker's invention）和语境（context）是语用意义研究中重要的两个方面，围绕这两个方面，对语用意义的研究也出现了两种不同的趋向：一种是以“意图”为中心来确定话语的语用意义；一种是以“语境”为中心来确定话语的语用意义。

在新的语境下产生新的意义的流行语有很多，如“格了领”指在某一领域内同时具备“白领”的理论知识和“蓝领”的实践技能的人，“白领”与“蓝领”兼具；“伪农民”是实际上并不是农民，却拥有农村户口，分享由农民身份带来的利益的人；“小白菜”是对上海世博会园区志愿者的昵称，因其身穿绿白相间的服装酷似白菜；“小蓝菜”是对上海世博会城市服务站点志愿者的昵称，因其身穿蓝白搭配的服装酷似蓝菜；“油米”是指因油价上涨，到处寻找打折加油站，并把获得的信息发布到网上共享的群体；“翻墙”指利用代理或者虚拟专用网络等手段绕过国家防火墙访问到被国家防火墙屏蔽的网站；“上墙”指在有微博同步直播的会议或活动上，网友发送的微博被传送至微博大屏幕（微博墙）上公开显示出来。

## 二、流行语的语义派生

一种词汇能广为流传是基于原来的基本义，有些也称原生义，根据词所指称的事物的共同特点概括出来的词义是这个词的原生义。人们还可能根据词所指称的事物的某一方面的特征，通过比喻、类推、联想、想象等，将这一事物同其他事物联系起来，用这个词来指称另一个事物，从而使这个词获得新义，即派生义。这即是词义的两个层次：原生层和派生层。这是目前流行语飞速产生的一个基本方式。如“纠结”一词在《现代汉语词典》（第5版）中的释义为：“纠结：互相缠绕：藤蔓。”但是2008年以来，“纠结”却以一种陌生而新鲜的面貌出现在大众的视野之中。通过对搜集的语料进行归类，现将“纠结”的主要意义归类如下：①执着于某事而无法释怀：“人老了，应该变得透明与随和，不为芝麻绿豆纠结于心。”②内心矛盾、犹豫不决：“采访完毕，我正在纠结这两杯咖啡到底是我请客还是AA制。”③困惑、苦恼、令人无语：“其实我们现在面临着一个比较纠结的格局，开发商的价格还是没有降下来。”

现代流行语的概括性特别强，这也使流行语的流行速度和能产性都大大提升。甚至让我们认为现在的流行语都有些短语化的特征了，短语内的词语依靠一定的语法（关系）意义组合在一起。现代的日常流行语多是词缀加词根构成的，词根表示词语的基本义，再加词缀，并且具有一定的语法关系，所以也可以称“最美妈妈”这类词汇为短语。通过这类方式产生的流行语汇多是进行范畴分类，具有指称性。

## 三、流行语的语义更新

流行语的义项往往都很丰富，但它们在刚刚问世时意义大都比较单一，在流行语传播的过程中到底发生了什么呢？这里不妨举个例子：在2007年8月公布的《中国语言生活状况报告（2006）》中有一个2006年度的汉语新词语“晒”，以及与之相关的另外两个新词“晒客”和“网络晒衣族”。一般认为，“晒”来源于英语“share”，是“分享”的意思。最初是一名英国的旅游爱好者酷爱将自己的旅行趣闻、经历发在网上与人“ share”，引来了众多的网友跟帖。在这个阶段，“晒”这个行为是单纯的，仅包含在有共同志趣的朋友、爱好者之间进行交流之意，没有功利之心，也无攀比的风气。“晒”之词义的转折出现在一个著名的网络事件中：2006年9月，北京大学副教授阿忆在博客上公布了自己月收入

4 786元的工资条，这个“晒工资”的举动开拓了网上“晒客”的视野，“晒”的内容随即推陈出新，跟风“晒工资”、“晒奖金”已经不稀奇，“晒衣服”也不新鲜，开始有妈妈“晒小孩”、富人“晒房产证”……随着“晒”的内容不断扩大，“晒”蔚然成风，“晒”字的内涵也开始出现明显的变化，几乎等同于另类的“炫耀”一词。一些人用“晒”的方式将自己特别是自己的生活状态呈现在陌生人面前，通过他者的态度和反馈来达到自我满足。“晒孩子”的妈妈在帖子里展示自家的若干个小孩，以示自己有生育多胎的特权和优越的生活环境，并通过与网友的跟帖互动，用“不经意”的方式“晒”出自己的家底，用谦虚的口吻自贬“还算不上中产”，“也是个打工族”，以此来赢得更多人的艳羡。当然，对待这种“晒客”，大部分人的态度还是克制、理智的，一方面会质疑其真实性，比如会把“晒房产证”的人认定为房产经纪人；但另一方面，却又暗暗相信这种“大户”是存在的，毕竟在当下贫富差距日益扩大的情况下，先富起来的人也不在少数。“晒客”和“围观群众”之间达成了某种默契：炫富的一方见机行事，关键时候下点猛料；看热闹的这群也是亦步亦趋，抓住几个似有若无的破绽做做文章，大家一起把这个话题热热闹闹地经营下去，皆大欢喜，既满足了一方窥探的欲望，又成全了另一方“被仰视”的愿望，更打发了时间。从“晒”的发展过程我们可以看出，一个新词之所以能流行起来，与其意义的更新和发展是密切相关的，被“晒”的事物种类越丰富，“晒”的流行地位也就越巩固，从有形的事物如收入、固定资产，到无形的“回忆”、“新年打算”，甚至伊朗政府公布持有核技术的行为也被定义为“‘晒’核”。一时间，“晒”成了报刊标题的常客。这里，“晒”这一行为所具有的社会意义，如各阶层的态度、社会关系的协调以及由此引发的思考等，都对这个词的流行起到了关键的作用。可以说，每种不同场合的“晒”都触发了对“晒”的重新解读和重新认知，并在重新解读和认知中丰富与更新了“晒”的义项。至此，一个有别于当年初创的新词“晒”逐渐成形了。

## 四、流行语的语义色彩

语言是社会的产物，语言和社会密不可分。在语言的语音、词汇、语法这三要素中，词汇和社会的关系最为密切。词汇的系统性已被越来越多的语言学家所认可，但就汉语本身来说，相对于语音和语法的系统性，词义的系统性又不是那么紧密和稳固的。因此，词义就比较容易受外在影响而发生变化。由于词义的灵活性和适应性，大量的流行语就这样适时产生了。在人们熟悉的词语基础上加上生动的形象、恰当的情感、浓厚的文化和现实的意蕴，词语就很容易被接受并变得流行。

一个词除了有理性意义之外，还具色彩意义。“色彩意义是词义中不可忽视的一部分，它附属于词的理性义之上，表明说话人的态度、词语适用语域和风格特质以及词所引发的有关事物形貌的想象等等。”① 色彩意义包括感情色彩、语体色彩和形象色彩。流行语不但理性意义丰富，色彩意义也是多种多样的。总体而言，部分流行语的各种色彩义共同作用、共同发展，不同的色彩义之间呈现出高度的叠加性。

流行语的感情色彩意义较为复杂。第一种是静态的感情色彩，也就是不借助任何语言环境而独立地存在于语义之中的感情色彩，或褒或贬或中性，如“口红效应”、“拐点”、“秒杀”、“围脖”、“穿越”等就是中性词语，不带有任何感情倾向；“拼爹”、“躲猫猫”、“被就业”、“反正我信了”等就是含有贬义色彩的；“亲”、“给力”则具有褒义的色彩。第二种是动态的感情色彩，就是言语的感情色彩，即词语在特定的语言环境中所呈现出的色彩意义，如“《武则天秘史》裸戏、床戏频现”中的“裸”很明显具有贬义，是赤身裸体的意义；“近四成大学生接受‘裸婚’”中的“裸”是“没有准备齐全”的意义，是个中性词语；“裸帐是风气与管理的晴雨表”中的“裸”是“透明、自然、公开”的意思，具有了褒义的色彩。

部分流行语的感情色彩是一个渐变的过程，开始流行时的感情色彩和流行开来后差别很大。来自口语的流行语“控”在使用之初主要是形容人太过偏激，含有明显的贬义色彩，如“妹控”指恋上自己妹妹的人，“女仆控”指对女仆更具性方面兴趣的人。后来随着使用范围的扩大，这一词语的感情色彩也逐步发生了变化，如“电子控”是指人们喜欢电子产品，“围巾控”指女孩子喜欢收集围巾，“图书控”指有喜欢收集图书的习惯。现在的“控”已经演变为中性词语了，指人的一种爱好。

形象色彩也是词语所蕴含的一种色彩意义。“形象色彩是客观世界的具象事物等在人脑中的映象，这映象能被指称该具体事物的词语所唤起。”② 如“躲猫

---

① 曹炜．现代汉语词义学．广州：暨南大学出版社，2009．16．

② 周荐，也谈词语的形象色彩问题 南开学报，1992（5）．

猫”、“钓鱼”、“蚁族”等都具有生动鲜明的形象色彩，“躲猫猫”的“躲”字能使人们联想到“逃避、隐瞒”的意思，因此，这个流行语便由一个简单的游戏名称过渡为“隐瞒事实、逃避责任或暗箱操作”的意思。“钓鱼”的“钓”和“鱼”再现了执法者别有用心地诱惑他人上当受骗的行为。“蚁族”生动传神地表现出“弱小、群居、忙忙碌碌、吃苦耐劳”的刚毕业大学生群体的生存状况。

# 第六章　流行语的语言运用价值

任何事物都有其存在的意义和价值。流行语作为一种语言现象，虽然是特定时期、特定地点、特定人群三者的共同产物，但是其本身的语言运用价值是不可忽视的，对流行语的客观探究有利于我们对现代汉语有一个更全面的认识和深入的理解。语言是有生命的，它始终处于不断的发展变化之中，而流行语则是这变化最集中的体现。毫无疑问，流行语是用来交际的，它借助一定的语言成分形成一定的语言关系以实现特定的语言功能。

## 第一节　流行语的修辞运用

修辞学是语言学的一个分支，它不是以某一个语言要素作为研究对象的，也不是一般地综合研究语音、词汇、语法、文字等要素，而是研究运用语音、词汇、语法、文字等各种要素的可能性，以期自如地驾驭语言，更好地传情达意。从修辞手段及修辞方法的角度来看，流行语充分体现了词语语音、语义及形式的修辞手段。流行语的出现和产生，实际上是一种利用修辞方法的语言建构过程。

修辞，即修饰言论，就是利用多种语言手段进行的一种语言活动，目的是在使用语言的过程中收到尽可能好的表达效果。这种“尽可能好的表达效果”，包括语言的准确性、可理解性和感染力，也就是所谓的修辞效果。汉语修辞手段是十分丰富的，现已知的修辞手法大约有 63 大类、78 小类。

流行语极大地丰富了现代汉语词汇，它所采用的修辞格式也成为语言发展的推手。

### 一、流行语对修辞格的运用

语音、词汇、语法是语言的三要素，修辞既不是语言的第四要素，也不从属于语言三要素。语言三要素是修辞的材料、手段、基础，修辞是对语言三要素的综合艺术加工（运用），是语言三要素的高级体现。没有语言三要素，修辞就

“巧妇难为无米之炊”；光有语言三要素而没有修辞，语言也会寡淡无味。在平常说话中，人们往往会有意无意地借助各种修辞手段来表达自己，这其中就有运用辞格修辞手段。通过研究流行语的修辞运用，可以看到流行语使用者的心理状态和价值取向，更好地洞悉人们的价值观。修辞效果是由特殊的语言要素的组合形式，即修辞形式与特殊的语言要素的意义表达，也就是修辞意义之间的组合共同造就出来的效果。

（一）比喻

比喻修辞格是流行语经常运用的，也是流行语中最生动、最形象、最具生命力的一种修辞方法。

比喻的最大特点是增强语言的形象性，使高深的事理浅显易懂，使复杂的事情清晰突出，使抽象的事物生动具体，具有较强的感染力。人们在使用流行语时也常常使用这一方法来指称其他事物或说明其他事理，在原有词语的基础上赋以新义而创造出新词语，如用“大锅饭”比喻计划经济时僵化的分配制度和分配方式，“铁饭碗”比喻固定工作，“下岗”比喻某些人失去工作，“车狼”意指那些骑自行车或摩托车进行抢劫的人，“店鼠”指在商场进行偷窃的人，这些比喻形象生动、十分恰切。学生使用的校园流行语也常用比喻，如用“红辣椒”比喻学校执勤严格的学生干部，既形象又友好；用“冬瓜”喻指身体较胖的同学，形象而幽默；用“名捕”喻指对考试作弊毫不留情地进行处理的监考老师，实在是一种创意。流行语比喻词在网络上的使用也很多，如“网虫”、“菜鸟”、“搬砖”、“走穴”等。

（二）仿拟

有些辞格的修辞形式是语形上的特殊组合，形成语形辞格。这些语形辞格中的特殊的组合形式是不能通过任意性原则约定俗成一种特殊的修辞意义的，因此要由象似性原则来赋予其意义。“仿拟”一词来自希腊文 Parodia，意为“mock song”（嘲弄之歌）。陈望道先生在《修辞学发凡》中认为：“仿拟格指的是为了讽刺嘲弄而故意仿拟特种既成形式的。”仿语就是根据表达的需要，把现成的合成词、成语或短语中的一个语素换成意义相反、相对或相关的语素，从而临时仿造出一个新的词语。综观现在的流行语，仿拟修辞的运用非常普遍。这种修辞方式富于创造性，充满个性。同时，仿拟也是产生流行语的一种便捷方式，适合人们表达自己的新思想。

仿拟的格式大多是合成词和固定词组。比如在流行语“白痴”一词的基础上，产生了“花痴”、“玩痴”、“情痴”等词。再比如：“老班”一词是对班主任的亲切称呼，它来自于对“老外”等称呼的仿造；“校草”一词，是指校园中最帅、最漂亮的男生，来自于对“校花”的仿造。还有固定词组如“××族”式词语，在有血统关系的“家族”、“种族”上面引申为具有共同属性的一类人群，类仿出“上班族”、“追星族”、“啃老族”、“月光族”等。还有“晒月亮”一词本是不存在的，它是仿自“晒太阳”，指“在晚上谈恋爱”；“每周一哥”仿自一档娱乐节目《每周一歌》，用来讽刺一些女生换男友太频繁；“引进外姿”仿自词语“引进外资”，指男生找其他学校或院系的女生谈恋爱；“卧谈会”仿自“座谈会”，指寝室成员躺在床上聊天。在仿拟的格式中还有一种仿句形式，指的是模仿现成的广为流传的名句，仿照其形式而改换个别字词造出新句，主要体现在当代大学生对电影、广告、小品、报刊、歌曲、文学作品中出现的语句进行仿造，如“人心散了，队伍不好带了”、“××很生气，后果很严重”、“我是××，我怕谁”、“做人要厚道”、“没有最好，只有更好”、“闪亮登场”、“你太有才了”、“Tomorrow is another day”等。还有仿现有的格式，如“恨你没商量”、“宰你没商量”、“坑你没商量”就是仿电视剧《爱你没商量》的格式，而“都是恋爱惹的祸”、“考就一个字”和“该出游时就出游”则分别是仿流行歌词“都是月亮惹的祸”、“爱就一个字”和“该出手时就出手”的格式。再如“绿色”一词，它象征着和平、安宁和生命。由于今天对之较为一致的理解是生命、节能与环保，因此，“绿色”就被广泛仿造，出现了许许多多带“绿色”的词语，例如：绿色革命、绿色经济、绿色金融、绿色消费、绿色产品、绿色奥运、绿色食品、绿色通道、绿色社区、绿色住宅、绿色装修、绿色厨房、绿色面包、绿色大米……几乎数不胜数。

（三）别解

别解就是运用词汇、语法或修辞等手段，临时赋予一个词语原来不曾有的新义。这里所说的词汇手段，是指字或词的多义；语法手段，是指改变词性或结构层次；修辞手段，包括比喻、借代、谐音等。也就是说，此新义是一定的语言环境所临时赋予的，不是辞书上面所能找到的，只有在特定的语言环境里偶尔用一下，不能与原来的含义并行不悖，更不能取而代之。以“新”代“旧”，出其不意。

词的意义相对固定，所表达的概念意义和色彩意义比较单纯、固定，而有些流行语却经常将原有的词语分解开来，独立成语素，在紧密结合的语素中加进一些成分，使新的语素义简单相加，改变旧的所指，给予新的所指，利用新旧所指的极大反差产生幽默效果。也就是说，流行语的别解是指人们发散自己的思维和创造力，对原有的旧词、旧语作出和原先的意义全然不同甚至截然相反的解释说明。使用别解意义的流行语通常能够达到一种幽默和调侃的效果，有时也作为反语来使用。例如“可爱”原本是招人喜爱的意思，经别解后，意义完全不同，成了“可怜没人爱”的意思；“天才”原意为“在某一方面拥有一定的天赋，具有卓越的想象力、创造力的人”，别解后变成了“天生的蠢材”；“蛋白质”原为生物名词，是一种复杂的有机化合物，别解后被人们作出“笨蛋 + 白痴 + 神经质”的解释，具有嘲讽的意味；还有“特困生”表示“特别容易犯困的学生”，“留学生”表示“留过级的学生”等。

（四）借代

借代是指用一事物代替另一事物，是借此代彼，不用人或事物的本来名称，借用同它具有相关性的人或事物的名称来称呼它。“躲猫猫”原本是一项众所周知的捉迷藏的游戏。2009 年 2 月，云南省晋宁县看守所发生一起死亡事件，当地公安机关向外界通报李乔明的死因是在和狱友玩“躲猫猫”游戏时不慎将头部撞伤，这一说法引起了广大民众的强烈质疑。后来在人们谈论相关事件的时候，心照不宣地将之称为“躲猫猫”，“躲猫猫”成了此次事件的代名词。人们口中流行的“躲猫猫”，不再单纯地指一种生活中司空见惯的游戏，词语的背后是更为深刻的含义。中国传统的修辞演变是以社会制度为基础的，因此缺乏公共演说与公共表达的修辞教育和使用传统。① 伴随着社会的发展，公民获得了表达意见的公共空间，流行语正是与这一趋势相伴而生的一种另类而有趣的现象。这些幽默智慧的流行语背后，体现了公民意识的觉醒和时代的特色。

还有一类是从当事人原话中选取有代表性的词句进行借代，表达情感态度。这类词语多来自于当事人，并对其进行直接使用，但是本着反讽的修辞目的，在语用过程中对其含义有所改变。这一类修辞手法在类网络流行语中最为常见，例如：“关我啥事，我是出来打酱油的。”此话是广东电视台记者就陈冠希事件采访一路人时该路人所说，之后迅速红遍大江南北，甚至衍生出了“酱油族”。“打酱油的”除了暗示审美疲劳，还包含了一种无奈，甚至是无语。新词的出现和备受关注的重大事件或者是焦点的娱乐事件一样，都极具新闻价值，它之所以

① 陈汝东．论全球化时代的东亚修辞学教育．第 11 届韩中文化论坛．韩国关东大学，2009.

能流行，能非常便捷、高效地传播信息，与它特定的形式是分不开的。这种特定形式本身就是一种修辞。

流行语中运用借代手法创造新义词语的例子有很多。如“白领”代指具有固定工作和收入的、生活比较安逸的工薪阶层人员；“粉领”、“银狐领”指时髦女性或准贵族女性；“蓝领”指普通的大众人群；“大檐帽”指那些执法人员等，都是用借代手法赋予这些词的特定含义。如何应用修辞的方式高效地实现传播，这是一个非常重要的课题。事实表明，从新词中提炼出流行元素进行特定的修辞包装，从而创造出能产的结构，既满足了人们的从众心态和求新心理，也满足了人们的娱乐需求。此外，由于在一些事件中相关人物与机构的不作为或推卸责任，这类人或事也被网友们调侃，并成为了网络流行语的借代来源，如“范跑跑”、“楼高高”、“楼脆脆”、“楼倒倒”、“楼推推”、“CNN”等。

（五）转类

转类指的是改变词性，转类活用，以适应特定语境的表达需要，获得按语法规范用法所不及的活泼、生动、幽默、诙谐的修辞效果。

这种现象在流行语中有很多，非常常见，如“非常可乐”、“很女人”等广为流行，就是运用了转类的修辞手段。“非常”、“很”甚至以一种词语模的形式固定下来，按照该结构模型还生成了许多句法结构相同的流行语。它是形容词临时充当了程度副词的作用，这种改变词性的“转类”修辞，从变异修辞学的角度看，是由变异造成的，属于聚合变异的一种，即某类词通过变异而具有了另一类词的表达功能。之所以把词性变异当作聚合变异中的一种情况，是因为某类词中的有些词通过变异以后，临时具备了与另一类词构成聚合群体的特征，从性质上发生了变化。在言语表达中，有由甲类词向乙类词变异的情况，也有由乙类词向甲类词变异的情况，还有其他变异情况，统称为词性变异。

词性变异最常见的情形是名词变异为动词，形容词变异为程度副词，名词变异为形容词，形容词变异为名词等。名词变异为动词是指在言语表达中名词用如动词，临时具备了动词的特征和功能。比如流行语“悲剧”一词，在“我今天悲剧了”中由名词变异为动词，主要是为了将动态和静态有机结合起来，增强言语感染力。名词变异为形容词是指在言语表达中名词临时具备了形容词的特征和功能，比如流行语“很和谐”、“悲催的一天”、“超白痴”、“很雷锋”中的“和谐”、“悲催”、“白痴”、“雷锋”已经由名词变异为了形容词。名词变异为形容词主要是强调人或事物具有的属性、特征，使言语表达具有直观性和感召力，能增强接受者的联想意识。形容词也可临时充当程度副词，如“奇快无比”、“巨可怕”、“狂奔”、“爆多”中的“奇”、“巨”、“狂”、“爆”等形容词就是临时充当了程度副词的作用，这样的形式化静为动，增强了语言表达的动感。

（六）飞白

所谓飞白，是为了特殊的表达需要，将明明知道是错误的字、词、句故意如实记录或仿效，或者故意误用一些成语、常用语。这里的“白”本来是指白字，也可以将它扩大到有语病的词语句篇，通过改变其原有意义，取得幽默或诙谐的效果。陈望道先生在《修辞学发凡》中指出飞白属于一种积极的修辞。“神马”句式开始时不是网友有心创造的，后来的流行是因为人们故意仿效以达到一种滑稽、搞笑的目的。“围脖”的流行也是网友们为了追求新奇的表达效果而使用飞白辞格的结果。校园流行语常有飞白现象，如把成语“奋发图强”误用为“粉发涂强”，意为“女子化妆”，明明知道是错误用法，但是大学生们还是屡用不厌。早上起晚了，还在镜子前化妆，室友开玩笑说：“还粉发涂强呢，上课要迟到了。”这样使用，既委婉地表达自己的观点，又能让室友幽默地接受，也算得上是修辞化的特殊作用。

（七）移用

语言中的某些词语有固定的意义和用法，具有一定的词性。移用则利用词语的这些特点，临时改变其用法或词性，从而收到一定的修辞效果。这种移用手法，多是跨学科、跨门类的词语的运用。常见到的是将体育术语运用到文学艺术、行政事业等行业，如足球运动中的“前卫”、篮球运动中的“先锋”、排球运动中的术语“短平快”分别用于“前卫作家”、“先锋诗人”和形容工作效率的“短平快”。再有就是因某一事物的影响较大，而被时髦运用，广泛流行。如阿来的小说《尘埃落定》获茅盾文学奖，因而出名，影响很大，“尘埃落定”一词常常用来表示具有了某种结果或某种定论。此外，科学技术方面的“克隆”、“基因”、“纳米”等词语被移用，更是屡见不鲜。

（八）对偶与排比

“说话中凡是用字数相等，句法相似的两句，成双成对排列成功的，都叫做对偶辞。”[①]用两个或者两个以上句法相同、结构相近、语气相似的词语或句子并排，达到一种加强语势的效果叫作排比。而运用对偶手法，可以使语言精练、简

---

① 陈道望．修辞学发凡．上海：上海教育出版社，1997.

洁、易记易诵，让人印象深刻。

它们是较常用的一种修辞手法，流行语当中有很多运用了对偶和排比的修辞格：

(1) 信春哥，得永生；信曾哥，不挂科。

(2) 不要迷恋哥，哥只是个传说；不要迷恋姐，姐会让你流鼻血。

(3) 理想很丰满，现实很骨感。

(4)《石头记》告诉我们：凡是真心爱的最后都散了，凡是混搭的最后都团圆。

(5) 看见别人家的墙要倒，咱们没有能力去扶，但是咱们不推，这就是一种善良；别人在吃咸菜喝粥，咱们在吃肉，咱们没有能力分给别人一块儿，但是咱们尽量不吧唧嘴，这也是一种善良。

(九) 婉转

婉转是说话时不直抒其意，而采用比较委婉、含蓄的方式表达的修辞格。流行语中有很多运用了这一修辞手法，例如，在大学校园里使用较多的流行语“特困生”指上课爱睡觉的学生，谐音词“稀饭”意为“喜欢”，“挂”指考试不及格等。

运用比喻、仿拟等修辞手法创造出了一种富有艺术表现力的独特语言，丰富了当代的汉语词汇。也正是因为修辞手段在流行语中恰当的运用，流行语才展现了幽默、智慧，呈现出简洁、新奇、形象、时尚、幽默的修辞效果，并能在社会上广泛流行。

从以上的简单分类可以看出，流行语运用了多种修辞手法，巧妙而风趣地表达了词语背后所蕴含的意见和诉求。总的说来，这些词语风格幽默、简洁、尖锐，符合当今文化的特质。现代流行语之所以能产生并迅速流行，除了社会原因之外，就在于流行语常常采用生动灵活的修辞格式，使语言鲜活生动、易于传播，从而丰富和发展了现代汉语。

## 二、流行语的句式美和修辞效果

语言美的形成与语境有很大的关系，在形式上可以细分为句式美、风格美、文采美。流行语作为语言的一种，是随着社会的发展变化而不断更新与完善的一种语言艺术，其美学价值也得到了充分的凸显和体现。

语言的句式美是指句子的内部结构或者相邻句子在长短、整散、语气等方面的组织和安排别出心裁，具有一定的艺术性，容易使人记忆深刻。语言的表现风格是多种多样的，每个人使用语言的风格不尽相同，再加上语言交际的性质、内容、文体、方式、目的等也千差万别，因此，语言也呈现出不同的风格，或简洁明快，或委婉含蓄。选择什么样的语言风格，还需要因时因地制宜。如下列流行语就呈现了句式美和文彩美：

(1) 在海边不要讲笑话，会引起“海笑”的。

(2) 自从得了神经病，整个人精神多了。

(3) 世界上最遥远的距离是，我们俩一起出门，你去买苹果四代，我去买四袋苹果。

此外，还有一些流行语如“囧”“槑”等在字形的构造上通过模拟人类的表情而具有生动传神、简洁逼真之处，受到广大使用者的喜爱和欢迎。

从以上分析可以看出，流行语在修辞手段应用上呈现出许多独特之处，注重句子的造设和词语的选择，使流行语极富情感性，生动形象。

流行语中出现的很多新词、新语都是通过修辞手段使潜语言显化的产物，也就是说，许多潜在语言形式在出现以前，都处于潜伏状态，之所以未被使用是因为没有相应的语用需求或者受到语言内部规律的制约。而修辞手段不仅成为众多新词汇产生的主要机制之一，还因为其自身具有的形象、便捷等优点，被众多富有创造精神的人所运用，创造出并继续创造着新的语言形式。同时，从对由各种修辞手段产生的语言的分析可以看到，所有流行语的产生都是基于一定的社会文化条件的，并且顺应语言产生组合的规则。此外，一些修辞手法，诸如仿拟、转类等，具有一定的规律性，对研究修辞语言的一些规律问题以及汉语的相关词汇问题也会起到重要的作用。

## 第二节　流行语的语用功能

语用学是在语义学的基础上发展起来的研究语言使用的一门学科，大约产生于20世纪六七十年代。意义和语境是语用学中两个最基本的概念。语用学所研究的意义不同于传统的、狭义的语义学所研究的意义，它所研究的不是抽象的、游离于语境之外的意义，而是语言在一定的语境中使用时体现出来的具体的意义。

从社会学的角度看，语言并不纯粹是一种符号系统，还是一种复杂的社会现象，因此，语言的传播和使用在一定程度上体现了社会的集体心理特征，是一个特定时代的社会镜像。同样，流行语的产生和传播也不是偶然的，而是一个特定时期社会群体心理的反映，折射出了社会生活的一种现实状态，它所独有的“事件性”特点则反映了当今社会发展的文化心理趋势。对其进行深入研究，可以让我们了解这种社会文化心理趋势转变的原因所在。例如，由于金融危机的影响，许多高校的就业率出现了下滑现象。然而，2009年7月，有些应届大学毕业生在网上发帖称自己“被就业”了，他们就业协议书上赫然写着一个自己从没听说过的公司名称。经调查发现，原来这是某些学校为了提高就业率而采取的一种措施。“被就业”这一网络流行语在网络语境中的流行和传播是与当时的社会现象紧密相连的。从语言学的角度分析，汉语中的“就业”一词是不能用于被动结构的，这种调侃的语言形式恰恰说明了网民对社会现象的态度。同时，网络流行语也具有非常好的社会语用效果，主要表现在：网络语境下，流行语能在短时间内通过网络快速传播开来，从而引起相关部门对某一事件的关注。例如，“被就业”的传播流行，使得“被代表”、“被自愿”、“被捐款”等多种“被××”格式流行语在网络上流行开来，这不仅反映了网络语境下新的语言现象和社会问题，同时也把这些社会问题抛向了公众视野。因此，一些社会问题得到了关注并最终解决，这是其社会语用效果实现的充分表现。

## 一、流行语的语用意义

对语用意义的研究是伴随着语用学的发展而发展的。自从 C. Morris 和 R. Carnap 在符号学（Semiotics）理论中介绍了“语用学”这一术语，越来越多的学者开始重视语用层面的研究，从而带动了语用学的不断深入发展。作为语用学最重要的研究内容之一，语用意义的研究也得到了发展，尤其是语用意义的研究对象和研究趋向问题。流行语的语效是指使用流行语所产生的不同于使用普通词语的语言效果。语效是话语所提供的信息和语境之间的一种关系。流行语作为一种特殊的语言现象，能够产生不同于其他词语的语言效果。

流行语及时反映了社会经济、文化等方面的发展变化，每个时期都产生了一些经典的流行语，继而成为特定时期的社会用语，得到广泛使用和流传。在流行语中，我们能看到与之相关的普遍社会心理特征和语用特征。流行语的产生和出现多与特定的时代背景有着密切联系，反映某一特定时代的特征，可以说是一个时代鲜明的烙印。早在 1993 年，“下海”、“发烧友”就入选当年的大众流行语排行榜，至今仍被广泛使用，并被许多词典所收录。

有些流行语是由某一重大事件直接催生的，结合事件的具体情况，人们赋予由这一事件衍生出来的流行语一定的含义，并在实际交流中广泛使用。2010 年 10 月 16 日晚 21 时 40 分左右，在河北大学新区超市前，一辆黑色轿车将两名女生撞出数米远，其中一名女生重伤，另一名女生因抢救无效死亡。事发后，肇事司机不但没有认识到自己的错误和责任，反而口出狂言：“有本事你们告去，我爸是李刚。”此事一出，舆论一片哗然。一时间，“我爸是李刚”成为人们街头巷尾热议的焦点。在这一事件中，“我爸是李刚”若脱离整个事件的大背景来看的话，似乎和平实的陈述句没有多大差别，但是由于被放到了特殊的事件背景当中，这个看似平常的陈述句的意义所指也就随之发生了变化。网上发起名为“我爸是李刚”的造句大赛，引来无数网民围观和参与：“不要悲伤，我爸是李刚”；“床前明月光，我爸是李刚”；“我在仰望，月亮之上，我的爸爸是李刚”；“不是所有的爸爸都叫李刚”等，被广大网民广泛引用以示对肇事者蛮横无理、不负责任的行为与态度的强烈不满和讽刺。这种带有说话人主观语用意图的网络流行语所表达的意义在网络语境中被广泛地传播，并逐渐从个体层面蔓延至群体层面，最终成为具有新的意义指向的网络流行语。

## 二、流行语的语用表述

流行语不同于一般词汇的最主要特点是其社会语用义非常丰富，几乎每个流行语都是一面镜子，既揭示出社会的热点问题，又反映出大众的内心状态。社会经济、文化的发展促进了新词语的产生，越来越多的流行语如潮水般涌现。流行语的语义有表面化、简单化、直接化和形象化的趋势，构成形式则表现出随意性、灵活性的特征。流行语随着时代的新思维、新观念而出现，一方面折射出潜在的审美观念、社会观念与价值取向，另一方面也需要我们认真地思考其折射出的社会问题。

一个简单有趣的儿童游戏名“躲猫猫”，竟然成了官方口里一条生命逝去的“原因”。整个事件引发了人们的强烈质疑，批评之声此起彼伏。因此，“躲猫猫”被赋予了“隐瞒事实、逃避监督或暗箱操作”的新意义。执法者把普通民众当成了“鱼儿”，诱使他们犯罪，这种“钓鱼执法”的行为也受到了人们的指责和批判，用“钓鱼”指代“违反法律精神，别有用心地引诱他人上钩的行为”。肇事者狂妄的一句“我爸是李刚”，是对公平、公正的社会制度的公然挑衅，激起民众的极端不满。人们用“拼爹”和“二代”来讽刺社会上种种不公的行为，痛斥中国社会的裙带关系。下面再举几例：

“蜗居”一词的流行反映了时代的社会热点，它源自2009年度热播的同名电视剧。该剧围绕着买房问题展开，反映了都市白领一族的房奴生活。“蜗居”的字面意是“比喻狭小的住所”，形象地说明了房奴的生存状态，这也正是其引发热议、产生强烈反响和共鸣的根本原因。与此同时，“蜗居”还引发了新一轮造词热，如指代“毕业后选择留在大都市生活的低收入白领群体”的新词——“蚁族”等反映当前社会现实问题的词语也迅速成为流行语。“蚁族”的蹿红表达了人们对刚出校门的大学生的生存状况的深深忧虑。

“杯具”作为一个网络词语，在使用的时候娱乐性要更强一些。人们在使用“杯具”的时候，多带有某种情感在里面，有时带有一种自我调侃的意味，使得事件本身带来的伤感情绪得到缓解，把严肃的气氛淡化，营造出轻松的氛围，形成了幽默诙谐的风格，给人们带来一些心理安慰，甚至有的网民还创造出许多以“杯具”为主题的笑话。这说明“杯具”已经成为生活中必不可少的一部分，不再是单纯的悲观，还有诙谐幽默的味道。

还有“周正龙”、“范跑跑”、“艳照门”等以事件为代表的词汇用语，也是一些社会问题的浓缩。“做人不能太CNN”可谓是对CNN的嘲讽和还击；“宅女”、“宅男”的流传则让人不由地感叹年轻一代所面临的价值取向和生存尴尬；“低碳”的流行表达了人们对环境问题的关心；“和”表达了人们对和平、和睦、和善、和顺、和美、和谐世界的向往；“最美妈妈”吴菊萍，用爱托起生命；“天宫一号”、“神州八号”先后升空并实现“交会对接”，“太空之吻”开启中国载人航天历史性新纪元，中国航天事业铸就新辉煌；对“正能量”全新的诠释，则予人以向上的动力和希望，促使人不断追求，让生活变得圆满幸福。

在使用上，流行语对汉语的突出影响有两方面：一是词类活用现象较为明显，最典型的就是一些口头常用的非正式流行语，如“雷”、“宅”、“霹雳”都不再局限于原有名词词性而另有形容词等多重用法；而一些原有表达也被缩略使用并凝固下来，如“给我发短信”形成的“短我”已经成为普遍用法。另外，一些字母也可以具有词性，并在词性上用法活泼，如“N”由一个在数学中经常用来表示无穷的字母发展出具有“很多”意的形容词用法，如“N个”，并进一步转化为表示程度的副词，如“N多”；由“腾讯QQ”精简后的“Q”也具有了“在QQ上和××聊天”的意思，“Q我”的说法已不新鲜。又如“K歌”中的“K”也被赋予了具体的词义和词性。二是新的组合结构不断出现，“很傻很天真”中两个“很×”的短语联合构成一个结构，以强化语义；“被就业”、“被增长”类结构中“被”一反常态，所辖的词类基本是不及物动词，甚至有不能加宾语的形容词、副词等，如有“被开心”、“被自愿”的说法。另外，“严重关切/同意”、“引咎分手/洗碗”等也已成为流行语了。

在流行语中，我们都能看到与之相关的普遍社会心理特征和语用特征。流行语及时反映了社会、经济、文化等方面的发展变化。正如何自然所提到的：社会语用不但反映社会经济的发展，它还是社会文明程度的标志，是了解社会精神文明建设的窗口；同时社会语用也反映了生活在这个社会的群体的整体文化素质、道德修养和精神风貌。要了解一个时代、一个社会、一个国家或一个城市的风貌，往往可以从这个时代、社会、国家或城市的语用水平中获得初步的印象。

# 第七章　流行语的模因现象分析

## 第一节　模因论概述

语言模因论揭示了语言发展的规律，为研究语言进化问题提供了崭新的思路。模因作为文化信息单位，在流行语的发展过程中有着重要的作用。它们的复制、传播为丰富流行语提供了一条有效、快捷的途径。

### 一、模因论的概念

模因论的核心概念是模因，它试图从历时和共时的角度诠释事物之间的普遍联系以及文化传承性这一本质特征的进化规律。模因（meme）最初是由著名动物学家和行为生态学家道金斯（Richard Dawkins）于1976年在其经典畅销书《自私的基因》（*The Selfish Gene*）中提出的。该书针对生物学家达尔文的基于基因的进化论，提出与基因相对的模因概念。书中的原文是这样的：

> We need a name for the new replicator, a noun that conveys the idea of a unit of cultural transmission, or a unit of imitation. "Mimeme" comes from a suitable Greek root, but I want a mono-syllable that sounds a bit like "gene". I hope my classicist friends will forgive me if I abbreviate mimeme to meme. If it is any consolation, it could alternatively be thought of as being related to "memoy", or to the French word meme. It should be pronounced to rhyme with "cream". ①

Dawkins 认为，生物体依靠遗传和进化延续生命基因，文化也需要依靠自身的继承和进化来延续文化基因，因此需要给一个“在语言、观念、信仰和行为方

---

① Dawkins, R. *The Selfish Gene*. New York: Oxford University Press, 1976.

式等传递过程中所起的作用相类似的那种东西起一个名称”①，以此作为区分生物进化和社会进化的“中介”，并作为社会遗传的基本单位。Dawkins 将这种基本单位命名为模因。Dawkins 把它定义为：文化传递的单位，它通过一个过程而从一个人的头脑跳入另一个人的头脑之中。

模因论可以渗透到各个学科的研究领域，如经济学、社会学以及语言学等。从模因论的角度看，语言本身就是一种模因，模因也寓于语言之中，所以就有语言模因的说法。语言的任何部分（词语、句子、篇章）只要通过模仿而得到复制和传播，都有可能成为模因。② 也就是说，语言模因的复制和传播主要依靠模因，它可以在语言的各个层面体现。从整体上看，自然语言中的模因主要是从三个方面体现的：教育和知识传授、语言本身的运用以及通过信息的交际和交流。一些模因经过大量的复制和传播而具有了稳定性，而一些模因只会在短时间内迅速流传，可谓“流行”模因，比如衣着时尚、流行歌曲等。模因的成功传递与人们的认知趋向、偏好、关注焦点、情感状态密切相关。流行语作为一种特殊的语言现象，实际上是人们根据当时言语交际的具体情况而创造性地使用语言的结果。从某种程度上来说，正是因为流行语具有“新”、“奇”、“怪”、“异”等特点，“流行语模因”才能得以迅速地在各个宿主之间复制传播，最终达到特定的交际目的和语用效果。

## 二、模因论与语言模因的研究分析

自从道金斯在《自私的基因》中提出模因的概念之后，国外的研究学者就对模因的理念进行了丰富与完善。随着时间的推移，模因论在各个领域都得到了较好的发展。我国学者对于模因论的研究比较晚，同时，meme 一词在学术界存在着很多译名。何自然与何雪林在考察我国对于模因的翻译情况后，结合术语“基因”而将 meme 翻译为“模因”，并于 2003 年发表《模因论与社会语用》，详细地介绍了模因的理论与语言中的模因现象。在 meme 得到“模因”的“正名”之后，模因论也逐渐成为我国学者关注和研究的对象。截至 2013 年 3 月份，笔者通过中国知识资源网进行了以“模因”作为关键字的篇名检索，共搜出了 1 421篇相关文献，其中文献的内容主要涉及对模因的本体研究和应用研究，具

① Dawkins，R. 自私的基因. 卢允中，张岱云，王兵译. 长春：吉林人民出版社，1998.

② 何自然. 语言中的模因. 语言科学，2005（6）.

体包括语言模因、模因与翻译、模因与外语教学、模因与语用、模因与文化、广告模因、模因与心理学等方面。

语言模因是社会实践的产物，在何自然引入了自然模因的概念之后，我国学者对语言模因的研究更多是从实际运用的具体实例去讨论语言模因的特性和文化现象。蔡少莲在《模因论与语言变异》中尝试通过模因论的理论视角，结合言语交际过程中的语言变异，挖掘语言变化与发展的新观点。刘桂兰与李红梅在《从模因论角度看“××门”现象》一文中针对“××门”的特殊语言现象，分析了该强势语言模因的动因与内在机制，进而探讨了语言发展的文化规律。另外，张亚男在《模因论视角下的赵本山小品特点分析》中分析了赵本山作品中的大量语言模因现象，从语言模因的特点探讨其在对外汉语教育中的实际运用。作为语用学研究领域中的一个热点分支，语言模因的研究揭示了话语流传和语言传播的规律，同时也拓展了关于模因在语言交际过程中作用研究的深度和广度，其系统化与理论化亦逐步为这一学科理论的存在和发展打下了坚实的基础。

纵观我国各界学术领域对模因论的研究，学者为模因理论体系的丰富与完善作出了不少努力，如下图所示：

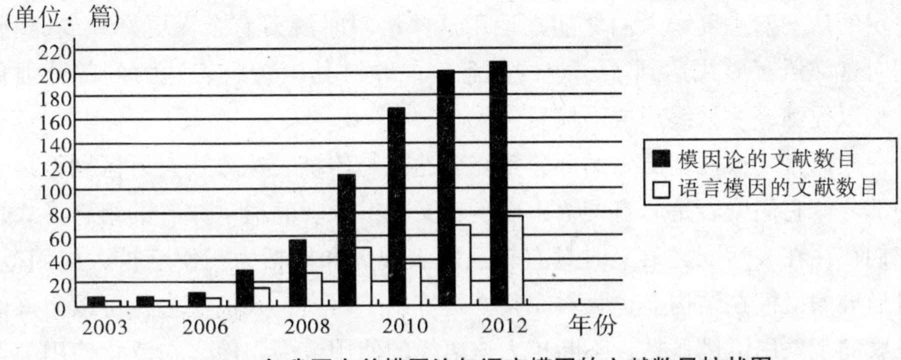


**2003—2012 年我国有关模因论与语言模因的文献数目柱状图**

在近五年内，学术界关于模因论的研究呈现快速上升的趋势，而学术界关于语言模因的研究在整体理论的研究中亦占有一定的比例。在语言模因的本体研究方面，《语言模因现象的探析》（陈琳霞、何自然，2006）、《语言模因说略》（谢朝群、何自然，2007）、《语言模因观初探》（张旭红，2008）、《语言模因的自私性研究》（潘小波，2011）、《语言模因的惯性》（陈金薇，2012）等文献对语言模因的本体研究进行了概括性的界定与实例分析，同时也为语言模因的应用研究提供了对应的理论基础，解析了语言模因的实际本质。何自然的《语言中的模因》详细讲解了关于自然语言的三个方面：教育和知识传授、语言本身的运用、通过信息的交际和交流，并对语言模因的复制和传播的方式进行了概括，即内容相同、形式各异的模因基因型传播与形式相同、内容各异的模因表现型传播。

## 第二节　流行语模的形成和传播

### 一、形成的步骤和特点

语模的形成大概可以分为四个步骤：一是对原有文本达到高识别度，二是从文本中提炼概括出语模，三是将语模扩大范围使用并使结构凝定，四是语模常规化。

作为流行语模进行广泛传播的必然是为人们熟知的语言现象，其流通度必然十分高，如“××没商量”、“别拿××不当××”、“那是相当的××”等都通过影视作品深入人心；或在对社会有重大影响的突发性事件中形成；或作为新的表达经历了高度流通。篇章语模的文本更是人们耳熟能详的名篇佳作。只有达到了一定的认知熟悉度，人们才能在运用这些语料时游刃有余，更好地变通利用。人们对这类语言形式达到了一定的熟悉度，并对其中较有表达力的部分强化识记，加以提炼，才最终形成语模。

一般而言，被概括出来的部分多在表达上与传统表达方式有所区别，是较新颖的部分。它们或者是原有词语出现了新义项，或者颠覆了原有的组合形式，而且它们往往在表达同类语义时具有较强的表现力和概括力，便于扩大应用范围，并且形成的语模在结构上也相对完整。提炼出了语模，人们便会将可以与该语模相关联的现象用语模概括，不断扩大该语模的使用范围，使之在泛化使用中逐渐固定下来，并与一定的意思实现一一对应。

最后，这类用法经过广泛使用达成形式与意义约定俗成的紧密结合后，人们意识中对它最初产生的新奇色彩逐渐淡化，直至无标记，成为常规化。如“被××”的形成，虽然最初只是网民的偶然使用，但其中的“被”反映了“当事人未参与、官方数据不真实”等问题，而且“被”与不及物动词的组合用法也突破了传统表达，这些促使它在网络上大量传播。同时，这种“当事人未参与、官方数据不真实”的现象在其他地方也可以看到，可以形成认同。在大量使用中，

"被××"的语义逐渐向"当事人未参与"倾斜，以至于最后只保留了该语义，从而突破了仅在官方事件中使用的界限；在用法上，它也逐渐突破了仅与不及物动词组合的界限，突出强调不及物动词。于是，"被增长"、"被就业"、"被失踪"、"被全勤"、"被当爸"、"被开心"等流行语纷纷出现。人们最初使用该语模多是在从众心理驱动下的追新求异，但大量使用后，这种用法的新颖特质逐渐淡化，人们对这类用法的认识也常规化，便约定俗成地将之视为表达"当事人未参与"的语言形式。

如上所述，提炼出的语模多是原有文本在语义或语用上较新颖的部分，因而，语模的使用及最后的定型必然带来所用汉语成分的义项及用法上的变动。如"宅"在"宅男"、"宅女"中由表示住处的名词增加了一个表示"在室内，能不外出则不外出的状态"这一语义的形容词用法；"很×很××"的定型也使得"很"出现了新功能。语模以其借助已有表达而形成并具有高度概括性的特点，简化了语言表达。与表达同一语义的其他语言形式相比，其新颖的特点也丰富了汉语的表现形式。

## 二、传播过程和方式

### （一）传播的过程

流行语的产生，在某种程度上是因为语言具有复制性。语言是一个庞大的复制因子集合体，变异性是复制因子最本质的属性。变异带动了生物的进化，更带动了文化的进步。语言不断得到复制传播，并在变异性的驱动下完成积累、创新、淘汰的过程。流行语的传播和其他模因的传播一样，都会经历传输阶段、解码阶段与传染阶段。流行语在传播过程中，通过模仿，将自己从一个宿主传到另一个宿主。Heylighen[①] 将这一过程分为四个阶段：

（1）同化（assimilation）：从诞生之日起，一个有效的模因就应该能够"感化"受体，被受体注意、理解和接受。在这个时期，模因应该尽可能地引起较多人的注意，进入他们的大脑。如果客体不能理解流行语模因，甚至不能认知流行语模因的传输形式，模因将不能行进到传送阶段。综合来说，一个有效的模因应该具备以下特点：朗朗上口、时尚新潮、紧贴生活、创新独特。如"给力"一

---

① Heylighen. *What Makes a Meme Successful? Proceedings of* 16*th International Congress on Cybernetics*（*Association Internat de CvbenWtique, Namur*），1998. pp：418－423.

词最早出现在一段日本动漫中，原文为“不给力啊老师”，意为没有达到自己的预想、毫无用处等。“给力”一词言简意赅，逐渐进入人们的视野，使用的次数逐渐增多。

（2）记忆（retention）：模因必须在记忆中保持一段时间，否则就不是模仿。停留的时间越长，感化主体的机会就越多。当一个新的模因出现时，如果与相关的旧模因有关联，就更加容易被记忆。以“给力”为例，在这一阶段，“给力”一词继续传播，并与其他名词或副词合作，如“相当给力”，并出现了英文词“gelivable”，因此能够感染更多的宿主。再如当“房奴”进入人们的词汇以后，“车奴”、“证奴”这些新的模因词汇就会更容易被人们理解、接受。

（3）表达（expression）：在人们交流沟通时，模因必须从记忆存储中走出来，进入能被他人感知的物质外形。最突出的表达手段是话语，其他常见的手段有文本、图片、行为等。随着当今社会多媒体的发展，流行语逐渐成为模因表达的主力军，大量新颖独特的新词层出不穷，影响着人们的语言。如“绿色”，自从“绿色通道”、“绿色食品”等出现以来，“绿色”模因迅速流行，不同行业里的宿主经常选择与自己行业有关的词语与“绿色”模因组合，指称他们想指称的对象，在消费领域出现了“绿色蔬菜”、“绿色牛奶”、“绿色粮食”、“绿色消费”、“绿色服务”等系列词。

（4）传播（transmission）：模因传播需要有形载体或媒体，它们应该有很强的稳定性，防止信息流失或变形。模因载体可以是书本、照片、人工制品、光碟等。模因不仅是代与代之间的纵向传播，同时也以横向的方式进行传播，如在同学中间流行的话语和游戏等。通过模因传播的主要方式，模仿得到不断地复制和传播。而那些得到最多复制和模仿的模因就是强势模因，这意味着它在和其他模因的竞争中获得胜利，赢得了复制权，也就是成功的模因，而一个成功的模因具有高保真度、多产性和长寿性的特征。

任何语言模因都要经过以上四个传播过程，了解这四个传播过程有利于我们更好地掌握模因及流行语的发展趋势。

（二）传播方式

1. 同音异义横向嫁接

语言的发展靠的是模因的复制与传播，而在复制的过程中难免会发生变化。语言模因的原始结构不变，而在语音的转换或重构等方面发生变化，形成新的模因，传递语言信息。用同音异义字来复制原始信息，利用同音词、近音词对原有词语进行谐音变换，使语义发生改变。例如，“蒜（算）你狠”和“豆（逗）你玩”就是将其中的关键字“算”和“逗”换成“蒜”和“豆”。这两个词来源于现实生活，用来描述大蒜和绿豆价格飙升，甚至贵过肉的现象，既说明事实又有一种幽默无奈的情绪在里面，引起人们强烈的共鸣。又如，“剩女”是“圣女”的谐音，指大龄未婚的高学历女性，利用谐音转变而来的新词往往新颖有趣，更能吸引人们的眼球。畅销都市情感小说《蜗居》中小贝的“我贱贱地贱贱地爱上你”是将日常普通的“渐渐地渐渐地”进行同音异义的横向嫁接。再如流行语“神马都是浮云”，这里的“神马”并非指的是一匹神奇的骏马，而是“什么”的谐音表现体。“神马”一词是人们为了方便在拼音输入法只输入声母“sm”而联想得来的词语。“神马都是浮云”借助于2010年网络“小月月”事件在网络上走红开来。“神马”通过对“什么”一词的谐音变化，再结合“小月月”事件的具体语用环境，迎合了网友表达的需求，在表达语气与情绪上拥有了更深的语义色彩。而“神马都是浮云”能恰当地表达人们的情绪需求，逐渐成为时下热门的流行语之一。网络语言的异形传递往往与原始信息的发音近似，例如2009年的网络流行语中，“欺实马”=“70码”，“杯具”=“悲剧”，“洗具”=“喜剧”，“餐具”=“惨剧”，“鸡冻”=“激动”，“河蟹”=“和谐”，等等。

2. 同形联想嫁接

语言模因内容形式皆不变，运用于不同的场合，引起人们不同的联想。“给力”这一新兴词汇具有不同的意思，在北方土话里代表“给劲”，在南方方言中代表着“勤快”。“给力”一词在世界杯期间广为传播，并作为模因复制出新的词汇“ungelivable”（不给力）。“YY”是“意淫”的简称。“意淫”出自《红楼梦》第五回，警幻仙子谓贾宝玉为“古今第一淫人”：“如世之好淫者，不过悦容貌，喜歌舞，调笑无厌，云雨无时，恨不能尽天下之美女供我片时之趣兴，此皆皮肤淫滥之蠢物耳。如尔则天分中生成一段痴情，吾辈推之为‘意淫’。”现在“YY”被赋予了更多新的含义：

A：“哇塞！超奢侈哦，无限YY中……”这里“YY”表示发现一件自己喜欢的物品，但是价格太贵，只能在想象中拥有。“YY”在这里的意思是“想象”，源于对原始信息复制过程中错误的理解。

B：“YY文学进行中”，表示我正在阅读“YY小说”。“YY小说”是一种新型的网络小说，主人公集各种英雄主义于一身，可以打败任何敌人，赢得人们的支持。但这种小说是不合逻辑的，只能存在于幻想中。所以“YY”在这里又被延伸为“幻想”，是“想象”复制传播过程中的延伸。

3. 同构异义横向嫁接

语言模因保留原始结构，原始信息被新内容所代替，产生新的意义。同构是在一种特定的语言结构大体不变的基础上模仿形成新的模因变体。同构的具体表现是对字词的信息加载，或对流行的句子或段子的改写与模仿。由同构异义这类模因形成的流行语种类最多、流传最广，也是形成强势模因的有力形式。如“裸”字被《咬文嚼字》编辑部评为2009年的十大流行语之一，其流行的语用表现为引申义，表示没附加任何条件或因素，只有事物的本身，其模因的结构为“裸×”，如“裸婚”、“裸官”、“裸辞”、“裸退”、“裸奔”等。“控”一般用来形容极度迷恋某种事物的人，其模因结构为“××控”，譬如“大叔控”用来形容对大叔具有爱恋情结的人；“星座控”指极度喜爱星座研究的人；“微博控”一般指沉迷微博甚至不能自拔的人。中央电视台热播的纪录片《舌尖上的中国》催生了语言模因“舌尖上的××”。在词义结构上，“舌尖上”强调的是人体器官的感受，能让人在言语上产生丰富的联系，如“舌尖上的故乡”、“舌尖上的安全”、“舌尖上的浪费”等。

还有模仿18世纪欧洲浪漫主义诗人雪莱的“冬天来了，春天还会远吗”的结构“×××来了，×××还会远吗”。再比如“严重××”，“严重”与动词连用，表示强烈的情感。这一结构一出现，就在网上广为流传，如“严重支持”、“严重同情”等。在需要表达强烈情感时，人们就会选择这一结构。再如在2008年汶川地震中首次出现的“范跑跑”，人们领会了这个词语的意思及其ABB的结构形式后不断地复制，得到了更多类似的新词，如“楼歪歪”、“楼脆脆”等。

4. 同义异词横向嫁接

同义异词是语言模因在重复运用中的另一种表现方式，其内容是“信息相同但以异形传递”。何自然在其《语言模因及其修辞效应》一文中提到，同义异词传播方式的典型例子是同一事物在不同时期或者不同地方的不同说法。除此之外，通过借用或者翻译而来的词语也是很好的例子。一个地方的语言系统往往会缺乏与一些外来词汇相对应的表达，当本土语言找不到相关或对应的外来词汇时，人们便会通过音译或找相近似的本土词语进行翻译来完成信息交流。“吐槽”一词源于日本漫才（类似于中国的相声）里的“突っ込み”，汉语普通话系统没有一个词能够准确地表达该词。为了文化交流的需要，汉语普通话系统就借助闽南语言中的“吐槽”来表达该意思。在翻译的过程中，语言模因的核心信息是固定的，但在语言词汇上却以不同的语言载体表现，如中国“功夫”一词被外国翻译成“kung fu”。汉语的“功夫”与英文的“kung fu”在词汇类型上是两个词语，但其核心信息都是同一个概念：一种中国武术技能。语言脱离了本体文化基因，在维持基本信息的同时，复制与表达的过程会根据不同情况发生变化，这都是语言模因发展的结果。

流行语是一种特殊的语言，也是强势模因的表现。流行语拥有强大的复制能力，同时具有出现频率高、影响范围广等特征，是研究语言模因的素材之一。流行语是在交际中不断复制与传播的，何自然先生在《语言模因及其修辞效应》（2008）一文中总结了两种主要的语言模因复制方式：重复与类推。其中重复的表现方式为直接套用与同义异词，而类推则包括同音类推与同构类推两种方式。笔者尝试将其总结整理，如下图所示：

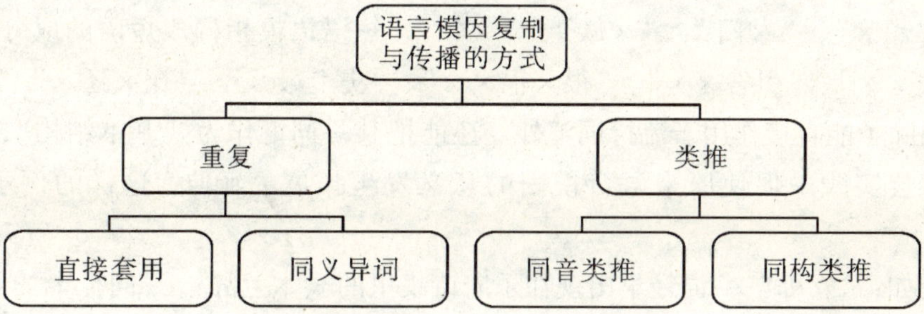


**语言模因复制与传播的方式归纳图**

## 第三节　流行语模的形式

语模是指一种可以套用的词语格式。流行语中存在大量可以套用的语模。流行语模总是以某一流行语作为基式，在广泛流行的基式基础上产生结构模型，然后再按照该结构模型生成句法结构相同的流行语。如果说流行词语、流行句子和流行篇章是一些具体的流行语，那么流行语模则可谓框架的流行语。流行语模也称语模，有研究者称之为“填充式流行语”①，即盛行的语言表达模式，是从词语、句子及篇章中抽取出来的可供填入语言成分的框架。从根本意义上讲，语模

① 姜忞. 填充式流行语考察. 青海师专学报（教育科学），2004（1）.

是一种仿用形式。模仿是人类的一种本能行为，而汉语的传统修辞形式也有仿词等，因而对某种语言现象进行模仿再创造现象的出现有其原因。同时，这种语言运用方式往往是借助已为人们熟知的语言现象进行再创造，省时省力并便于理解，符合经济原则。

模因不仅是代与代之间的纵向传播，同时也以横向的方式进行传播，如在同学中间流行的话语和游戏等。通过模因传播，那些得到最多复制和模仿的模因就是强势模因，而一个成功的模因具有高保真度、多方性和长寿性的特征。作为文化基因，模因靠复制、传播而生存，语言模因是它的载体之一。从模因论的角度看，语言模因揭示了话语流行和语言传播的规律。进一步说，语言本身就是模因，它可以在词、短语、句子乃至篇章层面上表现出来。

## 一、语言模因与词和短语流行语

在流行语语模中，词语模指流行语中反复使用的构词词缀及类词缀，如“宅×”、“超×”、“×门”、“×族”、“×领”；短语语模指构成短语的成分模式，如“被××”、“引咎××”、“很×很××”、“史上最×”、“比×还×”等。语言模因除了能直接作用于流行词汇外，还能把某一词汇作为“基本结构”，在一定的社会实践中促使原来语言模因的意义发生拓展、延伸，这样的例子俯拾皆是。

例如：“女郎”一词最早出现在乐府诗集里的《木兰辞》，“同行十二年，不知木兰是女郎”，意指年轻的女子。这个词语模因经过人们的长期复制传播，一直存活到现在。1962 年，随着第一部 007 电影上映，片中与风流的詹姆斯·邦德搭档的女演员被称为“邦女郎”。到了现在，一些著名导演所拍电影成为热门后，最引人注目的漂亮女演员经常被称为“×女郎”。

## 二、语言模因与句子流行语

句子流行语的传播也可以从语言模因论的角度得到新的理解。句子语模指可供填入成分的框架模式，如“哥×的不是×，是寂寞”、“××很生气，后果很严重”、“别拿××不当××”这三者较为常见。语模在应用时，往往较为严格地靠近原有模式，在词性、音节甚至人名、地名等处很少变动。

句子流行语的特点主要是：句法的形式和结构变化很小，但是内容有较大的变化，往往运用一些新的词语，给人耳目一新的感觉，符合某一时期的社会潮流和大众心态。这样的句子一旦成为“基本结构”后，很快就能被广泛复制和传播，衍生出许多形式相同但内容各异并且使用场合也不尽相同的模因复合体，有很高的能产性，属于“同形异构横向嫁接”。这类流行语主要来源于影视作品、畅销书等，受之影响，人们使用其中的一些固定词语，根据自己的表达需求，将之作相应的改变，使之成为与原话语在语法构造上相似的另一语句。

1. “谁动了我的××”

这一固定句式来源于美国著名作家斯宾塞·约翰逊博士的畅销书《谁动了我的奶酪》。该书一经面世，便引起了强烈的反响，之后，类似的说法源源不断地出现，如“谁动了我的工作”、“谁动了我的面包”、“谁动了我的爱情”等。

2. “将××进行到底”

该句式源于影视作品《将爱情进行到底》。该作品受到广大影迷朋友的喜爱和追捧，播出以后，“将××进行到底”的说法深入人心，随之出现了很多与之相似的说法，“将快乐进行到底”、“将篮球进行到底”、“将革命进行到底”等纷纷进入人们的视野。

3. “哥×的不是×，是××”

该句式当属2009年度最火爆的流行语之一，起源于某天半夜网络上一张非主流吃面的照片，并附有文字“哥吃的不是面，是寂寞”，极具调侃和自嘲意味，可以说是一夜爆红。人们纷纷模仿此句式造句：“哥开的不是车，是寂寞”，“哥偷的不是菜，是寂寞”，“哥抽的不是烟，是寂寞”，“哥唱的不是歌，是寂寞”，“哥发的不是帖，是寂寞”等。

此外，还有些其他形式如“A，并B着”。前些年的一句“痛，并快乐着”使语模“A，并B着”在大学校园内一下子流行了起来，并由此产生了类似结构的流行语，如“痛，并奋斗着”、“辛苦，并执着着”。还有“n+控”这一活泼有趣的形式，引起了很多大学生的共鸣，表示特别偏好某种类型事物或人的人，如“韩剧控”表示“特别喜欢看韩剧的人”，“大叔控”表示“特别青睐成熟男士的人”。“v.+ing”表示“进行中”，如“考试ing”、“恋爱ing”、“减肥ing”、“运动ing”、“上课ing”等。

## 三、语言模因与篇章流行语

除了词汇和句子流行语外，段落或篇章流行语也可以在语言模因的作用下得到广泛的复制和传播。这些篇章一般具有强烈的语用效果和明显的修辞特征，是一些给人较深语言感受的经典名段或名篇，因而易于被仿造，进而成为衍生能力很强的模因。例如一些中国古典诗词多半是创造“同构类推”篇章流行语的源构。唐朝诗人刘禹锡的《陋室铭》是流传千古的名篇：

山不在高，有仙则名。水不在深，有龙则灵。斯是陋室，唯吾德馨。苔痕上阶绿，草色入帘青。谈笑有鸿儒，往来无白丁。可以调素琴，阅金经。无丝竹之乱耳，无案牍之劳形。南阳诸葛庐，西蜀子云亭。孔子云：“何陋之有?”

下面是《咬文嚼字》（2004 年 11 月，页 46）名为《小平铭》的“同构类推”篇章流行语：

人不在高，有德则名；话不在多，有理则灵。斯是邓公，智勇超群。历史建丰碑，当代创理论。谈笑论国是，浮沉惊风云。可以挽狂澜，顶恶风；无“落难”之颓唐，无功高之忘形。南疆特区设，北国乾坤定。万众云：“伟哉小平!”

模因论具有较强的解释力和重要的语用意义，主要表现在模因论促进语言的生成与更新。人们会适时捕捉社会中的热点，通过发表评论、抒发感情产生新的语词结构和流行句式，大大丰富了语言形式，增添了生活的乐趣。模因论能激发人类的认知与心智。模因的运用，使人们充分发挥自身想象力，凭借经验、联想，从认知角度观察世界；同时，利用对世界敏锐的观察力开发心智，开拓创新。模因论还能满足交际的需要。人们在交往中，渴望运用新奇、委婉的方式表达自己的观点和感情，语言的“感染”现象有助于增进人们的交流，使说话者与听话者产生共鸣。

# 第八章　流行语示例和发展前景预测

## 第一节　2010—2013 年度评选十大流行语示例

### 一、《咬文嚼字》编辑部评选的年度十大流行语

（一）2008 年十大流行语

1. 山寨

源自广东话。最早冒出来的是“山寨手机”，那是一些用低廉成本制成的仿冒名牌产品的手机。此后语义逐渐发生变化，除了用来指冒牌产品之外，还可指“民间的”“非正式的”。

2. 雷

本是名词，指云层放电时发出的响声。后来用于具有“雷”的震撼效果的人工制品，如“地雷”、“手雷”、“鱼雷”。现在大为流行的“雷”是动词、形容词，表示受到惊吓或十分震惊，如“被你雷得外焦里嫩”、“一个最雷的词语”。

3. 囧

一个早已废弃不用的古字，读音为 jiǒng，义为“光”“明亮”。因它的字形很有特点，有点像人的脸部，呆滞的四方脸，配着一个张着的大嘴巴，两眉向下耷拉着，一副苦恼的样子。并且，它的字音又与“窘”相同。于是古字今用，被赋予“郁闷、尴尬、无奈”之义，东山再起。

4. 和

在北京奥运会开幕式上异军突起，成了万众瞩目的对象。全世界人民都看到中国人追求“和”，热爱“和好”、“和睦”、“和气”、“和善”、“和平”、“和顺”、“和衷共济”、“和风细雨”、“和和美美”的文化传统。于是，“和”变成

一个世界话题，“和谐”更是成为人类共同追求的目标。

5. 不抛弃不放弃

长篇军事题材小说《士兵突击》和同名电视连续剧中的一句十分经典的话。宁可牺牲自己，也不抛弃战友；宁可牺牲自己，也不放弃完成作战任务——这是《士兵突击》中英雄连队“钢七连”的灵魂，也是战士许三多的精神支柱。温家宝总理在四川抗震救灾第一线，发出了不惜代价、争分夺秒、不抛弃不放弃灾区每一位生命的号召。“不抛弃不放弃”于是传遍华夏大地的每一个角落。

6. 口红效应

在美国，每当经济不景气的时候，口红反而热卖。因为口红是廉价商品，也是妇女的生活必需品。没有“大钱”去买房、买车、出国旅游，用点“小钱”买一点“口红”把自己打扮一下，为生活增添点色彩，是不成问题的。口红效应，指的是经济出现危机时，廉价的生活必需品不会受冲击，照样会有好的市场。2008 年，金融风暴袭遍全球，“口红效应”随之流行。

7. 拐点

原是高等数学的术语，指曲线上凸与下凹的分界点。后来被借用于经济学，指某种数值持续向高后转低或者持续向低后转高的转折点。现在多用来说明市场运行中由高价位开始下跌或由低价位开始上升的转折。同样是受金融风暴的影响，“拐点”也成为 2008 年的语词宠儿。

8. 宅男宅女

来自日语。简单地说，“宅男”就是窝在家里的男人，“宅女”就是窝在家里的女人。他们大多是独身者，十分依赖电脑和网络，不喜欢外出，不喜欢交际，在家里做着自己爱做的事，自得其乐。台湾魔术演员刘谦就曾自称“宅男”。

9. 不折腾

胡锦涛总书记在中共十一届三中全会 30 周年纪念会上说：只要我们不动摇、不懈怠、不折腾，坚定不移地推进改革开放，坚定不移地走中国特色社会主义道路，就一定能够胜利实现这一宏伟蓝图的奋斗目标。“不折腾”三字立即引起了全世界的关注，直接以汉语拼音“buzheteng”的词形进入英文语汇中。“不折腾”传遍了全世界，成为一个世界流行语。

10. 非诚勿扰

本是冯小刚导演、葛优和舒淇主演的贺岁档电影的片名。由于宣传造势到位，影片上映后票房飙升，冲破三亿大关。“非诚勿扰”这个四字格短语，在

2008 年年底迅速走红

（二）2009 年十大流行语

1. 不差钱

本是东北地区的方言。2009 年“春晚”赵本山等演出的小品，用它作了剧名，产生了轰动效应，后在全国流行开来。在实际使用中，多带有调侃的色彩，并不纠缠于钱多钱少。

2. 躲猫猫

本是一种儿童游戏，即“捉迷藏”。2009 年 2 月，云南省晋宁县看守所里发生了所谓“躲猫猫”事件，一名 24 岁的男子因盗伐林木被关入看守所后死去，警方称死者是在玩“躲猫猫”时眼部被蒙，不慎撞墙受伤而死亡的。最终侦查结果表明该男子系被“狱霸”殴打致死。此后，“躲猫猫”就有了多种新义：或隐瞒事实，或逃避监督，或暗箱操作。总之，不让人了解真情。

3. 低碳

所谓“低碳”，是指降低二氧化碳的排放。二氧化碳是全球气候变暖的罪魁祸首，影响到了人类社会的可持续发展。2009 年 12 月哥本哈根联合国气候变化大会，在世界范围内又一次掀起了“低碳”浪潮。“低碳”经济、“低碳”科技、“低碳”城市、“低碳”生活，“低碳”已成为“绿色”的重要标志之一。

4. 被就业

2009 年 7 月，一位应届大学毕业生在网上发帖爆料：在他不知情的情况下，学校已经替他签好了就业协议书。于是网友发明了“被就业”的说法，以讽刺这种虚报高校就业率的行为。随后，但凡意志遭遇强迫时，均可套上“被××”的帽子，如职工“被全勤”，举报人“被自杀”，交择校费的家长“被自愿”。

5. 裸

本义为不穿衣服，流行语用的是引申义，即只有事物本身，而没有任何附加物或附加条件。如“裸婚”是不买房，不买车，不戴婚戒，不办婚礼，不度蜜月，只领取结婚证书；“裸官”是家属、孩子、存款都在国外，一个人留在国内做官；“裸退”指干部退休后不再担任官方、半官方以及群众组织中的任何职务。

6. 纠结

本为动词，表示互相缠绕。自从四五年前的一部动画片中有个角色大呼“纠结啊”之后，“纠结”便在网络上走红。2009 年起，更广泛见于纸质媒体，并且用法多样。可以作名词，表示解不开的心结；可以作动词，表示陷入复杂而尴尬的境地；可以作形容词，表示思绪的极度困惑和混乱。

7. 钓鱼

完整的说法叫“钓鱼执法”，这是一种比喻的说法，指执法人通过“钓钩”，诱惑一个原本没有违法意图的人去从事违法活动，然后实施执法。这种说法早已存在，因2009年10月上海发生的一起查“黑车”事件而重新引起关注并流行。凡是违反法律精神，别有用心地诱人上钩，都可以称之为“钓鱼”。

8. 秒杀

译自英语的seckill，起先是网络游戏的专用词，指玩家在游戏中瞬间被PK出局或者瞬间将对手击倒。2009年9月，某购物网站周年庆推出了“秒杀”活动：在网络拍卖开始后第一个确认的网络买家，可以按照远远低于成本价的秒杀价买到指定商品。于是“秒杀客”、“秒杀族”应运而生，并且越来越多。此后，“秒杀”又用于其他领域，比如股市中某股票价格在短时间内大幅下跌，也叫“秒杀”。

9. 蜗居

本来用于谦称自己的住所，指像蜗牛壳一样狭小的房子。这一词语的流行，和2009年热播电视剧《蜗居》有关。在房价节节攀升的大背景下，电视剧中年轻人为买房而沦为房奴的故事引起了广泛的共鸣，它让人们对“蜗居”一词有了深刻的印象。“蜗居”不仅可指空间上的狭窄，也可指精神上的狭窄。

10. 蚁族

青年学者廉思主编的《蚁族——大学毕业生聚居村实录》一书出版后，“蚁族”一词就频繁地在各种媒体上亮相。它指的是高学历低收入的群体，这些人一般聚居大城市的边缘地区和近郊农村，因和蚂蚁有若干相似之处而得名。他们虽然弱小，但胸怀理想，充满活力，具有挑战的意识和顽强的意志。

（三）2010年十大流行语

1. 给力

字面意思是“给予力量”，引申为“酷”、“棒”、“爽”。它出自网友配音的日本动画片《西游记·旅程的终点》——唐僧师徒历经磨难到达天竺，发现那里只有一面写着“天竺”二字的小旗。孙悟空抱怨道：“这就是天竺吗？不给力啊！”该动画受到网友追捧，“给力”也由此流行。2010年11月10日，“给力”登上《人民日报》头版头条，这被视为权威媒体认可网络词语的标志性事件。美国《纽约时报》也因此发文介绍“给力”。

2. 神马都是浮云

"神马"非马，而是"什么"的谐音；"浮云"则指转瞬即逝的事物，两者结合，意思就是"什么都不值得一提"。它的流行，源于2010年国庆期间的网络"小月月"事件。横空出世的"小月月"，以匪夷所思的言行雷倒众生，引得网友感叹："神马网络豪放女，浮云！都是浮云！"流行语"神马都是浮云"由此产生。它可用于抱怨，可用于感叹，还可用于表达超然的心态，成为许多人的口头禅。

3. 围脖

"织围脖"是当今时尚，其中的"围脖"指的是"微博"，是"微型博客"的简称。"织围脖"即"写微博"。与博客相比，"微博"使用方法更简便，信息传播更迅捷，因此深受用户青睐。如今互联网已迅速进入"围脖时代"，不仅名人热衷于"织围脖"，普通人也乐于成为"织男"、"织女"。

4. 围观

无事围观，曾被鲁迅斥为国人陋习。但如今流行的"围观"意为关注，不再含有贬义。《南方周末》曾发表文章《关注就是力量，围观改变中国》，认为公民的围观和民意的关注可以"让良知默默地、和平地、渐进地起作用"，最终会促进公众权力的合理使用。广州亚运会期间，从抵制番禺垃圾焚烧到呼吁改变地铁惠民方式，自发的公民"围观"引人瞩目。

5. 二代

"代"有世系相传的辈分的意思，"二代"即第二代。如今社会，"二代"丛生：官二代、富二代、穷二代、文二代（作家子女）、星二代（明星子女）、农二代（农民工子女）、独二代（第二代独生子女）……甚至姚明的孩子也被戏称为"姚二代"。"二代"如此流行，与社会结构的板结化不无关系。

6. 拼爹

"拼爹"的"拼"是比拼。短兵相接要"拼刺刀"，掰手腕要"拼力气"，马拉松要"拼耐力"，"拼爹"则拼的是"爹"的地位和实力。"我爸是李刚"、"我叔是金国友"都是典型的"拼爹"语言。这类词语的流行，反映的是大众对社会不良现象的不满情绪。

7. 控

超喜欢长头发的人叫"长发控"，半夜醒来还忍不住要去发一条微博的叫"微博控"，拿着世博护照遍场跑馆盖章的人叫"敲章控"，疯狂参加圣诞活动的叫“圣诞控”。这些“控”是指极度喜欢某种事物的人。“××控”的结构是从日语借来的，而日语中的这个“控”则源于英文单词 complex（情结）。日语中“控”的读音与 complex 开头的音相近，日本人就用“控”来表示具有某种情结的人。用“控”对译 complex，既有读音的对应，又有意义的结合——深爱某个对象，不就在相当程度上被控制了吗？

8. 帝

“帝”，本义是封建社会的最高统治者，如中国的“康熙皇帝”、外国的“彼得大帝”。在流行语中，“帝”指某些领域中成就大、造诣高的人，如“影帝”。如今，只要拥有某一特点即可称“帝”。2010 年，各种人物频频称“帝”，如“数钱帝”、“表情帝”、“体操帝”、“贺岁帝”等，而最有名的“帝”不是人，而是鱼——预测南非世界杯足球赛的德国章鱼保罗，它预测八场，场场皆中，被称为“章鱼帝”、“保罗帝”、“预测帝”。

9. 达人

中国古代就有“达人”一词，指通达事理的人。“达人”被借入日语后含义发生了变化，如今又从日语传了回来，指见多识广、对某方面懂得透彻的人，如“网络达人”、“理财达人”、“社交达人”等。2010 年东方卫视举办的选秀节目《中国达人秀》引得万众瞩目，“达人”一词更是遍地开花。

10. 穿越

传统的“穿越”，对象是空间，如“穿越边境”、“穿越沙漠”；现在流行的“穿越”，则是“穿越时空”的简称，是流行文艺作品中一种展开情节的手段。穿越电影、穿越电视剧、穿越小说等共同的特点，是人物会不断地往来于不同的时空，这种时空的错乱，容易造成受众的费解或误解，于是，“穿越”又有了“玄”、“乱”、“令人莫名其妙”等意思。

（四）2011 年十大流行语

1. 亲

“亲”是“亲爱的”的简称。“亲爱的”是一百多年前为了翻译西方语言而“新”造的，用作名词和形容词，大体上跟英语的 dear 和 darling 相对应。几年前，“亲”曾在某些群体的小范围中露面，随后进入淘宝网的交易平台：“亲，快来抢购哦！”“亲，包邮哦！”于是，“亲，×××”风行起来，人们称之为“淘宝体”。跟“亲爱的”相比较，“亲”显得简洁，也屏蔽了“爱”字的暧昧色彩，亲切感却有增无减。

2. 伤不起

最初在校内网上以文章标题的形式出现，如“这样的×××你伤不起”，被称为“校内体”，影响并不大。2011年“伤不起”火爆起来，与网络上的一篇题为“学法语的人你伤不起啊！”的帖子有关。这个帖子历数学习法语所遇到的种种困难、种种无奈，并且几乎每句话都以“啊”结尾，后面还有一个接一个的感叹号，人称“咆哮体”。随着该帖大热，“伤不起”成了热词，“×××，你伤不起啊”也成了热门句式。

3. Hold住

2011年8月9日，台湾中天电视综合台的一档综艺节目中，女大学生谢依霖以夸张另类的造型、英汉混杂的台词、扭捏怪诞的举止亮相，述说在时尚场合如何处变不惊，提醒自己不能慌乱，要“Hold住”整个场面。7分钟的节目引起巨大反响，于是“Hold住”迅即成为海峡两岸的流行语。Hold指掌控、把握、维持，“Hold住”便是掌控住、保持住、管住、抓住之类的意思。

4. 我反正信了

2011年7月23日，在温州附近发生一起两列动车追尾的重特大交通事故，40人遇难，191人受伤。抢救中有关人员曾把一辆车的车头掩埋于地下，有媒体记者询问原因，铁道部新闻发言人回答：现场有一个泥塘，影响施救工作，把车头埋于其中是为了便于抢救，“至于你信不信，（停顿）我反正信了”。他的话立即引来一片质疑。此后，“我反正信了”被广泛使用，其含义有三：第一，真信，如铁道部那位新闻发言人所说的；第二，说反话，真不信，如“房价是百姓可以接受的，我反正信了”；第三，无厘头的搞笑，指自己说的压根就是一个笑话，如“奥巴马是中国人，我反正信了”。

5. 坑爹

“坑爹”原是詈语，即骂人的话。在北方某些方言中，“坑”有欺骗、欺诈的意思，“爹”指老子，即父亲。“坑爹”的字面义便是“欺骗老子”。连老子都敢欺骗，胆子也忒大了，“坑爹”表达的是一种强烈的愤慨。在流传中，“坑爹”还常用于责备、批评或讽刺、挖苦。如果说话人是女性，有时会把“坑爹”调整为“坑娘”。

6. 卖萌

“卖萌”的“萌”，是从日语借过来的。日本的动漫爱好者用“萌”形容非常喜好的事物，特别是动漫中的美少女。“萌”进入汉语以后，有了可爱、性感、讨人喜欢的新义项，可以说“萌少女”、“萌女郎”等。“卖萌”的“卖”不是出卖，而是显摆、展露。“卖萌”的意思是装可爱、扮嫩、撒娇，一般具有调侃色彩。

7. 吐槽

来源于日语，指漫才（类似于中国的相声）里的“突っ込み”（类似相声的捧哏）。台湾把“突っ込み”译成了“吐槽”，后引申为给人难堪、抬扛、掀老底、拆台，多用于嘲笑、讥讽、抱怨甚至谩骂。当前，主要有两种用法：一是揭人家老底——批评别人，二是揭自己老底——表述心声。

8. 气场

“气场”本指环绕在人体周围的能量场，能显示出一个人的整体状态，包括健康、心理及修养等。美国心灵励志大师皮克·菲尔著有一本谈比尔·盖茨、奥巴马等世界名人超凡魅力的书，此书引进中国后书名被译成了“气场”。“气场”于是流行开来，指由气质、学识、修养等的综合表现而形成的超凡魅力，具有强大“气场”的人必定富有吸引力和影响力。本年度的新闻人物报道，流行拿“气场”说事。

9. 悲催

“悲催”是个形容词，形容失意、伤心、难过、哀痛、丧失信心等，由短语“悲惨得催人泪下”缩略而成。从短语的字面上看，它的“悲”的程度似乎很高，其实不完全如此，因为这个词常常带有或多或少的调侃或宣泄的意味。可以说“很悲催”、“悲催的是”、“悲催啊悲催”、“悲催的一天”等。活跃在网络上的该词有三种写法，即“悲催”、“悲摧”、“悲衰”（“衰”读作 cuī）。后在报刊上流行，写法渐趋一致，都写作“悲催”。

10. 忐忑

龚琳娜演唱的《忐忑》风靡一时。这首歌没有明确的意思，全是让人听不明白的“咳咿呀咿呦……”但在演唱者眉飞色舞、幽默搞怪的夸张表演下，广大听众为之着迷。《忐忑》被人们戏称为“神曲”，从年过花甲的老太太到年仅几岁的小弟弟都竞相模仿着歌唱，连大牌歌星王菲也不例外。“忐忑”这个词于是火了起来，用法也得到了进一步丰富。本来是形容词，当下又演变出动词（如“忐忑了整整一天”）、名词（如“结束忐忑”）的用法来。有人说，这是“神曲”提振了“神词”。

（五）2012年十大流行语

1. 正能量

指的是一种健康乐观、积极向上的动力和情感。“正能量”本是物理学名词，霍金《时间简史》中就用过：“宇宙中的物质是由正能量组成的。”“正能量”的流行源于英国心理学家理查德·怀斯曼的专著*Rip It Up*（中文译名《正能量》），其中将人体比作一个能量场，通过激发内在潜能，可以使人表现出一个新的自我，从而更加自信、更加充满活力。当下，人们为所有积极的、健康的、催人奋进的、给人力量的、充满希望的人和事贴上“正能量”的标签。

2. 元芳，你怎么看？

出自电视剧《神探狄仁杰》。狄仁杰遇到案情难解之处，时常会问副手李元芳：“元芳，你怎么看？”而李元芳的回答通常都是：“大人，此事蹊跷，背后必定隐藏着一个惊天的阴谋。”2012年该语的流行，源于一起网络事件，泉州有一女孩疑似被肢解后坠落高楼，警方判断为自杀。一名网友以“元芳，你怎么看”进行嘲讽，暗指案情背后或有蹊跷。该句式于是迅速流行，人们多将它缀于某个句子或语段的末尾，表达某种质疑、嘲讽或公开征询看法。

3. 舌尖上

2012年中央电视台播出纪录片《舌尖上的中国》，展示了中国各地的美食生态和丰富多彩的饮食文化，引起广泛关注。此纪录片的走红，使得“舌尖上”也受到了人们的青睐，俨然成了饮食文化的“代言人”，灵活地表达与之相关的丰富意蕴，如“舌尖上的中国”，即中国的饮食文化；“舌尖上的快乐”，意思是品味美食的乐趣；而“舌尖上的爱情”则可以理解为与饮食息息相关的爱情生活。

4. 躺着也中枪

一般而言，枪战中如果躺在地上，中枪的概率是最低的，“躺着也中枪”于是用来形容无缘无故地受到牵连，或被卷进是非。出自周星驰电影《逃学威龙》中的一句台词，剧中双方激烈打斗，某人装死，另一人向地上发了一枪，正中装死的人，装死的人叫道：“我靠！躺着都能中枪！”现在也有人使用缩略形式“躺中”、“躺枪”，还有人干脆说“中枪”，表达的都是同样的意思。

5. 高富帅

指高大、富有、帅气的男人，是由三个单音节形容词并列构成的固定词组。“高富帅”和“白富美”，是择偶方面最有优势的男人和女人。最初这两个词是网民对青春偶像剧和日本动漫中男女主人公特征的概括，表达了对虚拟世界里

“高富帅”与“白富美”之间童话婚恋的艳羡，同时也寄托着对理想生活的向往和对平凡现实的自我解嘲。“高富帅”和“白富美”现已成为日常生活里的热门词语。

6. 中国式

“中国式”的说法最初源自王海鸰的小说《中国式离婚》，改编成电视剧后曾火热一时，衍生出“中国式××”等说法。2012 年，网友提出的“中国式过马路”，即“凑够一撮人就可以走了，和红绿灯无关”，成为“中国式”爆发的导火线。媒体上出现大批以戏谑口吻议论国人或中国社会问题的“中国式××”，如“中国式接送孩子”、“中国式相亲”、“中国式插队”等，于戏谑中表达自嘲与质疑。

7. 压力山大

意思是压力像山一样大。这个词是由外国人名“亚历山大”通过谐音、暗喻演变过来的，前半部分谐音，后半部分暗喻。后来又出现变体“鸭梨山大”，更加诙谐有趣。“压力山大”一问世，就被人们广泛接受，一来是交际上的需要，二来是念着顺口、听着顺耳，并且幽默感十足。

8. 赞

起初在网络上流行，然后打入传统媒体，有动词、形容词两种用法。作动词的“赞”可以替代许多双音词：赞美、赞赏、赞叹、赞同、赞许以及称赞、夸赞等。作为形容词的“赞”表示好，一说来源于台湾，理由是台湾有一家报纸评选的 2011 年台湾年度汉字就是“赞”字；一说来自吴方言区（包括江苏南部、浙江大部和上海），因为此地域一向用“赞”表示好，如上海话里“蛮赞”便是很好的意思。

9. 最美

“最美丽”的简称，新兴的用法“最美 + 身份”的组合，作为一种对人物的美称，在 2012 年已成为感动中国的新力量。这种组合的流行始于“最美妈妈”。2011 年，一个 2 岁女童从 10 楼坠落，正在楼下的吴菊萍冲过去用左臂接住了孩子，小女孩得救了，而吴菊萍左臂粉碎性骨折，人们称赞吴菊萍为“最美妈妈”。此后各种“最美”称号不断涌现，如“最美教师”张丽莉、“最美司机”吴斌、“最美战士”高铁成、“最美女法官”厉莉……

10. 接地气

本义是“接土地之气”。民间常说的“水土不服”就是不接（当地的）土地之气（泛指自然环境和气候）。流行语“接地气”中的“地”用的是比喻义，指老百姓的生活。“接地气”就是“贴近老百姓的真实生活”、“反映百姓真实的生活情感”。莫言的小说就是“接地气”的一个典型。而党员干部“接地气”，就是要深入基层，广泛接触民众，了解民众的苦与乐以及民众的意愿和需求。

## 二、国家语言资源监测与研究中心等评选的中国媒体年度十大流行语

### （一）2008 年度中国主流媒体十大流行语

1. 综合类十大流行语

北京奥运、金融危机、志愿者、汶川大地震、神七、三聚氰胺、改革开放30周年、降息、扩大内需、粮食安全

2. 国际时政类十大流行语

亚欧首脑会议、索马里海盗 、二十国集团首脑峰会、达沃斯论坛、奥巴马当选 、卡拉季奇被捕、美联储、南奥塞梯冲突 、孟买恐怖袭击、中法关系

3. 国内时政类十大流行语

科学发展观、滨海新区、雨雪冰冻灾害、政府信息公开、刘少奇诞辰110周年、“中国加油”、公平正义、油价税费改革、服务型政府、创业带动就业

4. 经济类十大流行语

黄金期货、保增长、CPI 回落、实体经济、新低、经济衰退、刺激经济、信贷紧缩、石油价格、PPI（工业品出厂价格）

5. 科技类十大流行语

太空行走、TD（第三代移动通信标准）、新能源、京沪高铁、跨海大桥、强子对撞机、“飞天”、混合动力车、CMMB（中国移动多媒体广播）、T3 航站楼

6. 文教体育类十大流行语

欧洲杯、《梅兰芳》、谢晋、张艺谋、北川中学、李小龙、帐篷学校、垃圾短信、羌族文化、京剧进校园

7. 社会生活类十大流行语

山寨、结石宝宝、问题奶粉、手足口病、毕业生就业、民工返乡、“设计之都”、“黑屏”、人肉搜索、“限塑令”

8. 民生专题十大流行语

保障性住房、家电下乡、手机漫游费、小黄金周、最低生活保障、限价房、京津城际铁路、取消公路养路费、乳品质量安全、“农转居”

9. 金融专题十大流行语

救市、裁员、雷曼兄弟、金融海啸、麦道夫、“两房”、注资、信贷危机、股市下跌、金融创新

10. 北京奥运专题十大流行语

奥运开幕式、圣火传递、鸟巢、水立方、菲尔普斯、博尔特、奥运安保、北京欢迎你、刘翔退赛、祥云小屋

11. 汶川地震专题十大流行语

爱心、堰塞湖、重建家园、对口支援、“5·12”、心理援助、过渡安置房、全国哀悼日、救灾英雄、特殊党费

12. 海峡两岸专题十大流行语

海基会与海协会、周末包机、“三通”、赴台游、“团团”“圆圆”、陈江会、“立委”选举、两会复谈、洗钱案、陈水扁羁押案

13. 改革开放30周年专题十大流行语

中国特色社会主义、邓小平、十一届三中全会、经济特区、家庭联产承包责任制、一国两制、经济体制改革、发展是硬道理、西部大开发、全面建设小康社会

14. 社会问题专题十大流行语

三鹿、达赖喇嘛、周正龙案、“3·14”打砸抢烧事件、溃坝事故、刺五加注射液、艳照门、“封口费”、“范跑跑”、“猥亵”门

（二）2009年度中国主流媒体十大流行语

1. 综合类

新中国成立60周年、落实科学发展观、甲流、奥巴马、气候变化、全运会、G20峰会、灾后恢复重建、打黑、新医改方案

2. 国际时政类

卢武铉、洪都拉斯、他信、伊朗大选、索马里海盗、护航编队、朝鲜核试验、阿富汗增兵、诺贝尔和平奖、《里斯本条约》生效

3. 国内时政类

上海世博会倒计时、“7·5”事件、王彦生、海上阅兵、“小金库”治理、舍己救人大学生英雄集体、流失海外文物、社会法庭、防灾减灾日、西藏百万农奴解放纪念日

4. 经济类

创业板、保增长、反对贸易保护主义、地王、消费券、IPO重启、克莱斯

勒、迪拜世界、“中国制造”、3G 牌照发放

5. 科技类

钱学森、日全食、美俄卫星相撞、天河一号、港珠澳大桥、电纸书、波音 787、武广高铁、“光纤之父”、Windows7

6. 社会生活类

被××（被就业、被增长等）、楼××（楼脆脆、楼歪歪等）、×（房、水、电、油、天然气等）价上涨、蜗居、家电下乡、绩效工资、食品安全法、后悔权、整治互联网低俗之风、全民健身日

7. 文化教育类

双星陨落（季羡林和任继愈）、罗京、有偿家教、奥数、微博、择校、中学校长实名推荐制、作弊器、献礼片、《通用规范汉字表》

8. 体育娱乐类

迪士尼、迈克尔·杰克逊、刘翔复出、小沈阳、酒井法子涉毒、《建国大业》、周立波、赌球假球、亚洲之路、明星代言

9. 新中国成立 60 周年专题

国庆阅兵、彩车、阅兵村、“双百”人物、《复兴之路》、国庆安保、空中梯队、联欢晚会、光立方、民族团结柱

10. 两岸及港澳专题

澳门回归 10 周年、陈水扁获刑、台风“莫拉克”、崔世安、海峡西岸经济区、《告台湾同胞书》30 周年、东亚运动会、陈江会、《中华大辞典》、承认大陆学历

11. 环保专题

哥本哈根气候变化大会、新能源、低碳、节能减排、地球一小时、“无车日”、《京都议定书》、全球行动日、“双轨制”、碳关税

12. 甲型 H1N1 流感专题

甲型 H1N1 流感、流感疫情、甲流疫苗、接种疫苗、输入性病例、二代病例、居家观察、流感防控、猪流感、“金花清感方”

13. 社会问题专题

假币、飙车、躲猫猫、鹤岗矿难、违法酒驾、钓鱼执法、血铅超标、尘肺、罗彩霞事件、手机黄毒

（三）2010 年度中国媒体十大流行语

1. 综合类十大流行语

地震、上海世博会、广州亚运会、高铁、低碳、微博、货币战、嫦娥二号、“十二五”规划、给力

2. 国内时政类十大流行语

钓鱼岛、驻京办、人民陪审团、第六次人口普查、执行力、人民调解法、包容性增长、公共服务均等化、打黑除恶、特区扩容

3. 国际时政类十大流行语

红衫军、菅直人、朝韩关系、维和警察、柠檬水起义、超级细菌、维基解密、菲律宾人质事件、季莫申科、沙门氏菌

4. 经济类十大流行语

高盛、股指期货、黄光裕、车船税、人民币升值、加息、融资融券、通货膨胀、民间资本、二次探底

5. 科技类十大流行语

3D（3D 电视、3D 电影、3D 技术）、三网融合、物联网、智能手机、珠海航展、云计算、探月工程、空天飞机、平板电脑、蛟龙号

6. 教育类十大流行语

教育规划纲要、杨济源、高考加分、自主招生、国考、义务教育均衡发展、学前教育、校园安全、南方科大、去行政化

7. 文化类十大流行语

胡其俊、张季鸾、郭明义、钱伟长、方舟子、富春山居图、丹霞地貌、裸捐、曹操墓、慈善晚宴

8. 娱乐类十大流行语

阿凡达、唐山大地震、陈志云、相亲节目、周立波、中国达人秀、郭德纲、学历姐、广告植入、犀利哥

9. 体育类十大流行语

中国足协、南非世界杯、呜呜祖拉、亚残运会、萨马兰奇、温哥华冬奥会、世界武搏运动会、刘翔、章鱼哥、海心沙

10. 社会生活类十大流行语

团购、毕明哲、实名制、物价上涨、麻疹疫苗、蝉虫、限电、微××（微时代、微新闻、微情书、微投诉等）、腾讯与 360、纠结

11. 世博专题十大流行语

世博园、中国馆、海宝、城市最佳实践区、国家馆日、世博游、主题馆、生命阳光馆、世博护照、“城市，让生活更美好”

12. 楼市专题十大流行语

限购令、房产税、地王、空置率、保障房、楼市新政、房贷新政、胶囊公寓、棚户区改造、央企退出

13. 环保专题十大流行语

节能减排、电动汽车、新能源车、零碳、资源税、绿色发展、供热计量、垃圾分类、清洁能源、坎昆气候大会

14. 灾害专题十大流行语

火灾、泥石流、漏油、矿难、水污染、空难、旱灾、踩踏事件、火山灰、洪水

15. 社会问题专题十大流行语

富士康、张悟本、强拆、圣元奶粉、问题疫苗、王贝整容、学历门、曲美、空巢老人、智障工

## 三、2011 年度中国媒体十大流行语

1. 综合类十大流行语

中国共产党建党 90 周年、“十二五”开局、文化强国、食品安全、交会对接、日本大地震、欧债危机、利比亚局势、乔布斯、德班气候大会

2. 国内时政类十大流行语

辛亥革命一百周年、三公经费、走转改、加强和创新社会管理、稳定物价、“7·23”甬温线特别重大铁路交通事故、打四黑除四害、赴台个人游、南海问题、中国特色社会主义法律体系形成

3. 国际政治类十大流行语

卡扎菲、击毙本·拉登、穆巴拉克受审、“占领华尔街”、柏威夏寺、季莫申科被捕、伦敦骚乱、伊朗核问题、叙利亚局势、俄罗斯大选

4. 国际时事类十大流行语

福岛核泄漏、挪威爆炸枪击案、飓风“艾琳”、窃听丑闻、“9·11”十周年、英国王室婚礼、泰国洪灾、英国大罢工、“魔鬼交易员”、卡恩案

5. 经济类十大流行语

金砖国家、美债危机、戛纳峰会、民间借贷、调整存款准备金率、房价调控、小微企业、离岛免税、个税起征点、入世十年

6. 科技类十大流行语

天宫一号、神州八号、屠呦呦、“沃森”、云电视、阿特兰蒂斯号、Siri、歼20、超级稻、蛟龙号

7. 社会生活类十大流行语

红十字会、京沪高铁、小悦悦、电荒、抢盐、河南宋基会、最美妈妈、菜贱伤农、微博打拐、反淘宝联盟

8. 文化类十大流行语

《富春山居图》、中国旅游日、北京精神、茅盾文学奖、西湖申遗、百度文库、西安世园会、哥窑瓷器、非遗法、史铁生

9. 教育类十大流行语

校车安全、南科大、虎妈狼爸、绿领巾、打工子弟学校、网络公开课、“入园难”、异地高考、义务教育均衡发展、中非希望工程

10. 体育娱乐类十大流行语

李娜、深圳大运会、“穿越”、某某体（撑腰体、淘宝体、断电体等）、姚明退役、Hold 住、旭日阳刚、NBA 停摆、伊丽莎白·泰勒、限娱令

11. 中国共产党建党 90 周年专题十大流行语

“七一”重要讲话、伟大历程、《建党伟业》、共产党人、红色经典、唱红歌、理论创新、学党史、红军小学、红色记忆

12. 民生专题十大流行语

“幸福感”、醉驾入刑、控烟、PM2.5、农超对接、城镇居民养老保险试点、提高最低工资标准、猪肉价格上涨、北上广、收费公路专项清理

13. 楼市专题十大流行语

限购令、保障房、公租房、房贷利率、新国八条、一房一价、房价控制目标、房产税试点、房产加名税、房闹

14. 社会问题专题十大流行语

郭美美、药家鑫、达·芬奇家居、天价酒、尼美舒利、彭宇案、故宫“十重门”、渤海溢油事故、华商协会、网络谣言

15. 食品安全专题十大流行语

瘦肉精、地沟油、塑化剂、肠出血性大肠杆菌、膨大剂、染色馒头、牛肉膏、“潲水油”、毒豆芽、明治奶粉

## 四、2012 年度中国媒体十大流行语

1. 综合类十大流行语

十八大、钓鱼岛、美丽中国、伦敦奥运、学雷锋、“神九”、实体经济、大选年、叙利亚危机、正能量

2. 国内时政类十大流行语

小康社会、生态文明、顶层设计、三沙市、网络反腐、农业科技、走转改、海洋强国、辽宁舰、结构性减税

3. 国际时政类十大流行语

穆尔西、骑马舞、碳税、铁穹、光明星 3 号、飓风“桑迪”、核安全峰会、联合军演、独岛问题、世界末日

4. 经济类十大流行语

小微企业、稳增长、民间资本、逆回购、营改增、欧盟“财政契约”、电商价格战、利率市场化、财政悬崖、希腊退出欧元区

5. 科技类十大流行语

蛟龙号、好奇号、手控交会对接、页岩气、歼－15 舰载机、金星凌日、科技体制改革、上帝粒子、龙飞船、大数据

6. 社会生活类十大流行语

最美××（最美司机、最美警察、最美妈妈等）、阶梯电价、高富帅、屌丝、异地高考、失独者、养老金入市、抵制网络谣言、中国式过马路、你幸福吗

7. 文化类十大流行语

文化强国、莫言、微电影、舌尖上的中国、字母词、新“24 孝”、南怀瑾、道德讲堂、保护性拆除、过云楼藏书

8. 体育娱乐类十大流行语

林书豪、孙杨、中国好声音、徐莉佳、消极比赛、江南 Style、鲍姆加特纳、元芳体、甄嬛体、某某很忙

9. 民生类专题十大流行语

节能补贴、毒胶囊、12306（网购火车票）、大病保险、PM2.5 监测 、医药

分开、高速免费、白酒塑化剂、阿尔茨海默病、强农惠农富农

### 五、2013 年度春夏季中国报纸十大流行语

1. 综合类十大流行语

中国梦、H7N9 禽流感、雾霾天、神舟十号、国五条、雅安地震、八项规定、正能量、棱镜门、厉行节约

2. 国内时政类十大流行语

新交规、家庭农场、新型城镇化、大部制改革、简政放权、最难就业季、学习粉丝团、光盘行动、铁路政企分开、“老虎”“苍蝇”一起打

3. 国际时政类十大流行语

塞浦路斯危机、博鳌亚洲论坛、波士顿爆炸案、别列佐夫斯基、朝鲜半岛局势、马肉风波、朴槿惠出访、习奥会、“罗老”号发射、查韦斯去世

4. 经济类十大流行语

钱荒、抢票软件、比特币、余额宝、营改增、影子银行、中国大妈、限奶令、流动性紧张、汇金增持

5. 科技类十大流行语

3D 打印、太空授课、 “蛟龙”号、天河二号、运－20、北斗导航系统、IOS7、高分一号 、功能性治愈 、太空船二号

6. 社会生活类十大流行语

高温、袁厉害、临时工、限外令、婴幼儿奶粉监管、假离婚、先看病后付费、发泡餐具解禁、斑马行动、中华遗嘱库

7. 文化体育娱乐类十大流行语

“刀锋战士”、关天朗、致青春、我是歌手、大黄鸭 、旅游法、哈尼梯田、卡马乔下课、大文化、你摊上事儿了

8. 社会问题类专题十大流行语

房多多、死猪、板蓝根、镉大米、到此一游、厦门公交车起火案、维 C 银翘片、神农丹、聂树斌案、电梯安全

## 第二节 流行语发展前景预测

近几年，流行语的内容、形式都成为大众关注的焦点，不仅仅是因为使用频

率的增长，还在于流行语所涉及的层面在不断扩大，所反映的内容也更加广泛和深刻。流行语已经不是简简单单的词汇，它正在演变为承载社会现实生活的语言形式。随着科技的发展、文明的加快，人们每天接收的信息量越来越大，促使流行语的发展也越来越快。我们应预估它的发展态势，从而为使用和规范流行语提供科学的方案。

## 一、来源丰富多彩，内容涉及面越来越广

流行语的来源将会越来越丰富多样。随着全国各地以及世界各国之间政治、经济、文化、教育交流的日益频繁，方言词和外来词语对流行语的影响一定是不容忽视的重要因素，流行语对方言词和外来词语的吸收也会越来越多。近年来，吴方言、粤方言、港台方言、东北方言、四川方言等进入我们的生活，我们对其具有代表性的语音、语调越来越熟悉，有时甚至还刻意模仿以突显自己的别致风趣。由于某些方言在语音、语调、词汇上和普通话有很大的差别，甚至有的方言根本就找不到与其对应的汉字，为了达到交际效果，我们常见到的便是利用谐音等造出很多“新”字，如“有木有（有没有）”、“木有（没有）”、“肿么了（怎么了）”、“偶（我）”、“母鸡（不知）”等。还有像流行热词“心水”就来自粤语，表示“喜欢、看中的东西”。

在信息闭塞的时代，小众的语言块，如方言、专业术语等，只在特定地区、特定范围内使用，具有很强的封闭性。现在，具有流行色彩的词语已经突破阻碍，在全国广泛传播，使社会用语的范围加大，从而被流行语吸收进来，互相交流与渗透。随着信息化进程的加快、流行语队伍的扩大，具有简约性质的流行语更加受欢迎。在大量信息充斥的前提下，人们更愿意选择简单明了又能表达深刻含义的词语。流行语更为简练、更富有表现力，具有很大的实用价值。

随着经济全球一体化，国家之间的联系日益紧密，语言交流更为频繁，中国人对于学习外语，特别是英语更是有着极高的热情，所以，流行语也没有忽略这个重要因素。汉语当中加入英语或者是直接引用英语，都会给接受者带来新奇的体验而令其印象深刻。例如，“砍柴”的意思是“难道我不行吗”，它的由来是翻译英语疑问句“can’t I”的连读谐音。又如“me too”在英语中是“我也是”的意思，作为流行语它的意思是把英语、汉语都融合到一起翻译成“我吐”。

另一方面，科技的迅速发展，使得很多领域的专业术语进入人们的生活，被我们广泛使用，成为新的流行语，如“TD”（第三代移动通信标准）、“CMMB”

（中国移动多媒体广播）、“GDP”（Gross Domestic Product，国内生产总值）等。我们相信，流行语在未来的来源一定会更加丰富。

流行语表现的内容和方式会越来越多样，涉及经济类流行语、社会生活类流行语、教育类流行语、文化类流行语、体育娱乐类流行语、科技类流行语、健康类流行语、房产类流行语、汽车类流行语、交通类流行语、演艺类流行语、影视类流行语、动漫类流行语、出版类流行语、时尚类流行语、旅游类流行语、网络通信类流行语、新媒体流行语、灾害类流行语等，尤其是社会生活民生类流行语会受到广泛关注。事件类流行语和关键词流行语也会是流行语发展的一大趋势，它们不仅简单明了，而且能够表达事件深刻的内涵，使人们一目了然。

## 二、紧密结合媒体，创新能力不断增大

大众媒体对于社会流行文化和流行事物的趋向起着风向标的作用。传播是人类无时无刻不在进行的活动，每个人都要同周围的人和环境进行信息的交流与交换。作为当下最有影响力的传播媒介，网络打破了以前单一获得信息的方式，给公众提供了一种更为迅速、更为直观的渠道。媒体传播会使更多词语成为流行语，也将有更多的词语借助媒体流行起来。过去的几年，媒体推进事件类流行语的产生和发展，如“非典”、“禽流感”、“苏丹红”、“人造牛奶”、“奶粉碘含量超标”、“甲肝疫苗事件”、“化妆品腐蚀”、“网络银行安全”、“抗生素残留”、“无照生产”、“我爸是李刚”、“富士康”、“地沟油”、“染色馒头”、“瘦肉精”、“毒更豆”、“局长日记”等。预计今后这种方式将会继续发展。

网络可加快流行语的传播速度。如今，网络已经成为生活中不可缺少的一部分。借助网络的传播，任何事情都可以在顷刻间传遍世界各个角落。或许刚刚发生的某一事件我们并不熟悉，甚至从未耳闻，但是只要在网络上利用强大的搜索引擎“百度一下”，就会出现成千上万个搜索结果，给你带来全方位、多角度的阐释，有时还有详细的搜索分类、照片、视频等有关事件发展的始末记载，使用起来非常方便。网络不仅给人们带来新的生活和工作方式，而且给人们带来一种新的语言形式——网络流行语。预计网络流行语将以其独特的魅力赢得更多网民的青睐，更广泛地传播于现实生活中，给人们的生活带来多方面的影响。

语言是思维的工具，人类思维的发散性也推动着语言的不断发展更新。语言中成千上万的词都是通过有限的语音形式表达出来的，人们通过联系、经济原则和语感作用，或创造新的流行词语，或对旧有词语赋予新的意义，从而丰富和发

展流行语。人们的语言创新能力也成为推动流行语发展的重要力量。人们还会根据流行语产生的背景，自发地创造出一系列相关的新词语，这样便增加了流行语的产量，使得有些旧词非但没有过时，反而借助由它产生的新词加强了自己的生命力。例如，网友把“不给力”一词翻译成了英文 ungelivable，这个单词不算是英文，却也符合英文的造词方式，而且在翻译成汉语上还能有理有据。又如，“恨爹不成刚”，这是由“我爸是李刚”这句话衍生出来的，这里的“刚”还能一语双关，给人以反思。纵观流行语的发展轨迹，我们不难寻觅出人们创新能力的增强，具有“被创新”能力的词语在未来有很大的发展空间。

## 三、口语化程度加大，语模结构越来越强

流行语口语化程度会越来越高，简短、直观，常常是直接切入，直奔主题，较少铺垫和陈述。这将体现在三个方面：

其一，赋予流行语真实的语音，尤其是方音。大量的方言词语流行起来，不同的方音及语调也成为流行语的修饰因素，体现在使用者的表达中。近年来，新疆话、港台话、东北话、四川话等不仅促生了大量的流行语，还使其极具特色的语音语调为人们所熟知，如故意使用和普通话区别较大的方音，将“ren（人）”写作“yin”音汉字，将“shi（是）”写作“xi（系）”，将“没有”写作“木有”。而一些普通话没有的词汇或语音也被使用者假借出来，甚至按照表达需要自己造字，如小沈阳常用的“pia pia 的”是普通话所没有的音节形式，但追星族却为之找寻合适的汉字形式，甚至有观点称以“皮”和“夹”二字组合作为“pia”的字形，这样不仅从语音上能反切出该音，还可以表现皮夹里钱多，甩出来时“pia pia 的”之貌。[①]

其二，语气词、拟声词、感叹词将延续使用，并且不断出现新形式。例如仅表示笑的词语就有模拟大笑的“哈哈”、表现不好意思的“嘿嘿”、稍有羞涩的“嘻嘻”、淡淡的“呵呵”、夸张的“吼吼”、稍显恶搞的“嘎嘎”等。从这些笑的拟声词也可以看出，这类词十分丰富，并且根据个人表达需要赋予词语不同的语音，使书面交际口语化。还有丰富的语气词和感叹词，如“啊”、“嗯”、“哦”、“噢”、“呢”、“耶”、“哇塞”等难以尽述，这些用语来源非常丰富。

其三，书面语被口语化。口语化的加强不仅体现在口语形式的丰富上，也体

---

① http://baike.baidu.com/view/339517.htm.

现在大量书面用语进入口语表义，被口语化了，逐步成为口语词。如“引咎”原本是一个常用于书面表达的正式用语，但随着“引咎××”的流行，该词就大量用于口语中了。受口语影响，把书面词语缩略并运用于口语中的现象也比较常见，如不说“新潮”而说“潮”，并且出现了“潮人”的说法；又如不说“颓废”而说“废”。当然，这种缩略表达形式不仅局限于书面用词，其他词语也常被缩略，如“火爆”简为“火”，“过分”简为“过”，甚至“神经”也会被用为“神”，如“这人真神”也就有了更复杂的表意。口语化在音节上朗朗上口，易读易记，令人过目不忘，如“福气多多，满意多多”等。由于这些语句本身富有节奏感，在交谈中往往脱口而出，可以收到幽默、轻松的表达效果。在语音上，不少流行语借自地域方言或外国语言，使人耳目一新，比如北京话借自港台的“搞”、借自东北方言的“造”、借自英语的“酷”等。因此我们认为，今后流行语有口语化程度不断加大的趋势。

近年，借助程度副词表达的流行语很多，这也使程度副词不断丰富。传统的“很”、“非常”等已难以表达出自己想要的效果，于是借用方言因素，出现了“特”、“倍儿”、“贼”、“成”、“老”、“蛮”；或者变化传统表达，增加表述的新奇性，如“巨”、“超”、“暴”等都被改变词性或用法而作为程度副词使用了。再如使用频率较高的“……呆了”、“……毙了”、“……傻了”，都以程度高到无法再高来突出表达。在表达程度时，不仅出现了新程度副词，而且原有程度副词的用法也被改变，如“很×很××”。虽然汉语中有“又×又××”等的用法，但程度副词词组的并列使用却并不常见，即使出现“很××”和“很××”的并列组合，也多是反复强调，如“很好很好”、“很红很红”等，但“很×很××”却有与“又×又××”类似的功能，并且既表示并列意义，又有程度的强化，如“很黄很暴力”。

另外，出现了强调程度高的新的表达形式，并形成了一些语模。针对语言环境的不同，人们还会对正在流行的语句进行改装或者套用，让表达更灵活，更贴近当时的语境。如“……掉渣”一般出现在“土得掉渣”中，不仅说明了“土”，而且还有“渣”，形象生动。但这一表达逐渐成为语模，出现在了更多表示程度高的用法中，如“傻得掉渣”等。再如“史上最……”则表现了空前的程度和绝无仅有的情况，“史上最牛钉子户”等不断出现。还有“哥吃的不是面，是寂寞”，此言一出就引起了网友的追捧，后被改成了各种版本，像“哥看的不是足球，是寂寞”、“哥玩的不是游戏，是寂寞”……

流行语固定系列结构也将是以后流行语发展的方向，不管是简单的字词衍生，还是复杂的句子、篇章，都会有更多的流行语系列出现。

## 四、评选更具权威性，研究更加专业化

在绪论中我们提到，2002 年国家语言资源监测中心、北京语言大学、中国新闻技术工作者联合会就分别对《人民日报》、《南方周末》等 14 家主流报纸 2002 年全部四亿九千万语料进行统计，发布了 2002 年主流报纸十大流行语。2004 年，上海文汇新民联合报业集团新闻信息中心又在对新中国成立之后 55 年流行语研究的基础上，推出了 2004 年度流行语报告。此后的流行语评选更是异彩纷呈。现如今的流行语评选大多运用词频统计分析软件，这一高科技手段能在最短的时间内进行异常复杂的语言比较研究，同时也保证了评选结果的科学性、专业性和权威性。

不仅如此，流行语评选的方法和标准也在不断完善，新闻学、社会学、语言学、统计学、信息学等多学科综合，构成了现代流行语研究的科学方法。评选、发布的科学化极大地促进了研究和应用的发展。在未来，流行语将继续保持迅猛发展的势头。尽管每一年度公布的年度流行语，出于各种各样的原因不能容纳所有的年度流行词，但是鉴于这些词语有些是通过机选技术和人工识别共同完成，通过应用最广泛的报纸和新闻媒体中词语的使用率加以筛选并目广泛征集了大众的意见而产生，那么它们必然就有一定的代表意义。作为语言文字中最活跃的群体之一，流行语的发展极大地推动者语言文字工作的进展，故而不断研究它对于掌握和了解我国目前语言生活的现状有一定的启发与指导意义。

流行语的研究也将更加专业化。建议不断更新流行语词典的内容，加强流行语等相关词典的编纂。现在市面上已经出现了一些流行语的词典，但由于流行语不断地推陈出新，这些词典已经跟不上流行语发展的步伐。在编纂过程中要严格筛选，宁缺毋滥，广泛收录时新的流行语，对其作准确明晰的注释；定期、定时地对流行语词典进行整理补充。流行语是在不断发展变化的，流行语词典的编纂工作更需要紧跟其后，对各个时期的流行语进行整理归纳，增加时下流行的新的语言。这样做不仅可以为大众媒体用语提供依据，而且还能够为广大民众提供很好的帮助，有可能将流行语的发展变化纳入规范化的轨道。流行语作为汉语词汇体系特殊的组成部分，有着非常重要的意义和影响，只要我们加强研究，使其沿着纯洁、健康的道路前行，就一定会为汉语的发展增光添彩。

# 参考文献

## 一、专著类


1. 陈原．语言学论著（卷三）．沈阳：辽宁教育出版社，1998.

2. 陈原．社会语言学．北京：商务印书馆，2000.

3. 陈望道．修辞学发凡．上海：复旦大学出版社，2008.

4. 陈松岑．社会语言学导论．北京：北京大学出版社，1985.

5. 陈光磊．汉语词法论．上海：学林出版社，1994.

6. 戴庆厦．社会语言学概论．北京：商务印书馆，2004.

7. ［瑞士］费尔迪南·德·索绪尔．普通语言学教程．高明凯译．北京：商务印书馆，1980.

8. 郭熙．中国社会语言学．南京：南京大学出版社，1999.

9. 高虹．1978—2008 流行词语看中国．成都：四川文艺出版社，2008.

10. 黄伯荣，廖序东．现代汉语．北京：高等教育出版社，1995.

11. 刘吉艳．汉语新词群研究．上海：学林出版社，2010.

12. 邢福义．文化语言学．武汉：湖北教育出版社，1990.

13. 叶蜚声，徐通锵．语言学纲要．北京：北京大学出版社，2006.

14. 周一民．北京现代流行语．北京：北京燕山出版社，1992.

15. “中国语言生活状况报告”课题组．中国语言生活状况报 2009 上编．北京：商务印书馆，2010.

16. 周荐，杨世铁．汉语词汇研究百年史．北京：外语教学与研究出版社，2006.


## 二、词典类


1. 辞海编辑委员会．辞海．上海：上海辞书出版社，1979.

2. 郭大松，陈海．五十年流行词语（1949—1999）．济南：山东教育出版社，1999.

3. 熊忠武．当代中国流行语词典．长春：吉林文史出版社，1992.

4. 夏中华．中国当代流行语全览．上海：学林出版社，2007.

5. 中国社会科学院语言所．现代汉语词典．北京：商务印书馆，1993.

## 三、期刊论文

1. 崔颖．网络流行语的模因论分析．宁波教育学院学报，2010（2）.

2. 丁加勇．论流行语语义的不确定性及其发展前景．华中科技大学学报，2004（4）.

3. 邓遥，王丹．近十年来流行语的发展及对高等教育的影响．高教高职研究，2010（3）.

4. 顾源．社会学视野下的网络流行语分析．理论界，2009（7）.

5. 劲松．流行语新探．语文建设，1999（3）.

6. 胡明扬，张莹．70—80 年代北京青少年流行语．语文建设，1990（1）.

7. 黄海波．网络流行语的产生和规范问题探索。重庆科技学院学报，2011（1）.

8. 刘大为．组合流行语考察．汉语学习，1995（2）.

9. 梁艳．流行语及其社会文化心理再探．西昌学院学报，2010（9）.

10. 李明洁．从语录流行语到词语流行语．修辞学习，2003（3）.

11. 刘泽权，张丹丹．我国当前流行语的语言学与社会学分析．燕山大学学报，2010（9）.

12. 廖友国．网络流行语兴盛的心理动因探析．牡丹江教育学院学报，2009（1）.

13. 刘秋红．网络流行语的构词特征与语言经济原则．科技信息，2010（11）.

14. 聂汉琳．流行语“貌似”语料研究．内蒙古农业大学学报，2010（1）.

15. 钱乃荣．从上海话流行语中看到的．上海大学学报，1996（1）.

16. 钱乃荣．论本世纪初流行的新词新语．上海大学学报，2002（9）.

17. 乔平．大学校园流行语中的模因现象．吉林省经济管理干部学院学报，2009（3）.

18. 孙曼均．北京流行词语与当代北京城市文化．语言文字应用，1998

(3).

19. 王勇，赵晓光．校园流行语的符号学——心理学视角研究．山东教育学院学报，2010（5）.

20. 徐飞．语言模因论视域下的流行语传播．牡丹江大学学报，2008（3）.

21. 徐立京，周慧，张雷．20 年流行语大回放．经济论坛，1999（1）.

22. 夏中华，曹起．汉语流行语产生途径的考察与分析．沈阳师范大学学报，2004（5）.

23. 邢俊美．关于网络流行语的调查研究．淮阴师范学院教育科学论坛，2008（4）.

24. 袁津．解析网络流行语中的网络舆论走向．湖北大众传播职业技术学院学报，2010（1）.

25. 杨建国．流行语语言学研究及科学认定．语言教学与研究，2004（6）.

26. 杨文全．流行语的初步界说与描写．新疆大学学报，2002（2）.

27. 杨文全，许艳辉．试论校园流行语的特点及其成因．青海民族学院学报．2003（3）.

28. 于家杰．网络流行语修辞应用论析．江西科技技师范学院学报，2011（6）.

29. 殷朝美．网络流行语对现代汉语词汇的影响．语文学刊，2010（18）.

30. 曾青青，杨尔弘．中国主流媒体流行语的特性分析．语言文字应用，2010（2）.

31. 赵佳．社会流行语浅析．修辞学习，1994（10）.

32. 郑荣馨．略论社会流行语．三峡学刊，1994（2、3）.

33. 郑庆君．流行语“被 + xx”现象及其语用成因．西安外国语大学学报，2010（3）.

34. 郑崇远．三十年流行语中的当代消费文化变迁［J］．上海商学院学报，2010（9）.

35. 张颖，马连湘．流行语略论．学术交流，2003（11）.

36. 张会娟．试论校园流行语对当代大学生心态的折射．山东农业技术学院学报，2007（8）.

37. 张艳玲．大学校园流行语的修辞艺术．民族论坛，2005（6）.

## 四 外文类

1. Bauer，Laurie. Contrast in Language and Linguistic. *Journal of English Linguistics*，2008（1）：68－93.

2. Beate Littig，Erich Grieftler. Social Sustainability：A Catchword Between Political Pragmatism and Social Theory. *International Journal of Sustainable Development*，2005（1）：65－79.

3. Christine Hall. Aging in Place is Health Care，Real Estate Catchword. *Houston Business Journal*，2004（17）：23.

4. Barber，Giles. Catchwords and Press Figures at Home and Abroad. *Book Collector*，1960（9）：301－307.

5. Crystal David. *English as A Global Language*. Cambridge：Cambridge University Press，1997.

# 后　记

书稿完成了，即将付印出版，我希望把这种收获的喜悦送给培育我的学校和恩师们。

感谢暨南大学出版社杜小陆先生和本书责编杜晓杰先生为本书出版付出的努力，在此，我向你们表示最诚挚的敬意！

感谢我的父母，出于对知识的尊敬，他们将毕生的血汗和精力都奉献给了教育。他们是我的榜样，而没有他们的支持，我也不可能在学业的道路上走这么远。

感谢帮助过我的朋友，你们殷殷期盼的目光是我前进的动力，激励我求是创新，再接再厉！

流行语研究是一个比较新的课题，本书的研究虽然达到了既定目标，初步建立起了一个研究流行语的框架，并对流行语发展趋势作了预测，但研究中也存在一些需要继续探讨的课题。由于本人学术水平有限，有的地方考虑不周，严密度和科学性尚有欠缺，对某些问题的思考还不够全面，因此，本书作为“引玉”之“砖”，渴望得到专家的指正。

前人的资料给了我很大的帮助，在此对这些论著的作者们一并致谢！

2013 年 8 月 20 日于广州